ASAHI SENSHO
朝日選書
1027

時代

術ブームとその周辺

藪 耕太郎

朝日新聞出版

目次

第2章　柔術教本の秘密——アーヴィング・ハンコックと「身体文化」　63

凡例

・文献の引用等については、原則として旧字・旧仮名を新字・新仮名に改め、難読漢字にはルビを振った。また読みやすさを考慮して、適宜句読点を加えたり、改行を施すなどした。

・引用文中の［　］は著者注を表す。

・本文中の〈　〉は大意を示す。

・本文中の【　】は図版番号を表す。

・本書が扱う一部には既に著者が論文や書籍等で発表したものも含まれているが、一書にまとめるにあたり、全て大幅に改稿している。

・本書の引用文・引用資料中には、今日では差別表現とみなされる用語もあるが、作品発表当時の時代状況や社会背景に鑑み、かつ本書の意図が決して差別を助長するものではないことを確認したうえで、原文を掲載した。

図表作成：鳥元真生

柔術狂時代
20世紀初頭アメリカにおける柔術ブームとその周辺

藪 耕太郎

序論

1　謎の柔術教本

冒頭からいささか唐突だが、まずは2枚の写真をご覧いただきたい。

1枚目は、とある教本の表紙だ【1】。書名は*The Complete Kano Jiu-Jitsu*とある。「カノウ（Kano）」といえば、講道館柔道の創始者である嘉納治五郎《かのうじごろう》の名前が真っ先に想起されるが、もしも「カノウ」が嘉納であるならば、なぜ柔道ではなく柔術と銘打たれているのだろう。あるいはイラストにも違和感を覚える。そこには相手の両手の掌を上に向けて握り、さらに腕を十字にクロスさせて投げる背負技が描かれているが、こんな危険な投技が柔道にあっただろうか。道着にタイツという珍妙な服装もまた気になる。

表紙から漂う怪しさは、ページを1枚めくって中表紙に進むと倍増する【2】。書名の次にジウドウ（Jiudo）とあるので、やはり柔道の教本なのかと思いきや、「ホシノとツツミによって加えられた日本政府の公式な柔術[1]」なる意味不明のただし書きが付いている。「日本政府の公式な柔術」が仮に柔道を指すならば、筆頭に記されるべきは「ホシノ」でも「ツツミ」でなく、嘉納治五郎のはずだ。否、そもそもこの教本が柔道のテキストならば、嘉納自身もしくは講道館の高弟が著者でなくてはおかしい。ところがここに名前が挙がっているのは、「『日本式身体鍛錬法』の著者」[2]たるアーヴィング・ハンコックと、「かつて京都のドウシシャ大学におけるカノウ柔術の指導員、現在はニューヨーク市で柔道の先生」[3]ことヒガシ・カツクマ（東勝熊）である。けれども、この両名が講道館に在籍したことを示す史料はなく、それどころか嘉納と面識があった形跡すらない。

ちなみに嘉納治五郎は、この教本すなわち『カノウ柔術（柔道）大全』の存在を知っていた。そのうえで、「恐らくこの本は講道館の柔道を本当に学ばない者の書いたものであろう」[4]との苦言を呈している。つまり『カノウ柔術（柔道）大全』は、あたかも柔道の創始者のお墨付きを得たかに装った、真っ赤な「ニセモノ」なのである。

それでは、この「ニセモノ」はいったい、いつ・どこで出版されたのだろう。そこで奥付に目をやると、1905年にパトナム社から刊行されたことが分かる。パトナム社といえば、ニューヨークに本店、ロンドンに支店を構えていた、当時のアメリカで最大手の総合出版社だ。『カノウ柔術（柔道）大全』は、総頁数が550ページ超、厚さは2センチに達しようかという、かなり大部の書籍だが、当時のアメリカにはそのような教本が売れるほどの柔術や柔道のニーズがあったのだろうか。

あらかじめこの問いの答えを示しておこう。ニーズは確かにあった。それどころか、柔術や柔道は、20世紀初頭の欧米世界に大ブームを巻き起こしていたのである。

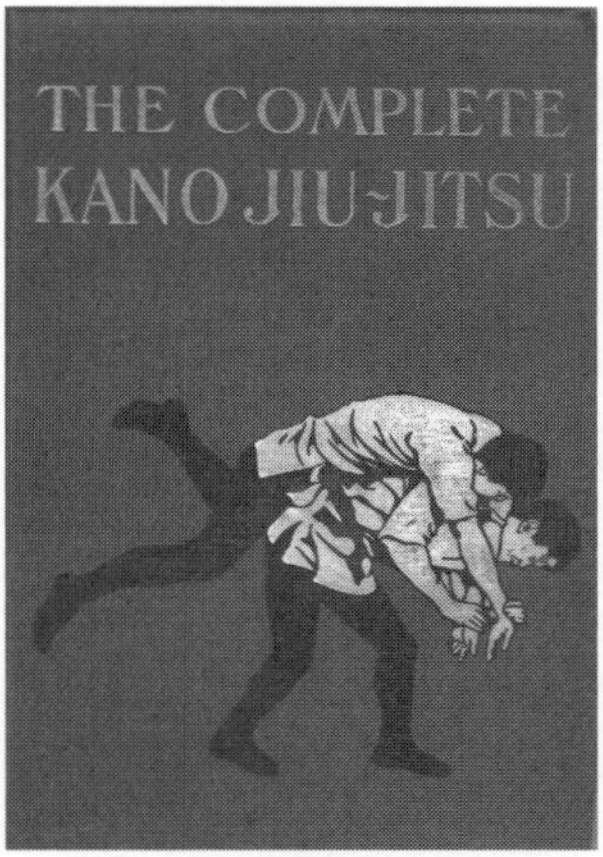

1 『カノウ柔術（柔道）大全』の表紙。

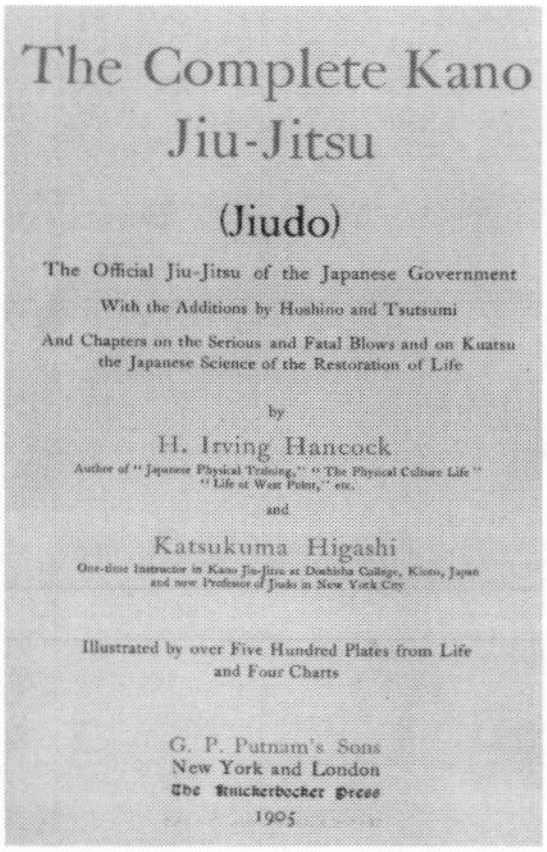
The Complete Kano
Jiu-Jitsu

(Jiudo)

The Official Jiu-Jitsu of the Japanese Government

With the Additions by Hoshino and Tsutsumi

And Chapters on the Serious and Fatal Blows and on Kuatsu
the Japanese Science of the Restoration of Life

by

H. Irving Hancock

and

Katsukuma Higashi

Illustrated by over Five Hundred Plates from Life
and Four Charts

G. P. Putnam's Sons
New York and London
The Knickerbocker Press
1905

2 『カノウ柔術（柔道）大全』の中表紙。

3 子ども用の「柔術スーツ」の広告。頑丈さと柔軟さが売りだった。

2　柔術・柔道ブームの巨大さ

表1は、20世紀初頭の10年間に海外で出版された柔術・柔道教本を一覧にしたものだ。この表に基づくと、英仏米を中心に世界10カ国で59点の教本が出版されたことが分かる。なお、20世紀以前に海外で出版された柔術や柔道のテキストは未見であり、あったとしても数点のはずだ。つまり柔術や柔道は、20世紀初頭になって唐突かつ大量に、国際的な同時性をもってテキスト化されたことになる。

加えてそれぞれの教本とその著者名をみてみよう。すると3つの特徴が浮かび上がる。ひとつは、作者として日本人の名前がほとんど見当たらないことだ。前世紀転換期は柔術や柔道の海外伝播の端緒期にあたるが、外国人著者の存在は、その当初の時点から既に柔術や柔道が各国で咀嚼《そしゃく》され、現地社会から担い手を生み出していたことを傍証するものだろう。もうひとつは、柔道ではなく柔術の名を冠した教本が圧倒的に多いことである。柔術が衰退し柔道が隆盛を誇る今日的な状況からすればいささか奇異にも感じるが、当時は柔術こそが世界を席巻しており、柔道は柔術の一種として扱われることが多かった。

第3の特徴は、特定の著者の名前が繰り返し登場することである。それが『カノウ柔術（柔道）大全』の著者、アーヴィング・ハンコックだ。ハンコックはアメリカ人であり、教本の出版元もアメリカである。その教本が各国で次々と翻訳出版された、ということから、メディアを介した柔術や柔道のブームの最大の震源地がアメリカではないか、という推論が成り立つ。そこで次に、アメリカ一国に視点を絞ってみたい。

　アメリカ最大の新聞史料の検索サイト、「ニュースペーパー・コム」（Newspaper.com）で、廃刊紙を含めた全米の各紙を対象に“jiu-jitsu”とワード検索すると、１８９０年から２０１９年までの間に10万４１５４件の記事がヒットする。[5] 検索エンジンの仕様上、この件数は完璧に正確ではないが、ひとつの指標として年代別にグラフ化してみよう。

　まず10年刻みに記事数を区切ると、大きく分けて３つの折れ線の山が表れる【表２】。最も高い山は１９００年代にあり、第２に１９３０―40年代、第３に１９９０年代から上昇する山がある。第１の山は日露戦争の時期、第２の山は日米関係が悪化し太平洋戦争へと突入する時期、第３の山はブラジリアン柔術が台頭する時期とそれぞれ照応している。このうち第１の山の高さが突出して高いことは、５年刻みでの推移でみるとより鮮明になる【表３】。

　ここで１９００年から１９０９年の10年間のみの記事数をピックアップすると、１９０５年を頂点とするより鋭角なグラフとなる【表４】。記事数の多い年順に並べても、１位はやはり１９０５年であり、年間８７７４本にのぼる【表５】。この数字は、２位の１９４２年（３７６０本）を２・３倍以上も上回る。単純計算で考えれば、1905年においては、毎日24本もの記事が、連日アメリカのどこかの新聞をにぎわせていたわけだ。なお、トップ10には１９０６年（２１１４本）と１９０４年（１８５６本）もランクインしている。

出版国	著者(名字のみ)	書名(副題は略)	出版年
アメリカ	ハンコック	日本式身体鍛錬法	1903
	スキナー	柔術	1904
	スキナー	女性のための日本式身体鍛錬法	1904
	ハンコック	子どものための日本式身体鍛錬法	1904
	ハンコック	「身体文化」生活	1905
	ハンコック	柔術の格闘術	1905
	ハンコック&東	カノウ柔術(柔道)大全	1905
	矢部	公式な柔術の25のレッスン	1905
	オオハシ(オハシ)	科学的柔術	1905
	サイトウ	柔術の技法	1905
	オブライエン	日本の秘技	1905
	コヤマ&ミナミ	柔術	1905
ドイツ	シェルピヨ	女性のための護身柔術	1901
	ハンコック	柔術	1905
	シュンザー	柔術	1906
	ハンコック&東	カノウ柔術(柔道)大全	1906
	堤&東	護身術および身体鍛錬法としての柔術	1906
	シェルピヨ&ブリゲン	柔術&柔道マニュアル	1906
	佐々木	柔道	1909
	フォークト	日本の柔術	1909
	メイガライン	柔術	1910
フィンランド	ハンコック	柔術　第1巻	1905
	ハンコック	柔術　第2巻	1905
	クロンホルム	柔術	1910
オランダ	サイトウ	柔術	1908
	トーポエル	本家柔術	1910
スウェーデン	ハンコック	日本式身体鍛錬法	1905
ハンガリー	佐々木	柔道	1907
ポルトガル	ハンコック&東	柔術(カノウ柔術〈柔道〉大全と同内容)	1908
ブラジル	ハンコック	日本式身体鍛錬法	1905

出版国	著者(名字のみ)	書名(副題は略)	出版年
フランス	オキ	柔術	1903
	ペカール	柔術レッスン	1904
	レ＝ニエ	柔術の秘密	1905
	ハンコック他	柔術	1905
	柔術協会	本格的で完璧な柔術講座入門	1905
	ハンコック	女性のための柔術	1906
	アンドレ	柔術百態	1906
	シェルピヨ	柔術マニュアル	1906
	ビュヴァ	柔術の記憶	1906
	シェルピヨ	護身術	1907
	ハンコック＆東	柔術全書(カノウ柔術〈柔道〉大全と同内容)	1908
	ハンコック	柔術の格闘術	1909
	ハンコック	柔術の格闘術(増補版？)	1909
	アルマン	柔術	1909
	ペカール	武装した犯罪者を逮捕するための実践的な方法	1909
	セッツァー	柔術	1909
イギリス	ハンコック	日本式身体鍛錬法	1903
	矢部	柔術	1903
	ガラード	完璧な柔術家	1904
	ハンコック	女性のための日本式身体鍛錬法	1904
	ハンコック	柔術の格闘術	1905
	ハンコック＆東	カノウ柔術(柔道)大全	1905
	バンキア	柔術	1905
	上西	日本で学ばれている柔術の教本	1905
	ウィールドン	護身術	1905
	谷＆三宅	柔術の試合	1906
	ワッツ・ベルダム	柔術の妙技	1906
	ドレイトン	柔術	1907
	ロングハースト	柔術および他の護身術の方法	1909

表1　1901－1910年に海外で出版された柔術・柔道教本。
【出典】拙稿「柔術教本にみえる消費と啓蒙の二重性とフィジカル・カルチャーとしてのその受容——前世紀転換期の米国で出版された柔術教本の検討を通じて」『体育史研究』(第38号，2021）25-40．をもとに筆者作成。著者名・書籍名は和文にした。書名項中における文献の後に付された括弧内の文言は筆者による注記。

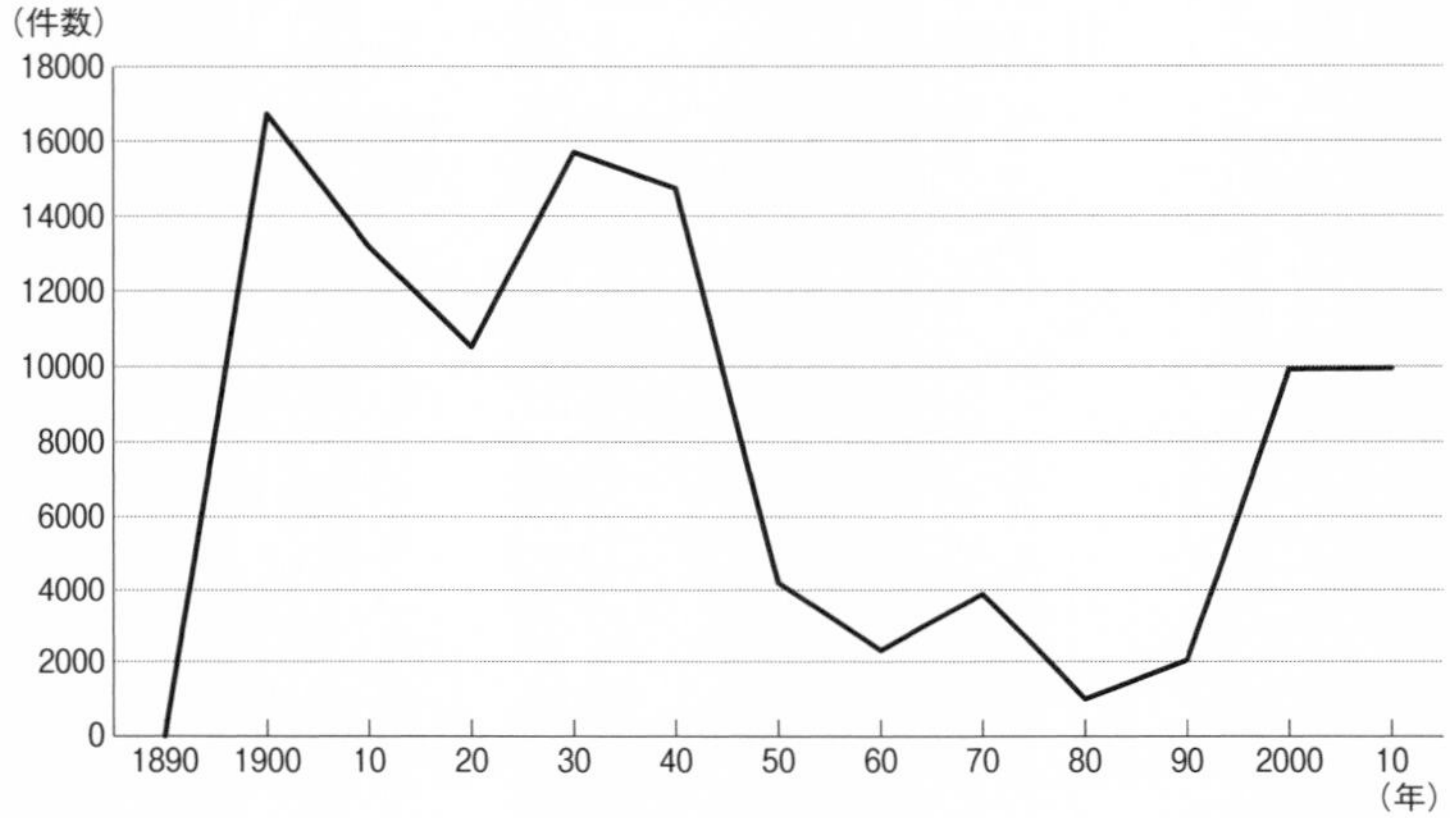

表２　Jiu-Jitsu の記事数の推移（1890－2010：以後割愛）

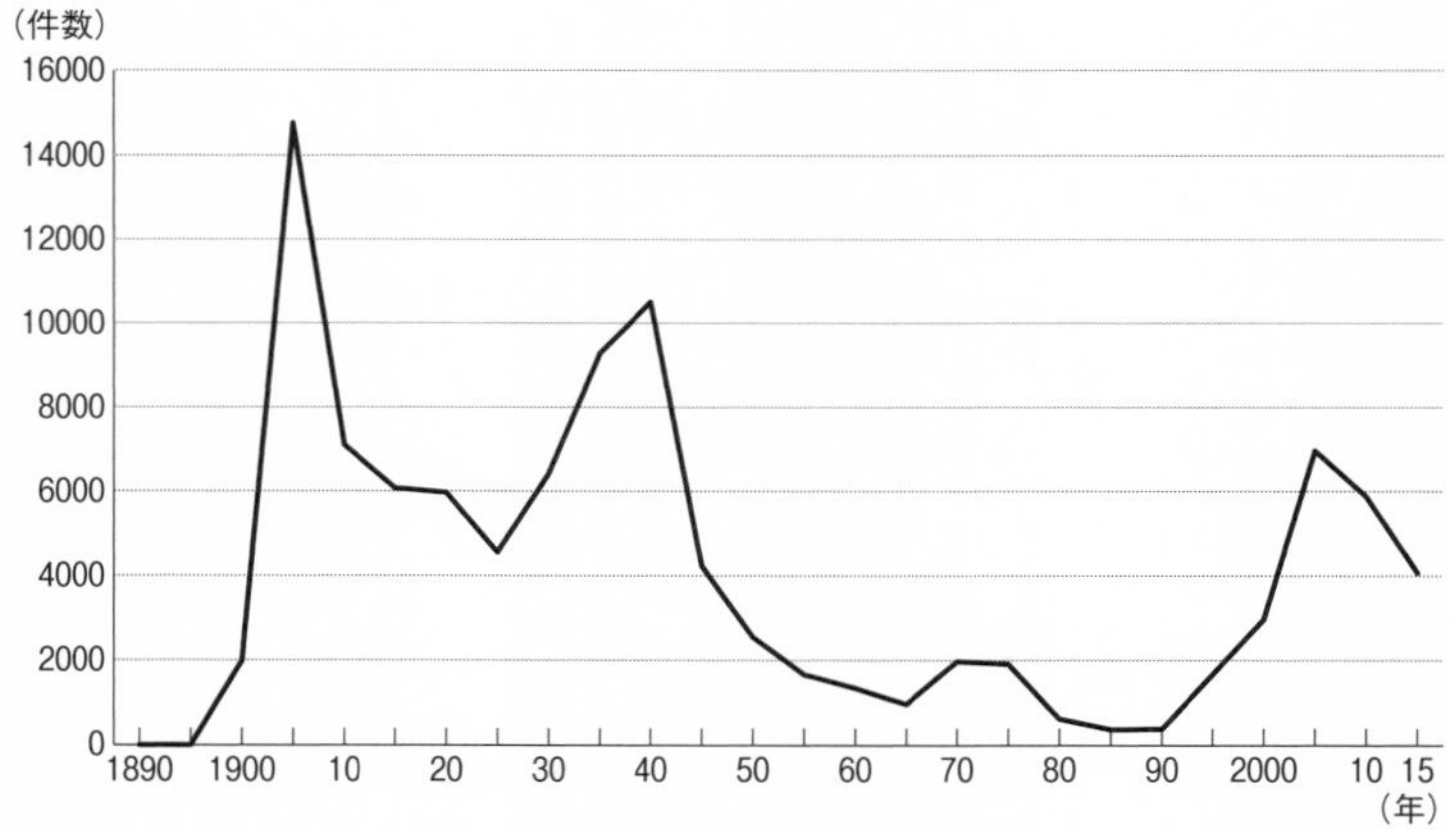

表３　Jiu-Jitsu の記事数の推移（1890－2015：以後割愛）

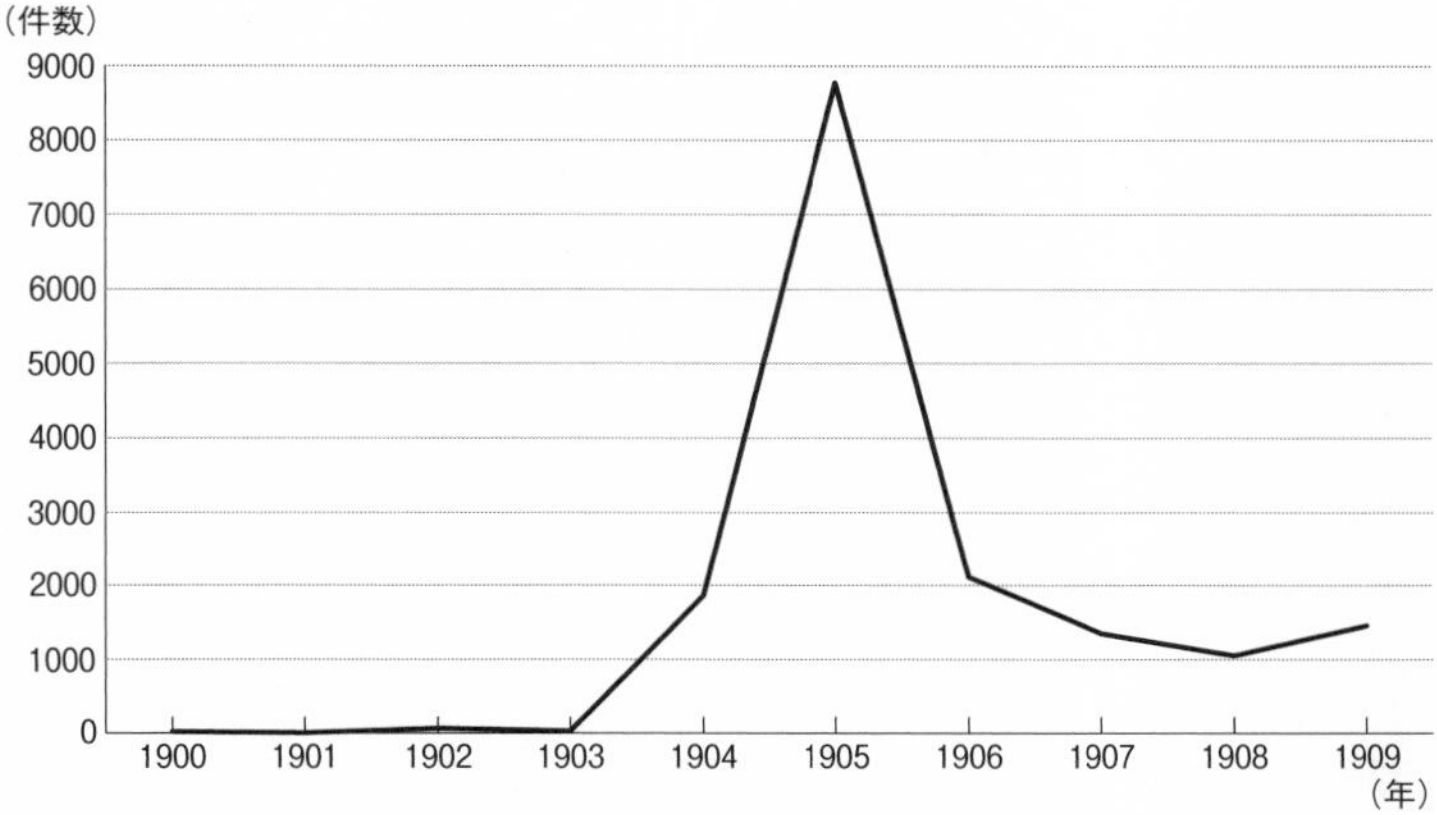

表 4　Jiu-Jitsu の記事数の推移（1900 - 1909）

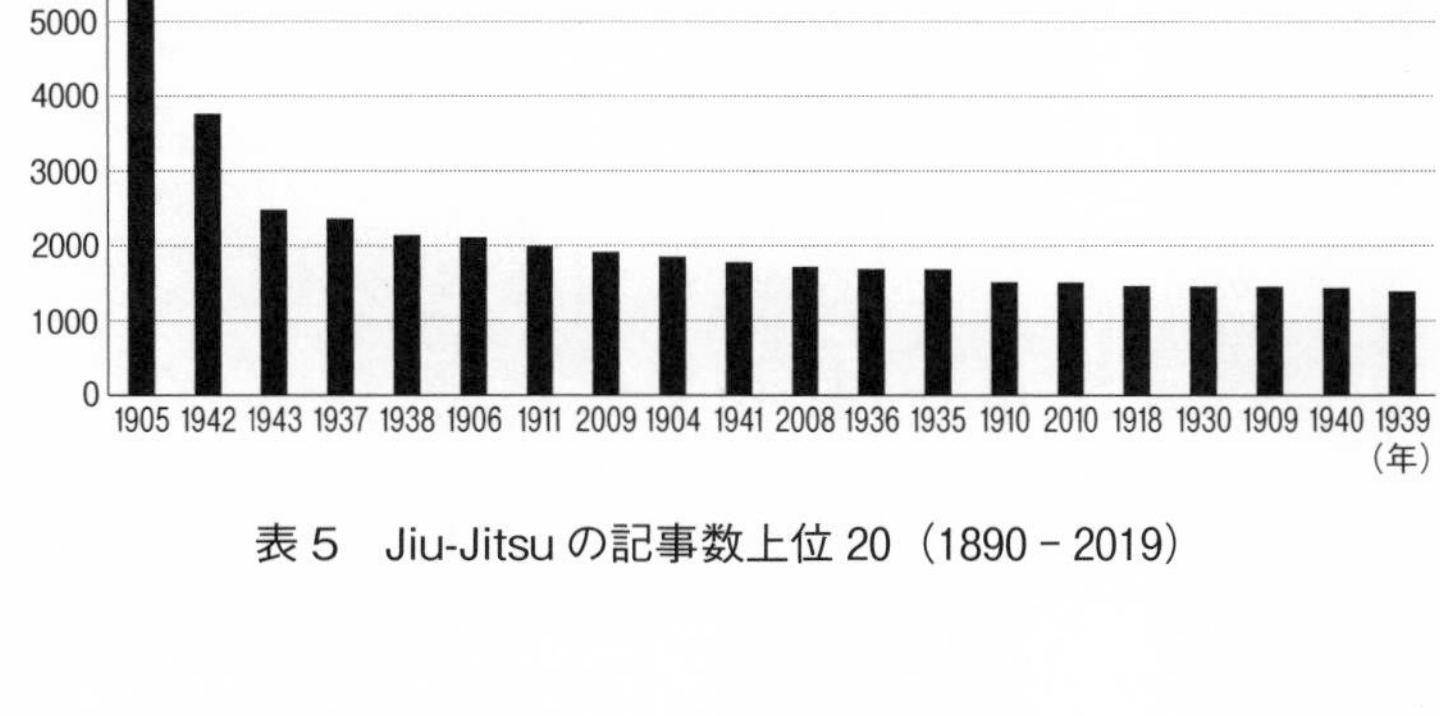

表 5　Jiu-Jitsu の記事数上位 20（1890 - 2019）

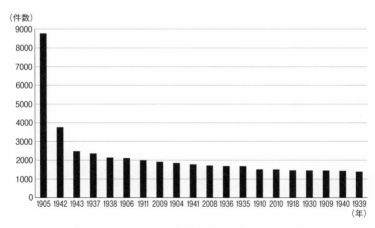

3　ジャポニズム・日露戦争・大衆消費社会

20世紀初頭における柔術・柔道の世界的な流行は、おそらくかなり巨大なムーブメントだったと推察されるが、その大きさゆえにいまだその全貌が見えない。また、世界各国の状況を網羅的に論じるほどの力量を筆者は持ち合わせていない。けれども、原則としてアメリカのみに視点を限定し、その他幾つかの国の事例を総花的にちりばめることならば、なんとかできそうだ。[6]

ここで、当時のアメリカで柔術・柔道が流行した理由をあらかじめ検討しておこう。まず考えられるのは、ジャポニズムとの関連である。19世紀後半から20世紀初頭にかけてヨーロッパを席巻したジャポニズムの波はアメリカにも押し寄せ、美術や工芸、建築や文学、さらには日用品にまで影響を与えていた。[7] こうした指向性のうちに、柔術や柔道を含めることはできるだろう。たとえば文学をみると、『最後の一葉』で知られるアメリカ短編小説の名手オー・ヘンリー（O. Henry: 1862-1910）の小品にも柔術は小道具として登場するし、[8] 当時のアメリカで大人気を博したジャック・フットレル（Jacques H. Futrelle: 1875-1912）の探偵小説でも、ある事件の犯人は柔術の使い手に設定されている。[9] あるいはアパレル業界をみれば、その名も「柔術（jiu-jitsu）」という商品名の衣服が販売されていた【3】。

もうひとつ重要なのは日露戦争の影響である。この戦争は、単に満州地方や朝鮮半島の支配権を巡る二国間の争いというよりは、日英同盟を組んだイギリス、ロシアを支援するドイツ・フランスなど、列強各国の思惑が複雑に入り組んだ世界戦の様相を呈していた。[10] とりわけアメリカは、経済的には帝国日本を積極的に支援しつつ、政治的には中立の立場を堅持し、終戦に際しては調停役を担い、戦後は満州での利権を巡って日本と対立するなど、深く密に日露戦争に関与していた国である。つまり日米は、ジャポニズムを通じた文化的なつながりとともに、日露戦争を介して政治的、経済的にも緊密に結びついていた。日露戦争期において、柔術や柔道が、〈極東の小国がヨーロッパの大国に挑む〉という構図の下であたかも帝国日本の象徴のように扱われることは、大なり小なりどの国でもあったが、アメリカにおいてはとりわけその傾向が強かったといえるだろう。

ジャポニズムと日露戦争は、アメリカにおける柔道・柔術ブームを読み解くうえで必須のキーワードだ。それに加えて、本書が特に重視したいのは、20世紀初頭のアメリカの社会状況である。なぜなら当時のアメリカには全世界に先駆けて大衆消費の時代が到来していたからだ。そしてこの文脈において、柔術や柔道は大衆のニーズに応える形で受容され、また冒頭に挙げた『カノウ柔術（柔道）大全』を筆頭に、それらはしばしば消費の対象とされた。柔術や柔道の受容の大多数をなしたのは、日本通でも格闘技の専門家でもなく大衆であり、だからこそそれは爆発的な一大ムーブメントになり得たのである。

この点で、柔術や柔道が多く大衆消費の対象だったことに、あるいは眉をひそめる向きもあるかもしれない。とりわけ、〈武道は神聖にして高尚な日本固有の伝統文化である〉という通俗的な見方からすれば、[11] アメリカにおいて柔術や柔道が商業化し、大衆の無聊《ぶりょう》をいっとき慰めるための商品として大量に生産・消費された、という史実は、武道の本義を冒瀆《ぼうとく》するものと映るかもしれない。けれども本書ではこのような見方で武道を捉えない。もう少しいうと、武道という文化の特質を本質論的に定義しない。なぜならば、ときに武道を巡る本質論は、偏狭なナショナリズムや自文化中心主義と知らず知らずの間に一体化し、ひいては「べき」で固められた本質主義を招来するからだ。

「べき」思想の怖さは、「べき」にそぐわない史実を「べからず」として無視したり排除したりしてしまう点にある。けれども歴史は、そもそも「べき／べからず」の二分法によって恣意的《しいてき》に取捨選択されるものではない。武道の理想に想いをはせることと、武道の歴史を描くことは別の話であり、それにもかかわらず理想によって歴史が操作されるとき、待ち受けるのは歴史修正主義の陥穽《かんせい》だ。

20世紀初頭のアメリカ大衆消費社会における柔術・柔道。「べからず」の禁札が張られたまま、長く歴史の片隅に放逐されてきたその歴史の扉をいまこそ開けてみよう。ただしそれは、異端の武道史を描くためではない。「べき」と「べからず」とを仕切る壁を突破するためである。

4　本書の構成

『カノウ柔術（柔道）大全』を物した東勝熊は、1905年2月にアメリカの有力雑誌『インディペンデント』誌上で、柔術・柔道に熱狂するアメリカ社会を「柔術狂い」（jiu-jitsu craze）と表現した。[12] そのひそみに倣って、やや大げさではあるが、日露戦争期を軸として20世紀初頭のアメリカが柔術・

柔道に熱狂した数年間を「柔術狂時代」と名付けよう。そうすると、この時代を彩った多士済々《たしせいせい》の姿が浮き上がってくる。嘉納治五郎の期待を背に奮闘する柔道家がいれば、舌先三寸で世渡りする詐欺師紛《まが》いの柔術家もいた。ニューヨークのヤンキー・レスラーが打倒柔術に闘志を燃やす傍らでは、ボストン生まれと称するアメリカ人柔術家が自国民を相手に柔術を教授していた。柔術の報道価値にいち早く気付いたタブロイド紙の名物記者がゴシップ仕立ての記事を書けば、専門家気取りの小説家が柔術教本を濫造《らんぞう》した。そして、流行の主体にして客体たる大衆の柔術・柔道への欲望は、とどまることを知らなかった。

流行は霧のごとく、実態を捉えることが難しい。それは、いつの間にか生じ、ふと気付けば消えている。また現象としては確かな実感を伴うのにもかかわらず、始まりと終わり、内と外の境界がはっきりしない。当時における柔術への熱狂ぶりも同じだ。本来ならば、その茫漠《ぼうばく》たるありさまを細かく点描することが、流行という現象を描くのにふさわしい手法だろう。とはいえ、ひとつひとつ意味を持った点を限られた紙幅で描画することはほとんど不可能である。そこで本論では、限界を承知で一定の輪郭を定めることにしたい。

まず、主対象とする時期だが、流行の気配が漂い始める1900年からそれがほぼ消え去る1906年に設定した。また本書では章を5つに分け、この期間の出来事をできるだけ年代順に追うことにする。さらに各章には中心的な役割を担う主役級の人物を配して、その人物を中心にトピックが進展するように心掛けた。従って、各章には主人公が存在するが、それはあくまで柔術の大流行という現象を可視的に描くための便宜的な配役である。言い方を変えれば、本書の真の主役は柔術に熱狂した時代と社会そのものであり、各章の主人公は誰であれその分身のひとつに過ぎない。

また、それぞれの章の終わりには、章と関連する内容を扱う補論を設けた。柔術の流行の時空間的な広まりを論じたり、別角度からのアプローチを試みたりすることで、本論に奥行きを持たせることがその目的である。同時代の諸外国の状況や流行後における柔術・柔道の受容のされ方、日本との連関などを紹介することで、アメリカを軸に展開する柔術の熱狂が、決してアメリカ一国にとどまる現象ではなく、また必ずしも一過性の流行に収まったわけでもない、ということを示したい。

以上の前提を踏まえつつ、本書の内容について、各章の主役とともに簡単に紹介しよう。

第1章の主人公は、前世紀転換期の長崎で柔術を学び、帰国直後から柔術家として活動したアメリカ人、ジョン・オブライエンである。ここでは、柔術狂の時代の前夜におけるオブライエンの活動とそのメディアでの取り上げられ方、また当初における柔術の対抗役と目されたボクシングとの関係を問いたい。

補論1では、オブライエンと同じく長崎で柔術を習得したリッシャー・ソーンベリーを追う。時代は飛んで第1次世界大戦、場所はアメリカ各地の駐屯地である。総じて言説空間上の流行にとどまった20世紀初頭の柔術ブームとの対比で、アメリカの大戦への参戦というリアリティに裏付けられたシリアスな柔術受容のありようをみてみよう。

第2章は、東とともに『カノウ柔術（柔道）大全』を著したアーヴィング・ハンコックを主人公に据える。ハンコックの著した幾冊もの柔術教本をもとに、柔術が護身術や格闘技としてよりも、むしろ「身体文化」という一種のフィットネスとして受け入れられたことの理由を探りたい。その背景にあるのは、19世紀末から急激に高まった大衆レベルでの健康願望だ。

補論2では、「身体文化」の日本への紹介者という視点から嘉納治五郎を取り上げる。欧米諸国が柔術に熱狂していた、まさにその頃、西洋で流行していた「身体文化」が柔道の創始者の手で日本に紹介されていた、という史実はなんとも興味深い。本補論は、嘉納が〈虚弱の克服〉というモチーフを得た契機を探る一端ともなろう。

第3章では、柔術狂の時代の寵児《ちょうじ》となった東勝熊の栄光と転落が描かれる。その落差は、熱狂の沸騰とともに好意から敵意へと柔術へのまなざしが変わりゆく過程そのものである。この章では、1905年4月に開催された東とレスラーとの異種格闘技試合を軸として、柔術vs.レスリングの構図が日本とアメリカの優劣問題を象徴的に映す鏡だったことが論じられる。

補論3には、主人公格の柔術家が3名いる。エドモン・デボネにエルンスト・レ＝ニエ、それに福岡庄太郎だ。舞台は1905年末から1906年初のフランス、パリ。本補論では、フランス版柔術狂時代ともいうべき同地での流行現象について、パリを代表する劇場での異種格闘技試合の模様を軸に描写することで、世界的な柔術ブームの一端に触れたい。

第4章では、講道館四天王と呼ばれた講道館草創期の立役者のうち、山下義韶《よしつぐ》と富田常次郎《つねじろう》のアメリカでの活動を取り上げる。嘉納をもって「柔道の代表者」といわしめた山下と、講道館の最初の門人とされる富田。大志を持って渡米した両名もまた、否応なく柔術を巡る熱狂の渦に巻き込まれていった。柔術が先行的に受容されていたアメリカ社会における柔道の位相を探るのがこの章のテーマだ。

補論4の主人公は、お雇い外国人として近代日本医学界に貢献したエルヴィン・ベルツである。なんとベルツは１９０６年に出版された『カノウ柔術（柔道）大全』のドイツ語版に序文を寄せたばかりか、この序文において嘉納が力説した柔術の日本起源説を批判すらしていた。その意図を、「創られた伝統」という観点から読み解きたい。

第5章では、大野秋太《あきた》郎《ろう》に前田光世《みつよ》という、二人の血気あふれる若き柔道家のアメリカにおける奮闘の日々を追う。見世物興行を禁ずるという嘉納の教えを破った彼らは、それゆえに柔道が別様であり得る可能性を切り開いていった。ここでは、柔術狂時代の終焉期に彼らが挑んだ異種格闘技興行の世界を描きつつ、やがて前田が到達した独自の柔道観についても論じよう。

補論5では、福岡庄太郎が再登場するのに加えて、柔道家の緒方義雄も紹介したい。彼らを通じて見えてくるのは、20世紀初頭のアルゼンチンにおける柔術や柔道の受容の様態だ。福岡と緒方が遠く南米の地で活躍できたのはなぜなのか。その答えを知る手掛かりは、彼らを庇護したパトロンたちと、現地で形成された独特の柔術・柔道観にある。

かつて柔術・柔道に熱狂していたアメリカ。その背後にはいかなる思惑や欲望があったのだろう。柔術・柔道を巡るまなざしは、文化の対決と交流、あるいは受容と拒絶、その他様々な意味合いを帯びながら複雑に交差するだけでなく、ときにそこから思いがけない副産物が生まれたりもする。それでは、前置きはこれくらいにしておいて、そろそろ柔術狂の時代に飛び込もう。

第1章　熱狂のとば口

――ジョン・オブライエンと20世紀初頭のアメリカ

誰が最初にアメリカに柔術を持ち込んだのか。この問いに答えることは難しい。言説レベルで考えると、お雇い外国人教師で日本研究者のウィリアム・グリフィス（William E. Griffis: 1843-1928）が1876年に著した『皇国』（*The Mikado's Empire*）における柔術の記述が嚆矢《こうし》といえるかもしれない。[1]また、人口への膾炙《かいしゃ》の度合いからみれば、「耳なし芳一」など数々の怪談話を物したことでも知られる小泉八雲＝ラフカディオ・ハーン（Lafcadio Hearn: 1850-1904）の1895年の著作、『東の国から』（*Out of the East*）を挙げることができるだろう。同書にはその名も「柔術」（'Jiujutsu'）と題した小品が収録されており、『ニューヨーク・タイムズ』（*The New York Times*、以下『タイムズ』）の書評欄を見ても、この短編にかなりの注目が集まった様子がうかがえる。[2]

また、柔術の道場も前世紀転換期の時点で既にアメリカにはあったようだ。たとえば、日本人労働移民が多く住んでいたカリフォルニア州北部の都市サンフランシスコでは、1896年には起倒《きとう》流の吉井助一、1902年には渋川流の谷本正明という柔術家が、それぞれ道場を開いていたという。[3]また東海岸に目を向けると、かつて横浜で養儀館《ようぎかん》という道場を経営し、1897年頃に渡米した内村外次郎《そとじろう》という人物が、ニューヨークのブルックリン地区にあるウエダ倶楽部という日本人クラブで1904年頃まで道場を開設していたようだ。[4]とはいえ、彼らによる柔術指導は総じて日本人コミュニティの内部にとどまっている。

それでは、誰の柔術が最初に衆目を集めたのか。この問いにはひとつの答えが出せそうだ。ジョン・オブライエン（John J. O'brien: 1867-1938）である。おそらく日本では無名に等しいこの人物こそが、柔術を巡る熱狂のとば口に立っている。果たしてオブライエンとは何者であり、また誰から柔術を学んだのだろう。蝶々夫人よろしく、舞台は長崎から始まる。

1　アメリカ人柔術家とその師匠

1―1　治外法権と厄介な問題

18世紀に至って揺らぎ始めた、諸外国との通商・交易を厳しく制限する江戸幕府の鎖国体制は、1858年の安政5カ国条約の締結に至って完全に崩壊する。この修好通商条約に従って長崎・横浜・函館・神戸・新潟は自由貿易港に指定され、外国人居留地が設けられた。長崎の場合は、まず大浦海岸が埋め立てられ、続いて山手の丘陵部が造成され、さらに出島、新地、下り松、梅香崎《うめがさき》、広馬場《ひろばば》を加えた約36万平方メートルの一帯が居留地に指定されている。以後、1899年の不平等条約の改正によって居留地制度が撤廃されるまで、居留地とその周辺は日本人と外国人とが比較的自由に交流できる限られた場所だった。[5]

各外国人居留地は事実上の治外法権の場でもあった。[6]従って域内の公安も居留地民に委ねられており、長崎居留地では1860年に定められた「外国人居留地地所規則」にのっとった自警活動が展開されていた。ところが1875年に実施された地所世話役選挙を巡って米英が仲違いし、地所規則が実質的に無効化されて以来、自警のシステムは機能不全に陥ってしまう。この事態は容易に収拾がつかず、また居留地の維持費の都合もつかなくなったことで、1876年に自治行政の一切は放棄された。

こうした状況に最も手を焼いたのは長崎県警である。当時は新地に番衛所（のちの新地警察署）があったが、そもそも治外法権の区域で起きる事件や犯罪を取り締まること自体が厄介なうえに、長崎居留地の海手側の一角、特に大浦川の両岸には酒場に賭博場、売春屋などが乱立し、街頭では喧嘩《けんか》や乱闘が絶えなかった。しかし、長崎県警の度重なる陳情にもかかわらず内務省や外務省の腰は重く、各国領事が改めて事態の解決を要請したことで、ようやく新たな公安制度が設けられたのは、1878年のことである。それを外国人ポリスという。

1―2　外国人ポリス

のっけから説明的な文章になったのにはわけがある。ジョン・オブライエンこそ、外国人ポリスだったからだ。正確にいうと、最初にポリスに就任したイギリス人のピーター・ドール（Peter Dole: ?-1895）が死亡退職した後に、オブライエンは1895年12月に2代目として雇用された。品行方正で飲酒を好まない善良な人柄と、英語だけでなくスペイン語とフランス語にも多少通じていたという語学力に加えて、身元を保証する人物が居留地内にいた、というのが採用の理由だった。

もっとも、オブライエンの経歴については不明な点が多い。そもそも本人はボストン生まれを名乗ったが、イギリス西部の港湾都市、アシュトンの近郊が本当の出生地のようだ。17歳で軍役に就き、海軍の火夫や機関士助手として就労したのちに除隊し、捕鯨船で働いていたという。1893年に長崎を訪れた理由も分からないが、事務員やホテルマンなどの職を転々としていたようだ。このようにみると、なぜオブライエンが外国人ポリスとして抜擢されたのか、少々不思議ではある。[7]

ともあれオブライエンは、梅ヶ崎警察署（前：新地警察署）に勤務し始めた。月俸は最初80円だったが、すぐに100円に昇給している。当時の日本人巡査の月俸が8－12円程度だったことに鑑みると[8]、この仕事はかなりの高給職だったといえるだろう。[9]もっとも、当時の長崎居留地は治安不良だったし、厄介な案件も多かったから、外国人ポリスの仕事はそれほど簡単ではなかったはずだ。案外、職務の面倒さゆえに後任のなり手がおらず、そこにひょっこり現れたのがオブライエンだったのかもしれない。

オブライエンが職を辞して居留地を去ったのは、1905年の春のことである。長崎県警の部長から贈られた送別の詞によれば、ボストンに住む母の看病のために辞職したというが、この送辞にはもっと注目すべき箇所がある【1】。「［オブライエンは］日本固有の武道たる柔術をよくし、いわゆる文武両道を心得たる人というべし[10]」という一文がそれだ。それではオブライエンは誰から柔術を学んだのか。このことを知るには、オブライエンと兄弟弟子にあたる人物に触れなければならない。名前をリッシャー・ソーンベリー（Risher W. Thornberry: 187?-1937）という。

1―3 『志ゅ志ゅつ』

1897年にオハイオ州のハイラム医学校を卒業したソーンベリーは、翌年に勃発した米西戦争に際しては病院船で勤務し、さらに病院船の移動に伴いフィリピンで数年間滞在した後、1903年に来崎した。[11] ただ、長崎に来た目的ははっきりしない。ソーンベリーは少なくとも軍医ではなく、後々の経歴からさかのぼって推察するに、どうも情報員や諜報員に類する任務を帯びていたようだ。[12] ともあれソーンベリーは、在長崎アメリカ領事館での勤務を経て、シーメンズ・ホームという海員宿泊所の支配人に納まり、[13] そして1905年の夏に新たな軍令を受けて中国へと発った。[14]

その後のソーンベリーの活動は補論1に回すとして、ここでは彼が日本を去る直前に著した、『志ゅ志ゅつ』(*Jiu-Jitsu*)なる柔術教本に注目しよう。[15] 英字週刊紙を横浜で発行していたボックス・オブ・キュリオス(Box of Curious)を発行元とするこの書籍は、日本で発売された外国人著者による柔術教本という、かなりの稀《き》覯本《こうぼん》である。

まず表紙に臨むと、雲海たなびく富士山に大鳥居、という、いかにも日本趣味的な装丁が施されている【2】。しかし内容は至ってまともである。たとえば冒頭の数ページでは、柔術の歴史や意義、価値が簡潔にまとめられているが、その論旨は適切で違和感がない。同様に技の説明もかなり丁寧で、技名に至っては日本語のローマ字表記と英訳とを併記する念の入れようだ。一例として、相手の腕と足を取って掬投《すくいなげ》、最後に腕拉《うでひしぎ》逆十字に極める技法は、Umeno Oriyedo(Arm and leg throw with the hands)と解説されている[16]【3】。さらに興味深いのは、「重要なアドバイス」[17]として同書の冒頭を飾った‘Nori’という技法である【4】。‘Nori’とはつまり前回り受身だが、写真としておよそ見栄えのし

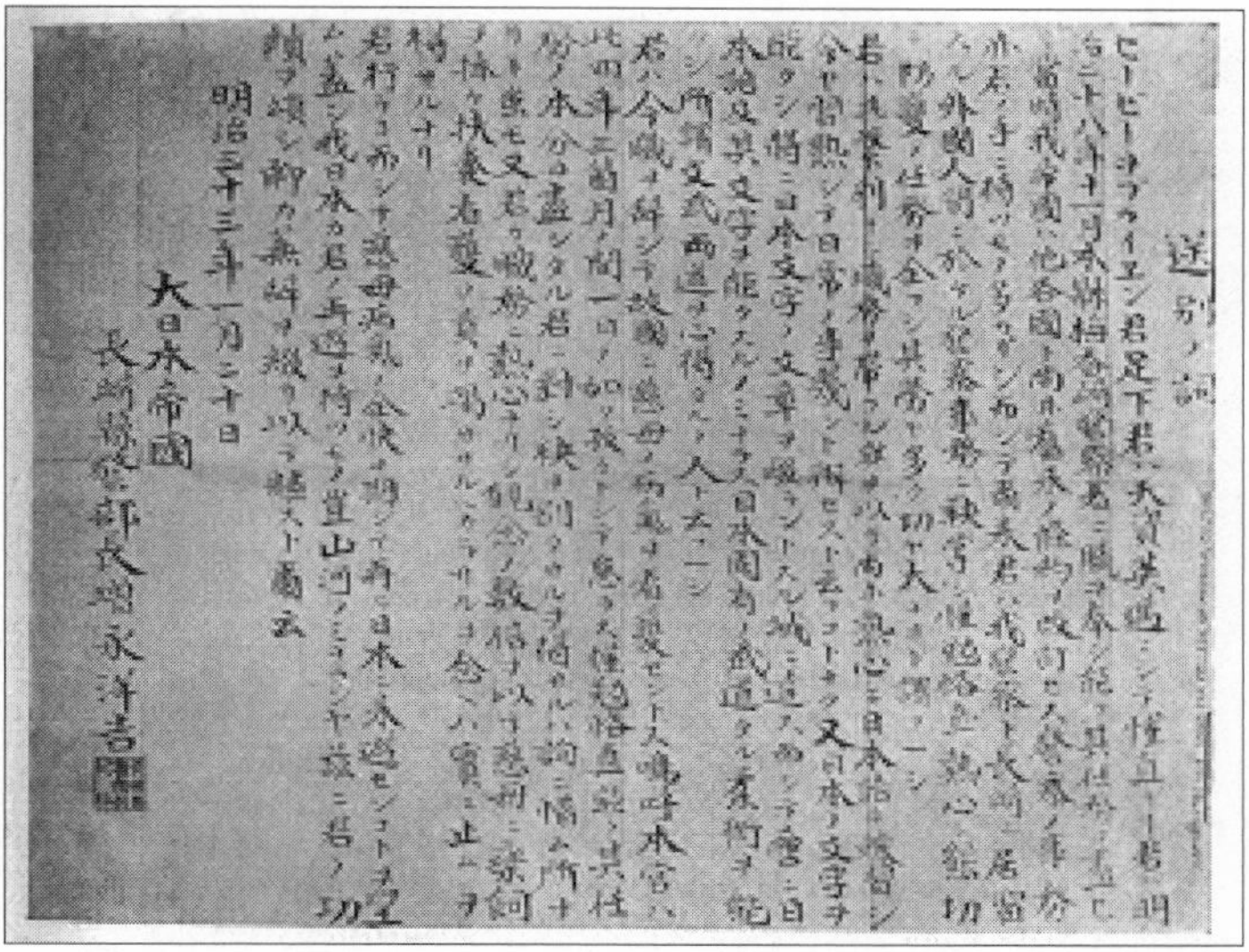
送別ノ詞

明治三十三年一月二十日

1 「送別ノ詞」。オブライエンは自らの教本でこの証書を柔術の免状として紹介している。

ない地味な受け身を図解した柔術教本も珍しい。[18]

ソーンベリーがこれだけの質の教本を著すことができたのには理由があった。専門家の監修を受けていたのである。ここで同書の扉写真に目を向けてみよう。そこには一人の日本人柔術家のブロマイドが貼られており、キャプションには「イノウエ・キショク先生、長崎県警の柔術のインストラクター」（Prof. Kishoku Inouye, Instructor to the Nagasaki Police）とある【5】。さらに続けて次頁に臨むと、次のような一文に出くわす。

懲罰や防御、あるいは単に健康、体力と精神、運動の敏捷《びんしょう》性、感覚の鋭さを促進するための手段として柔術を学びたいと願う人のために、現在最前線で活躍する2千人以上の将校や兵士に柔術を教授した、長崎県警の公式なインストラクターである、天真流（Ten Shin Ryu）の井上鬼喰（Inouye Kishoku）先生が［ソーンベリーに］授けた様々な形態や運動を［読者に］伝えることを目的とする。[19]

つまり、ソーンベリーは井上鬼喰（生没年不詳）の弟子の立場から英語で柔術教本を著したのだ。そして井上は、実はオブライエンの師匠でもあった。それればかりではない。オブライエンが帰国したとき、井上もその便に同船していたのである。かくして彼ら両名は、１９００年代初頭のアメリカ東海岸に、ちょっとしたムーブメントを巻き起こしていく。

2 『志゛ゅ志゛ゅつ』の表紙。

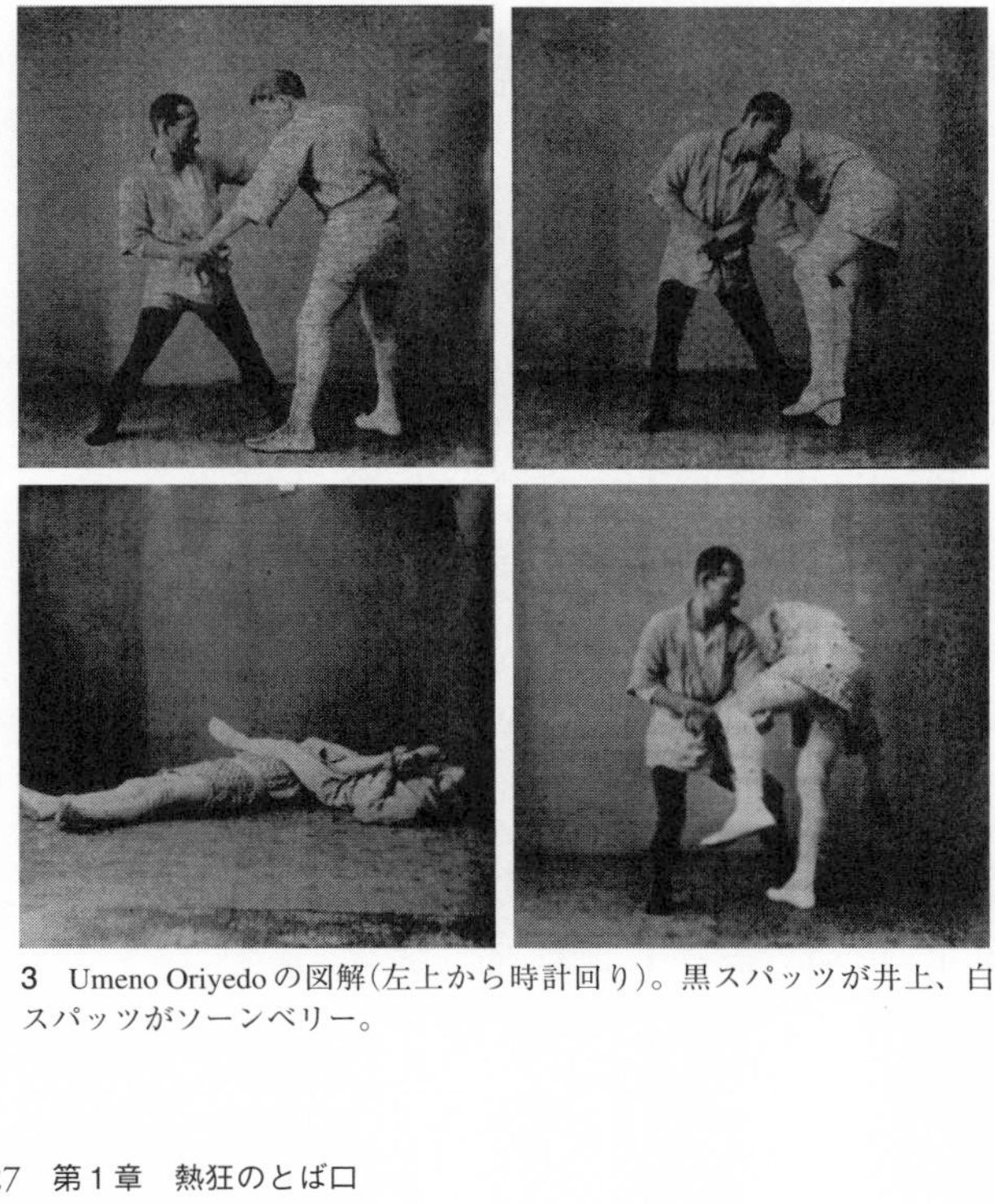

3 Umeno Oriyedo の図解(左上から時計回り)。黒スパッツが井上、白スパッツがソーンベリー。

2　大統領への柔術指南

2―1　ボストンからニューヨークへ

同じアメリカ北東部を代表する二大都市といっても、マサチューセッツ州の州都ボストンとニューヨーク州のニューヨーク市とでは、都市としての佇《たたず》まいが全く異なる。ボストンが建国以来の古都ならば、ニューヨークは19世紀後半から急速に発展した新興都市であり、またボストンがオーセンティックな文芸の守り手ならば、ニューヨークは時代の先端をゆく文化の導き手といえるだろう。前世紀転換期のアメリカでは、人文都市ボストンから商業都市ニューヨークへとヘゲモニーの移動が生じていたが、海を渡った日米の柔術家師弟が活動の基盤に選んだのもまた、このふたつの大都市だった。

いかなる伝手《つて》があったのか、ボストンに到着して早々の1900年6月に、オブライエンと井上の二人はハーバード大学の体育館で柔術のエキシビションを催している。[20] また、同年10月にはボストン市警で柔術を披露しており、[21]「日本の柔術を学ぶことによって、間もなく警察官は拳銃と棍棒を片付けることになるだろう[22]」などと報じられた。なお、オブライエンは1901年以降もボストン体育協会（Boston Athletic Association）[23]、ボストンＹＭＣＵ（Young Men's Christian Union）[24]、あるいは個人経営のスポーツジムでも柔術を指導したようだ。[25]

この最初の成功に気を良くした二人は、意気揚々とニューヨークに進出する。当時、既にニューヨークはショー・ビジネスの世界的中心であり、「サーカス王」フィニアス・バーナム（Phineas T. Barnum: 1810-1891）や、「レビュー王」フローレンツ・ジーグフェルド・ジュニア（Florenz Ziegfeld Jr.: 1867-1932）らが手掛ける豪華絢爛なショーを筆頭に、大小様々な催し物が連日連夜どこかで開催されていた。ニューヨーク劇場で10月30日から1週間にわたって開催されたオブライエンらの柔術公演もまた、こうした数あるヴァラエティ・ショーのひとつだったが、その新奇さが受けたのか、公演の模様は高級紙『タイムズ』ですらが、「多くの有名なスポーツマンや警察の関係者らが柔術を目撃し、…（中略）…、彼らの実演は寝耳に水の出来事となり、観衆から賛辞を得た」[26]などと報じた。

日米柔術家師弟のニューヨーク・デビューは上々だった。彼ら以前の柔術が、グリフィスやハーンの著作の中、あるいは日本人コミュニティの内にあったとすれば、オブライエンと井上はそれを外に、つまりアメリカ大衆社会へと持ち出したのである。

2―2　タブロイド紙での連載

もっとも、柔術という新奇な異文化に敏感に反応したのは、高級紙よりむしろイエロー・ペーパー（Yellow Paper）だった。イエロー・ペーパーとは、事実報道よりも扇情的で誇張的な報道を優先させる当時の活字メディアを示し[27]、狭義には、ピューリッツァー賞として名を遺《のこ》すジャーナリスト、ジョセフ・ピューリッツァー（Joseph Pulitzer: 1847-1911）が率いる『ニューヨーク・ワールド』（*The New York World*）と、のちに映画『市民ケーン』のモデルにもなったウィリアム・ハースト（William R. Hearst: 1863-1951）の『ニューヨーク・モーニング・ジャーナル』（*The New York Morning Journal*）の

2紙を指す。このうち、先に柔術の商品価値に気付いたのは、中下層のワーキング・クラスの心をわしづかみにしていた、「米国内最大の新聞[28]」と呼ばれた『ニューヨーク・ワールド』の夕刊版、『イブニング・ワールド』（*The Evening World*、以下『イブニング』）である。

このタブロイド紙には、芸能・娯楽・ゴシップ・犯罪などのニュースが満載された。なかでも人気を博したのが、同紙の編集長であり、かつ当代きっての敏腕ライターだったロバート・エドグレン（Robert W. Edgren: 1874-1939）が手掛けるスポーツ面である。エドグレンは卓越したアスリートだっただけでなく、[29]スポーツジャーナリストの先駆けでもあり、その的確なスポーツ評は、彼一流の皮肉や諧謔《かいぎゃく》、それに自筆の風刺漫画と相まって、読者からの圧倒的な支持と信頼を得ていた[30]【6】。そしてこのマルチな才人こそ、オブライエンの、ひいては柔術の商品価値に最初に気付いた人物でもあった。

『イブニング』紙上でオブライエンによる「柔術レッスン」（'Jiu-Jitsu lesson'）の連載が始まったのは、1901年の年初からである[31]【7】。なお、この時点ではアメリカに柔術教本はまだ出現しておらず、それどころかオブライエンの他に活字メディアに登場する柔術家すらいなかった。こうした状況下において、他者を圧する購読者数を誇る『イブニング』紙上での柔術記事の連載は、かなりのインパクトを持つ出来事だったとみてよいだろう。さらに、この連載は図解写真付きであり、従って記録性や再読性という点において、限られた人数の観客しかみることができない柔術公演をはるかに上回っていた。あるいは、のちに訪れる柔術狂時代の幕開けとして、この連載を付置できるかもしれない。なぜなら柔術を巡る熱狂の嵐は、言説空間、特に新聞紙上で吹き荒れたからである。

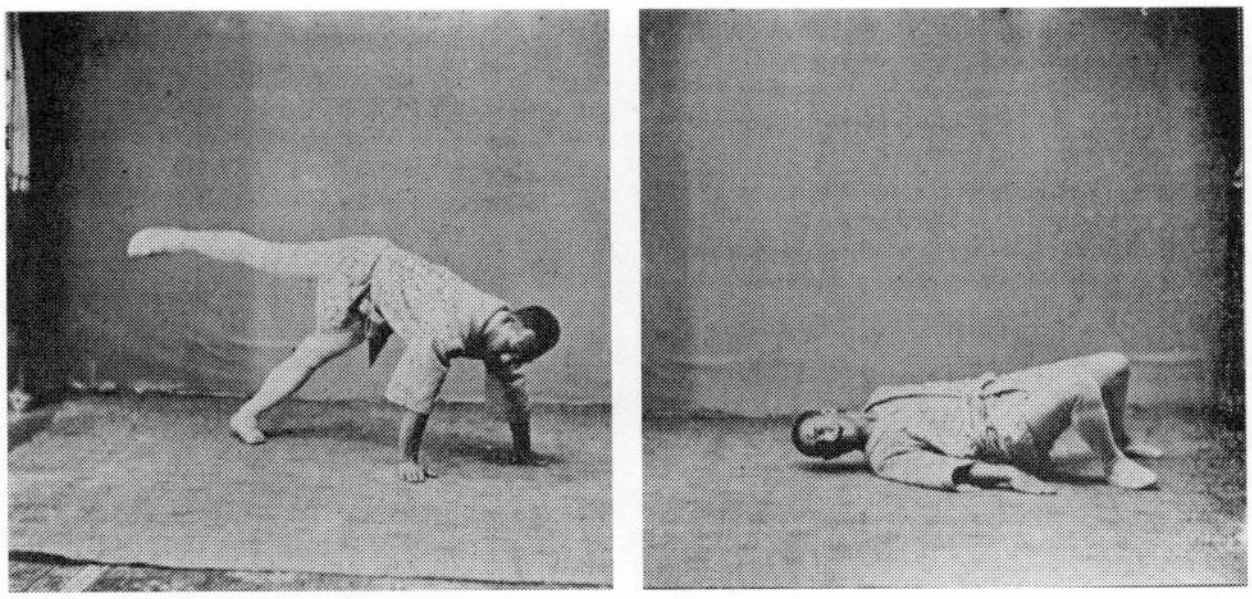

4　Noriの図解。

JIU-JITSU

As taught by Prof. INOUYE to over 2,000 Officers and Soldiers now at the Front.

Prof. KISHOKU INOUYE,
INSTRUCTOR TO THE NAGASAKI POLICE

BY
RISHER W. THORNBERRY,
NAGASAKI, JAPAN.

5　イノウエ・キショク（井上鬼喰）

THE WORLD: FRIDAY EVENING, MARCH 18, 1904

EVENING WORLD　PUGILISM BASEBALL　SPORTS EDITED BY　RACING TROTTING　ROBERT EDGREN

FITZ STARTS TRAINING AND SAYS HE WILL MAKE A SPLURGE IN THE RING

ROBERT EDGREN, the noted cartoonist and sporting authority, who now is in charge of The Evening World's sporting pages.

Ruby Robert Will Take On All Comers, and in a Four-Round Bout Shows that He Still Has Many Fights on Tap.

BY ROBERT EDGREN.

AMERICANS PLAY IN GREEN: GIANTS PRACTICE BUNTING

6　ロバート・エドグレン（中央写真）とエドグレン画の風刺漫画。『イブニング』にはほぼ毎日エドグレンの漫画とコラムが掲載された。

2―3　美術より柔術

オブライエンらがボストンとニューヨークで活動を始めた頃、ワシントンＤＣでは親日派と新露派による熾烈《しれつ》な派閥争いが始まっていた。満洲の支配権を巡るロシアと帝国日本との対立を背景とするこの政争は、１９０１年９月にセオドア・ローズヴェルト（Theodore Roosevelt: 1858-1919）が第26代大統領に就任するとさらに激化したが、そのとき親日派の筆頭格にいたのが、スタージス・ビゲロウ（Sturgis Bigelow: 1850-1926）である。[32]

アーネスト・フェノロサ（Ernest F. Fenollosa: 1853-1908）とともに１８８２年に来日後、７年にわたる滞在経験を持つビゲロウは、屈指の浮世絵コレクターとして知られる。とはいえビゲロウが親日派の首魁《しゅかい》に祀り上げられたのは、単に彼が日本美術の愛好者だったからではない。そもそもビゲロウの家柄は、政界に隠然たる影響力を持つボストン屈指の大富豪の家系を継ぐ名門だった。さらにビゲロウとローズヴェルトは、ハーバード時代の学友だったうえに、温和で控えめ、内向的で物静かなビゲロウと、それとは全く正反対の気質を持つローズヴェルトとは、唯一無二の親友でもあった。ビゲロウはおよそ政治家にも実業家にも向いていなかったが、しかし大統領を親日派陣営に引き込むに際して彼以上の適任者はいなかったのである。

とはいえ、狩猟や探検、荒々しいスポーツを愛好する、「男らしさ」の典型のようなこの大統領が、親友自慢の歌川国貞《うたがわくにさだ》のコレクションなどに関心を示すはずがない。そこでビゲロウは一計を案じた。日本の美術ではなく柔術をローズヴェルトにプレゼントすることにしたのである。そして、このとき指南役として白羽の矢が立ったのが、オブライエンだった。こうして1902年2月にホワイトハウスに呼び出されたオブライエンは、そのまま大統領専属の柔術インストラクターとなった。なお指導期間は約半年、練習時間は毎朝夕1時間程度だったようである[33]。

この一件はすぐに広まり、新聞各紙はこぞって記事にした。たとえば「オブライエン教授が『痕跡を残さず殺す方法』を大統領に教えているのは驚くべきニュースだ。大統領はレスリングやボクシングに加えて柔術を習得することで無敵になるだろう」と『ボストン・グローブ』(*The Boston Globe*)が伝えれば[34]、それに負けじと『イブニング』は「オブライエン教授は、かつて弊誌上で、賢い日本人が発明した独特の防御術に関する一連のレッスンを連載していた」と、自紙が先鞭《せんべん》を付けたことの自慢を織り交ぜつつ報じた[35]【8】。

ところで、当の大統領は柔術に満足していたのだろうか。「スタージス〔ビゲロウ〕、私はオブライエンと素晴らしい時間を過ごしている。彼のシステムは驚嘆すべきだが、私はそれを学ぶことの難しさを感じている」[36]という本人の弁からすれば、まんざらでもなかったようだ。もっとも、彼が柔術を「学ぶことの難しさ」を感じた理由の幾分かは、自らの肥満に起因するのかもしれない。こうしたゴシップに抜け目ない『イブニング』は、「ローズヴェルトにとって、柔術の最たる価値はダイエットにある」[37]と報じたが、それは必ずしも皮肉というわけではなかった。なぜなら実際のところ、柔術はしばしばフィットネスの手段とみなされていたからである。この点を次に確認したい。

2—4　医文化としての柔術

少し時を進めて1905年。柔術ブームのただ中で、オブライエンは『ローズヴェルト大統領のインストラクターで元長崎県警部長が実演する日本の秘技たる柔術』(*Jiu-Jitsu. The Japanese Secret Science Demonstrated by the Ex. Supt. of Police at Nagasaki, Japan and Instructor of Pres. Roosevelt*、以下『日本の秘技』)という長題の柔術教本を刊行した。

その表紙を1枚めくると、真っ先に視界に飛び込むのが、着物に羽織を纏い、手には扇子を持ち、刀を二本差しにしたオブライエンの雄姿である【9】。この写真が如実に物語るように、『日本の秘技』はどうにも演出過多で、本書25ページで取り上げた「送別の詞」も、この教本の中では「柔術の免状」(Jiu-Jitsu Diploma)に化けている。さらに同書で取り上げられた技をみると、物騒にも最初のレッスンは、「組み付こうとする相手の眼球を指で突く技[38]」である【10】。同じ井上鬼喰の弟子であるソーンベリーの『志ゅ志ゅつ』が受身から始まるのとは大違いだ。

ところで、『日本の秘技』の内容は、「医師会出版社」(Physician's Publishing)が同年に刊行した『家庭の医師』(*The Household Physician*)にも転載されている【11】。ここでポイントとなるのが、この本がいわゆる「家庭の医学」である、という点だ。『家庭の医師』には、傷病の種類や見分け方、処置の方法のみならず、栄養や衛生、保健や美容などに関する様々な情報が詰まっている【12】。こうした健康にまつわる言説の総体を医文化とするならば、『家庭の医師』は医学書である以上に医文化書といえるだろう。

このように書くと、柔術が『家庭の医師』に取り上げられた理由を、柔術でいう活法、すなわち整

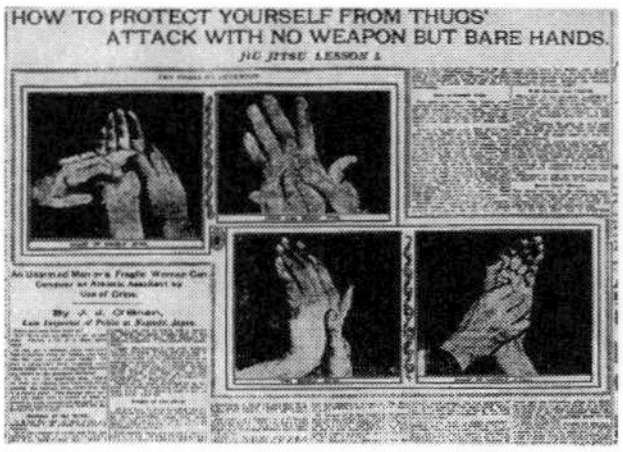

HOW TO PROTECT YOURSELF FROM THUGS' ATTACK WITH NO WEAPON BUT BARE HANDS.

JIU JITSU LESSON I.

By J. J. O'Brien,

HOW TO DISPOSE OF THE MAN WHO INVADES YOUR OFFICE OR HOUSE LOOKING FOR FIGHT.

JUI JITSU LESSON III.

Simple Hold, Well Learned, Would Save You Much Trouble When Attacked.

By J. J. O'Brien,

Strong Man Can Be Made Powerless by the Pressure of the Hand.

HOW A LITTLE WOMAN CAN DEFEAT AND CONQUER A PICKPOCKET WHO SNATCHES HER PURSE.

JIU JITSU—LESSON V.

BY J. J. O'BRIEN,

7　オブライエンが『イブニング』紙上で連載した記事。左上から時計回りに第1回、第3回、第5回。

HOW THE PRESIDENT IS TAUGHT JIU JITSU.

Method by Which Prof. J. J. O'Brien, of Boston, Instructs Mr. Roosevelt in Japanese Art of Defense.

Famous Expert Now Putting the Chief Executive Through a Course Like the One He Gave Evening World Readers.

8　大統領が柔術を学ぶことを伝える『イブニング』の紙面。

9　教本の巻頭頁に掲げられたオブライエンの肖像写真。

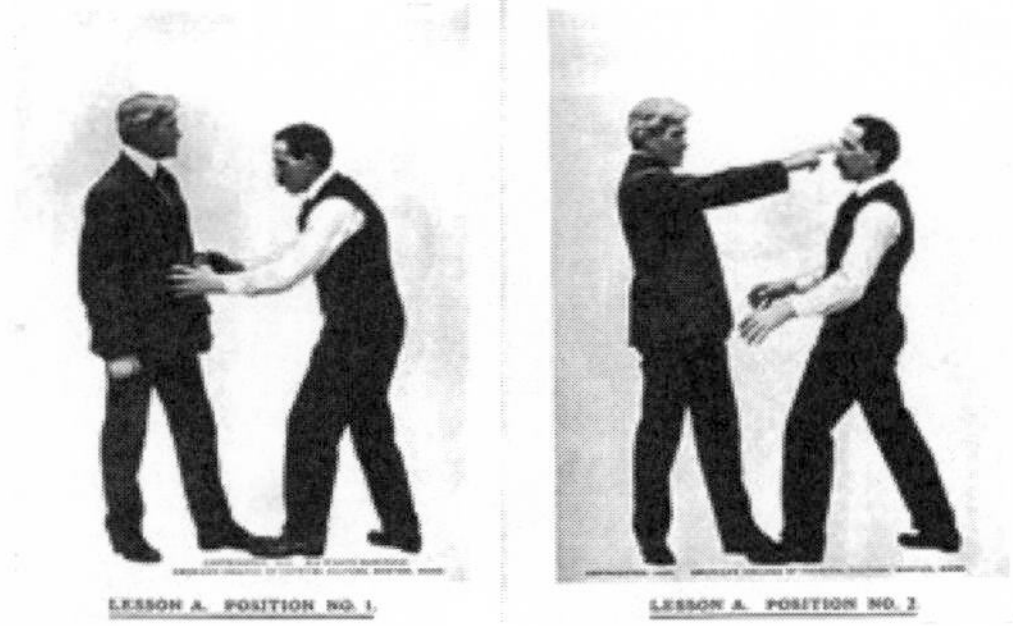

10　オブライエンの教本で最初に掲げられた目突きの図解。右手の人物がオブライエン。

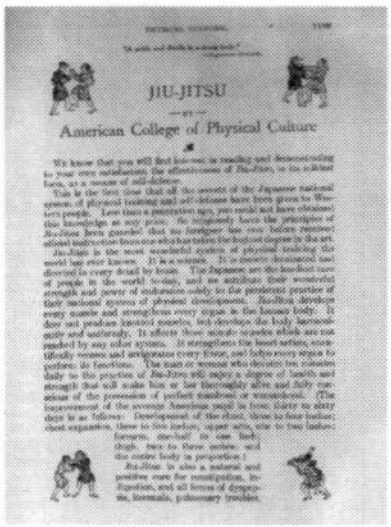
JIU-JITSU
American College of Physical Culture

11　『家庭の医師』中の柔術の解説文(左)と柔術の技法図解(中・右：掛け手〈右〉がオブライエン、受け手〈左〉が井上)。

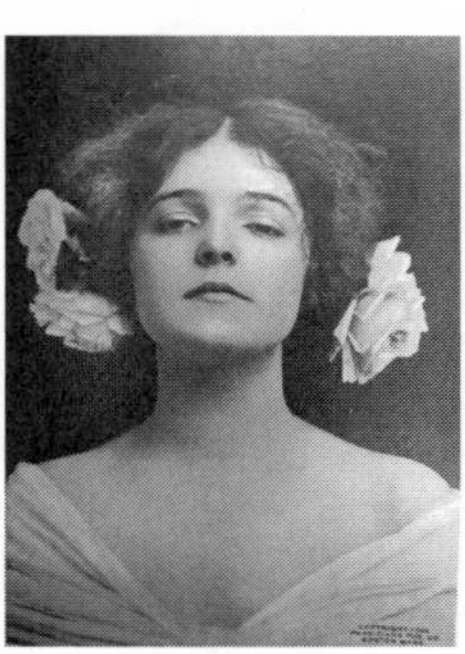

THE WOMAN BEAUTIFUL.
A TREATISE ON HOW TO KEEP YOUNG.

12　『家庭の医師』には美しい女性になるためのフィットネス法すら掲載されていた。

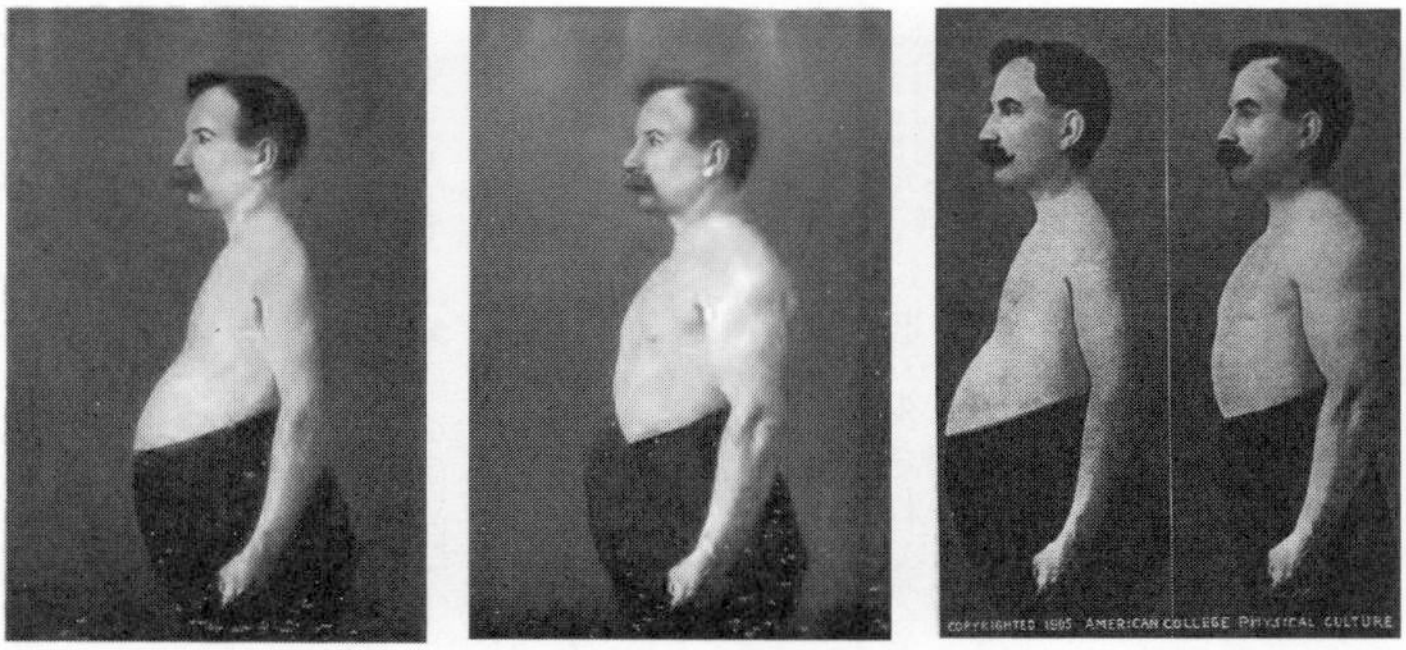

13　柔術（を含む「身体文化」）のダイエット効果を示す写真。左と中はアメリカ「身体文化」協会の教本、右はオブライエンの教本および『家庭の医師』に掲載されたもの。

14　ボストンのボイルストン通りにあったというアメリカ「身体文化」協会の本部。

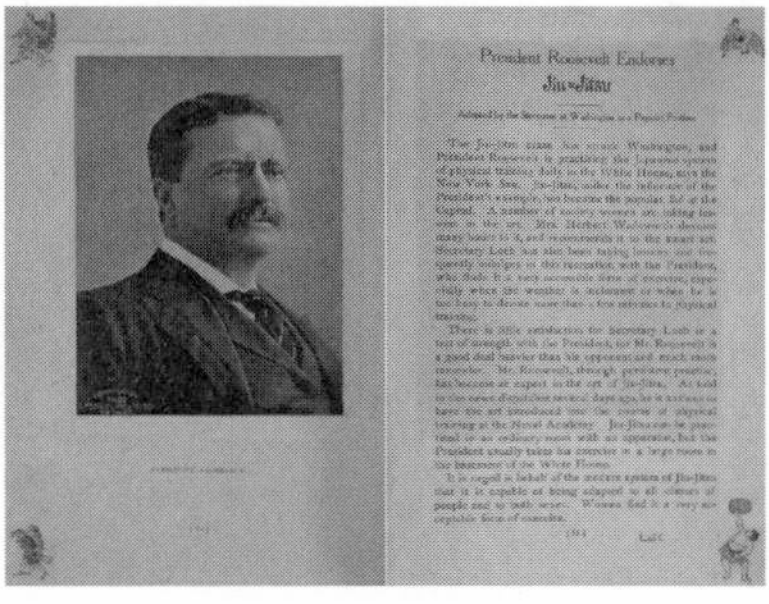

15　アメリカ「身体文化」協会版の教本では、「大統領は柔術を推奨する」という体裁をもって柔術が価値付けられた。

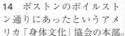

体や整骨といった現代の柔道整復につながる技術に見出したくなる。その理解は誤りではないが、必ずしも的確ではない。なぜなら柔術は護身術あるいは活法としてよりも、むしろある種の健康法やフィットネスとしてみなされていたからである。厳密にはそれを「身体文化」(Physical Culture)というが、詳しい説明は次章に回そう。ともかく柔術は手軽で有益な医文化と目され、ダンベル体操などと一緒に「身体文化」の括りで扱われた。[39]

もっとも、『家庭の医師』より以前、『日本の秘技』が出版された時点で、そこには既に「身体文化」の要素が多分に盛り込まれていた。同書では、オブライエンの柔術に加えて、「世界で最も著名な『身体文化』のインストラクターの一人、ジョン・ガヴィガンによる28種類のイラスト付き練習法」[40]が紹介されており、さらに柔術エクササイズによるダイエット効果がうたわれていた【13】。さらに『日本の秘技』をオブライエンに無断で複製した別バージョンの教本、『アメリカ「身体文化」協会と柔術』(*The American College of Physical Culture and Jiu-Jitsu*)をみると、[41]柔術と「身体文化」とはほぼ完全に同列視されている【14】。しかもこの教本にはローズヴェルトの写真とともに、あたかも大統領本人がフィットネスを目的に柔術を練習しているかのような話が掲載された【15】。〈柔術式ダイエット〉、という『イブニング』の見立ては、ある意味で正解だったのである。

3　柔術vs.拳闘?

3—1 「紳士」と「壊し屋」

時間を巻き戻して、1900年10月のニューヨーク劇場。日米柔術家師弟の柔術ショーが脚光を浴びたのは、単にそれが初の柔術公演だったからではない。この公演における最大の出し物、それは元世界ヘビー級チャンピオンのボクサー、ジェームズ・コーベット（James J. Corbett: 1866-1933）と井上鬼喰による2ラウンド制のエキシビション・マッチだった。

この模擬試合で最初に主導権を握ったのはコーベットであり、彼は巧みなフェイントとステップで攪乱《かくらん》しつつ、井上の鼻頭にパンチを当てた。もちろんグローブを着用しての優しい（gently）攻撃だ。一方、素手で対峙《たいじ》した井上は相手の脛《すね》を蹴り、ひるんだコーベットの手首をつかんでマットにひねり倒した。ここで第1ラウンドは終わり、続く第2ラウンドでは、コーベットは間合いを取ってアウトボクシングに徹し、大した見せ場のないまま、エキシビションは終了した。その後、引き続きコーベットは舞台上で井上から柔術の手ほどきを受け、「日本人が示した、いかに強くても耐えられない幾つかの技は、これまでみた中で最も素晴らしいものだった[42]」と賛辞を贈ったという。当時、コーベットは「ジェントルマン・ジム」（Gentleman Jim）と呼ばれたが、いかにも紳士的なコメントである【16】。

それでは、井上鬼喰は何と呼ばれたのだろう。「自分より2倍大きな相手の肘関節を折ることができる小さな男[43]」、略して「ボーン・ブレイカー[44]」（Bone Breaker）である。ここでは「壊し屋」と訳そう。また、柔術自体は「必要に応じて骨折させることで荒くれ者をおとなしくさせる技術[45]」、あるいは「壊し屋の技術[46]」（Art of Bone Breaking）と紹介され、さらに柔術の真価は「ラフ＆タンブル」

(Rough and Tumble)[47]、今風にいえば「何でもあり」の戦いでこそ発揮されると評された。「紳士」と「壊し屋」。1900年の段階では、この対比に特別な意味など込められていなかったかもしれない。しかし、危険な「壊し屋」という像は次第に増幅し、さらには複雑化する。なぜなら柔術家や柔道家は、しばしば自らを「紳士」と称し、あるいはそのように語られ、そして、だからこそ彼らはときに「紳士の面を被った壊し屋」とみなされていくからだ。この像は、〈曖昧な笑顔と表面的な愛想良さの裏で悪事を企む不気味なイエローフェイス〉、という当時のステレオタイプな日本人像とも符合するだろう。

3—2 タフ&ランブル

ところで、私たちになじみ深いボクシングは、グローブを着用した競技者が24フィート四方のリングの中で戦う。1ラウンドは3分であり、ダウンを喫してから10カウントのコールでKO負けだ。しかしこれらは、クイーンズベリー侯ルール(Marquess of Queensberry Rules)が制定された1865年以降の取り決めに過ぎない。それ以前においては、1853年に定められたロンドン・プライズ・リング・ルール(London Prize Ring Rules)にのっとり、ときに素手で殴り合う、投げ技すら許されたスタイルが専らだった。しかもそれは、クイーンズベリー侯ルールが主流になって以降も依然として根強い人気を誇っていた。この「ラフ&タンブル」な拳闘スタイルを、近代ボクシングと区別してピュジリズム(pugilism)という。[48]

ピュジリズムは、足を止めての壮絶な打ち合いを身上とする、一種のタフマン・コンテストである

JOURNAL NEWSIES GUESTS AT BIJOU

"GENTLEMAN JIM" CORBETT WILL BE HOST

Pugilist-Actor Will Let the Little Street Merchants See the Play "Pals" Free of Charge Tomorrow Night—Journal Newsboys' Band Will Provide Special Music.

JAMES J. CORBETT,
Who Will Be Host to the Newsboys at the Bijou Tomorrow Night.

16　㊧ジェームズ・コーベット。キャプションに「ジェントルマン・ジム」とある。㊨「ジェントルマン・ジム」はしばしば「紳士」らしくスーツやタキシード姿で紙面に登場した。

17　新聞記事中におけるピュジリズムの試合の挿絵。上はサリヴァンvs.ジェイク・キルレイン(1889年7月8日)の記事。右はサリヴァンvs.パディ・ライアン(1885年1月19日)の回想記事。ライアン戦ではグローブを着用している。

18　ピュジリズムからボクシングへの移行。左2つは古いスタイル。至近距離での殴り合いや取っ組み合いが前提とされていたことがわかる。右が新しいスタイル。グローブをはめておらず、また重心が後ろ足にある点でピュジリズムの要素を残しつつも、両者の間合いの遠さがピュジリズムと大きく異なる。

【17】。そこで物をいうのは、なにより生来の肉体の頑健さと負けん気だ。一方のボクシングは、パンチをもらわずパンチを当てる高等技術の詰まった近代スポーツであり、そこでは肉体や気の強さ以上に自制心と練習量が重視される。そして19世紀末のアメリカでは、前者から後者へのドラスティックな転換が生じていた【18】。その方向性を決定づけたのが、1892年9月7日に行われた、クイーンズベリー侯ルールに基づく初の世界ヘビー級ボクシング選手権である。

この一戦に王者として臨んだのは、アメリカン・ピュジリズムを象徴するピュジリスト、ジョン・サリヴァン（John L. Sullivan: 1858-1918）である。そして、この常勝不敗のピュジリストに初黒星を与え、そのまま引退に追いやった挑戦者こそ、ジェームズ・コーベットだった。サリヴァンの圧倒的な打たれ強さとむき出しの闘争心は、緻密に練り上げられた作戦を完璧に遂行し、高度なテクニックを自在に操るコーベットのクレバーな頭脳の前に砕け散った【19】。

しかし、記録上の勝者が常に大衆の支持を得るわけではない。引退の後になお英雄として君臨したのは、ときにボクサーのコーベットよりむしろピュジリストのサリヴァンだった【20】。その背景にあるのは、ピュジリズムが体現していた「男らしさ」である。この「男らしさ」は、セオドア・ローズヴェルトが示すマンリネスとほとんど同一であり、ひいては19世紀後半の30年にわたる西部開拓時代を貫くカウボーイ的な男性性を引きずるものだった。

さらにこの「男らしさ」は、西部開拓時代の裏面をなす金メッキ時代ともつながっていた。己が身ひとつに全てを懸けて開拓者が西部のフロンティアを切り拓《ひら》いていた頃、東部では資本主義の急激な伸長とともに社会のありよう自体が激変していたのである。そこでは、工業化や都市化の発展を通じ

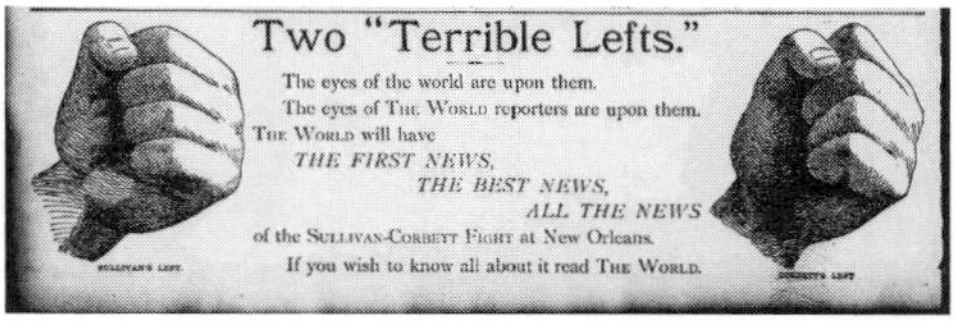

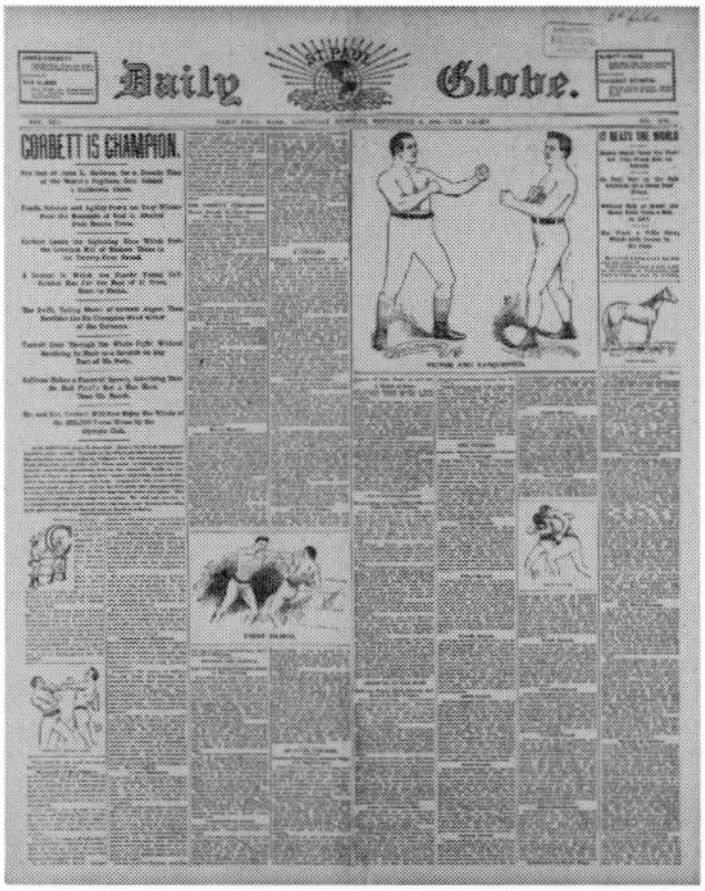
Daily Globe.

CORBETT IS CHAMPION.

IT BEATS THE WORLD

19　㊤サリヴァンvs.コーベットの宣伝広告。㊥試合前のサリヴァン(左)とコーベット(右)。㊦試合の模様を一面を費やして報じる記事。

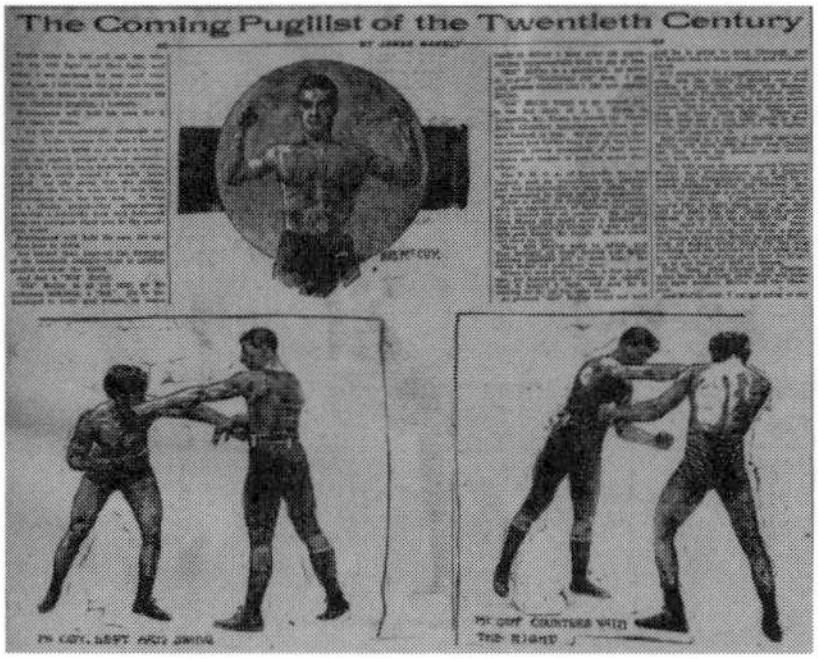
The Coming Pugilist of the Twentieth Century

20　「来るべき20世紀のピュジリスト」と題された記事。ピュジリズムの人気は容易に衰えなかった。

て形成された独占資本がごく少数の成金や金満家を生み出す傍らで、かつてミドルクラスを形成していた独立自営層は賃労働者となり、企業社会に従属的に組み込まれていった。

そして、拳ひとつで富と名声を手に入れ、その全てを費やして宝石や貴金属の装飾品を身に纏い、派手で豪奢《ごうしゃ》な生活を繰り広げたサリヴァンは、個人主義やフロンティアスピリットといった西部開拓時代のシンボルであるとともに、物質主義や顕示的な消費といった金メッキ時代の体現者でもあった。サリヴァンの成り上がりの物語は、同時に過ぎ去ろうとするふたつの時代を二重に象徴し、そして大衆は英雄サリヴァンに去りゆく時代へのノスタルジーを透かしみていたのである【21】。

3—3 すれ違う拳

一線を退いた後も、サリヴァンはアメリカ格闘技界の「ご意見番」であり、また彼の現役復帰を望む声も多かった。井上鬼喰とジェームズ・コーベットのエキシビションに際しても、サリヴァンの登場を期待するニュースが紙面をにぎわせている。題して「柔術対ピュジリズム」('Jiu-Jitsu vs. Pugilism')[49]。和製「ラフ&タンブル」にはアメリカ製「ラフ&タンブル」を、というわけだ。もっとも、この一戦は実現することなく終わっている。それも当然のことで、実際のところピュジリズムは死傷者を出すほどの野蛮さに加えて過剰な賭博性が問題視されており、20世紀初頭の時点で既に、アメリカの表社会に居場所を失っていた。英雄サリヴァンの出番は現実にはもはやなかったのである。

それでは、柔術vs.ピュジリズムが不可能だとして、柔術vs.ボクシングはあり得ただろうか。柔術ブームの高まりに乗じて頻繁に対戦が取り沙汰されたボクサーが一人いる。コーベットのライバルだっ

THE STANDARD MAGAZINE SECTION—OGDEN, UTAH.

Magazine Feature Section

FAME, FORTUNE, then DISAPPOINTMENT in the Pugilistic Game

Recent Death of Mrs. John L. Sullivan Brings to Ex-Champion Memories of Days When He Held the Best of All that He Desired in the Palm of His Hand.

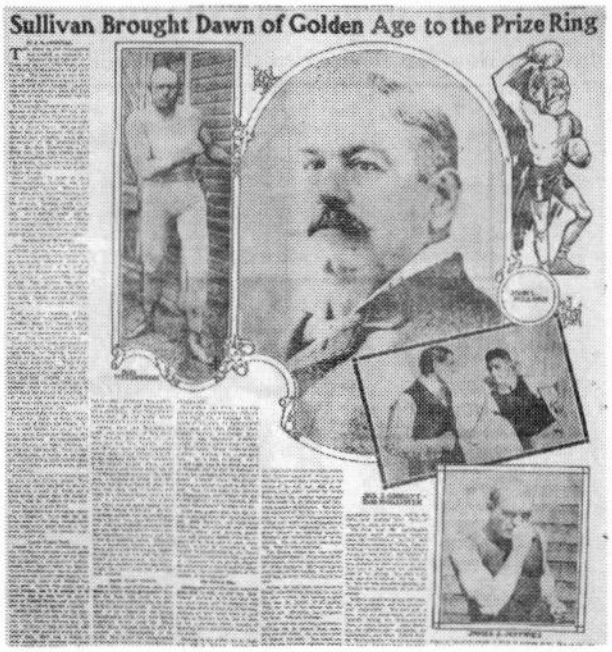
Sullivan Brought Dawn of Golden Age to the Prize Ring

21　引退後もサリヴァンは頻繁にメディアに登場した。㊧往時の試合で対戦相手を見下ろすサリヴァンの絵が描かれた記事。㊨「賭け試合の黄金時代をもたらしたサリヴァン」と題された回顧記事。

22　ポスト・コーベットの筆頭格だったジェームズ・ジェフリーズ。

JEFF ISN'T AFRAID OF JIU-JITSU

But He'd Be Ashamed to Tackle Little Higashi, and as for Turning Wrestler, Says There Isn't a Chance—Champion Here for Four Weeks.

WHAT MAY HAPPEN NOW THAT JEFF HAS TAKEN TO JIU JITSU

FIGHTERS KEPT BUSY

STARS TO SHINE AT 7TH GAMES

W.L.DOUGLAS $3.50 SHOES

INHERITED SCROFULA

COLD FORCES GIANTS TO LEAVE SAVANNAH

23　㊧「ジェフは柔術を恐れない」と題された記事(見出し)。㊨エドグレンの風刺漫画。「ジェフリーズが柔術を覚えたら、大変なことが起きる」とある。

たジェームズ・ジェフリーズ（James J. Jeffries: 1875-1953）である【22】。「大男」（The Big）のあだ名に恥じない187センチ、100キロの巨軀《きょく》を誇るジェフリーズは、コーベットに匹敵する技術に頭脳、さらにはサリヴァンを彷彿《ほうふつ》させる野性味と負けん気を兼備する怪物ボクサーだった。彼はまた、スキャンダラスで挑発的な言動でも知られ、自らたびたび柔術家との対戦を口にし、ときには具体的な対柔術の攻略法まで披露した【23】。それは、ステップワークを駆使したヒット&アウェイ戦法で、柔術家に反撃させずに強烈な一撃をこめかみにヒットさせる、というものである。[50] しかし、このボクサーと柔術家の一戦もまた、夢のままに終わった。それは機が熟さなかったからというよりは、ジェフリーズにとって一連の言動が単なるパフォーマンスやリップサービスに過ぎなかったからだろう。

もっとも、一流のボクサーが柔術家と対戦する可能性など、おそらく最初からなかったはずだ。ボクシングはピュジリズムから袂《たもと》を分かち、近代スポーツとしての道を歩み始めていた。もちろんボクシングからピュジリズム的な要素、たとえば強烈な闘争心や勇気、成り上がり精神などが失われたわけではなく、その意味でボクシングもまた「男らしい」文化ではあった。しかし同時にそうした「男らしさ」は、ルールにのっとり公平な条件で戦うというスポーツマンシップ、あるいはコーベットの異名が示す「ジェントルマン」の精神にも紐《ひも》づけられていた【24】。ピュジリズムとボクシングの最大の分水嶺はこの点にこそあり、そしてスポーツだからこそボクシングは非スポーツとしての柔術とは相対《あいたい》しない。逆説的にいえば、「紳士」に対する「壊し屋」という構図は、事実上両者の対決が不可能であることを暗示する一方で、「紳士＝スポーツ」に対応する「柔術＝非／反スポーツ」、という構図をも内包していたのである。

24　コーベットのポートレート。「上品なピュジリスト」(Polished Pugilist)と評されたように、コーベットは粗野で荒々しい、という旧来のピュジリスト／ピュジリズムのイメージを一新させた。

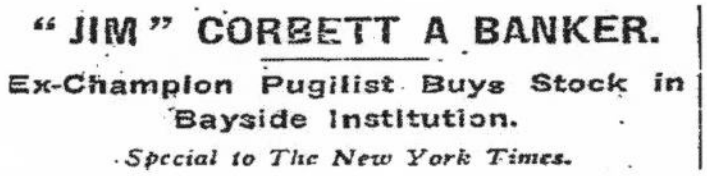

"JIM" CORBETT A BANKER.

Ex-Champion Pugilist Buys Stock in Bayside Institution.

Special to The New York Times.

25　コーベットがファイトマネーの一部を不動産や銀行に投資していたと報じる記事(見出し)。こうした実業家然とした振る舞いもコーベットが「銀行マン」と呼ばれた一因だった。

26　柔術とボクシングの対決は柔術ブーム後もたびたび話題にされた。写真は、エドグレンが1922年に描いた「日本人柔術家と相まみえるボクサーにはほとんどチャンスがない」と題するイラスト。

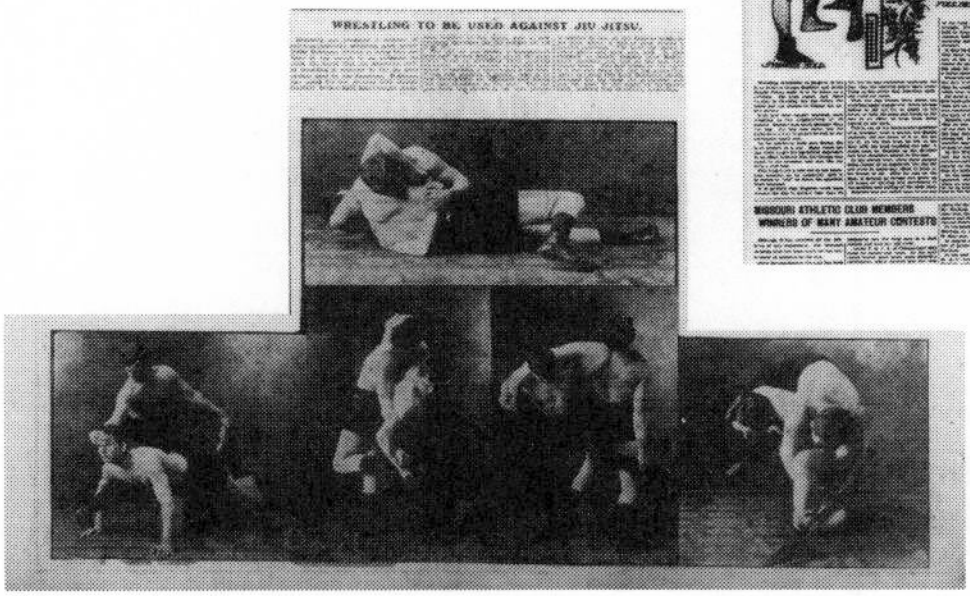

27　新聞紙上で披露された対柔術用のレスリング・テクニック。実際に柔術家の対戦相手として名乗りを上げたのはボクサーよりレスラーだった。

ちなみに、コーベットには「ジェントルマン」以外にもニックネームがあった。彼の前職に由来するそのあだ名は「銀行マン」【25】。この異名ほど、近代スポーツとしてのボクシングを表すことばもない。職業ボクサーとして禁欲的にトレーニングに臨み、試合ではコツコツとジャブを当てて勝利をつかむそのボクシングスタイルは、企業人として都市生活を営み蓄財に励む人々、特に新ミドルクラスの生活スタイルや価値観と見事に合致する。つまり、ボクシングというスポーツは、西部開拓時代や金メッキ時代の残滓《ざんし》を色濃く引きずりながらも、革新的だが堅実な進歩という新たな時代の精神を象徴しており、ひいては前時代との決別が含意されていた。[51] そしてこの意味においてもまた、ボクシングが柔術と相まみえる可能性は場末の見世物として以外にはほとんどなかった。柔術と同じ舞台に上がることは、ボクシングが示す新時代性を自ら放棄することに等しかったからである。

かくして柔術vs.拳闘の対決は潰えた。しかし対戦の機運自体まで消えたわけではない。その火種はくすぶり続け、柔術狂時代の到来とともに一気に燃焼していく【26】。だが、そのとき柔術家の前に立っていたのはボクサーではない。「ボーン・ブレイカー」はふたつの俗語的意味を持つ。ひとつは外科医、もうひとつはレスラーである。柔術vs.レスリング。日米の「壊し屋」対決は、すぐそこにまで迫っていた【27】。

補論1
世界大戦と柔術——リッシャー・ソーンベリーを追って

1905年の夏に長崎から中国へと発ったリッシャー・ソーンベリーは、翌年の6月にようやく帰国を果たす。[1]しかし休息も束の間、1907年に革命前夜のメキシコへと旅立ち、以後5年にわたって北西部のソノラ州で軍務に服していた。さらにそれから数年間のソーンベリーの動向についてはよく分からず、再びその足取りをつかむことができるのは、ようやく1917年のことである。そのとき彼は、ワシントン州の港湾都市タコマ郊外の森林地帯にあるルーウィス駐屯地にいた。さらにそれから十余年後。退役したソーンベリーはカリフォルニア州の大都市ロサンゼルスに柔術の学校を設け、多くの門人に囲まれて余生を送った。

本論のテーマはふたつある。ひとつは駐屯地の柔術事情であり、もうひとつはソーンベリーが学び弟子に伝えた柔術の流派である。それではさっそく、最初のテーマから臨むとしよう。

1　第1次世界大戦と駐屯地

1—1　軍隊格闘技としての柔術

１９１７年４月、無制限潜水艦作戦によって窮地に陥ったイギリスを救援すべく、アメリカは対独宣戦に踏み切り、師団の増設と編制が急がれた。ルーウィス駐屯地の第91陸軍歩兵師団（The 91st Division）もそのひとつである。この師団に配属されたソーンベリーは、情報部員養成所（Divisional School of Intelligence）の柔術教官に任命され、その後、第３１６司令員および憲兵養成所（316th Train Headquarters and Military Police）に転属した[2]【1】。なお、階級は大尉である。

「〔柔術の本家たる〕日本人に柔術を教授するのにふさわしい人物として選ばれたほど、この難解なシステム〔柔術〕に熟達した人物〔ソーンベリー〕を確保できて、第91師団は非常に幸運だった[3]」。同師団の回顧録に記されたこの一文をみても、ソーンベリーの実力が本物であり、また高く評価されたことが分かる。とりわけ、軽装かつ少人数での隠密的な任務を主とする情報部員や、警察のように軍隊内部の秩序維持を図る憲兵にとって、柔術の技術の有効性は高かった。回顧録には、「情報部員養成所にとって、ソーンベリーは非常に貴重な存在だった。彼は、突発的かつ非武装の状況下で自分を守り相手を殺害するために、兵士たちに柔術を訓練した[4]」という一文もある。

さらに第91師団には、少なくとももう一人の柔術指導者がいた。第３１６弾薬輸送部隊（316th

1　㊧駐屯地に勤務していた当時のソーンベリー。
2　㊥アラン・スミス。
3　㊨スミスの柔術教本(第１巻)。

4　㊤背後から膝を蹴って相手を引き倒す方法。護身術というよりむしろ不意打ち術である。㊦背後から忍び寄って首を絞め落とす方法。この技も護身術の範疇を逸脱している。

Ammunition Train）に配属された、アラン・スミス（Allan C. Smith）中佐である[5]【2】。スミスは１９０７年に来日しており、講道館に入門して初段を得ていたが、しかし彼が駐屯地で教えたのは柔道ではなかった。それは、スミスが１９２０年に著した『柔術の秘密』（*The Secrets of Jujitsu*）[6]に一目瞭然だ【3】。同書にはスミスが駐屯地で教授していたテクニックが網羅的に収録されているが、それらは全て護身と暗殺に特化した実戦的な技術である【4】。嘉納治五郎は柔道を創始する際に柔術の実戦性を抑えることで、柔道を日常生活や一般社会になじませた。逆にスミスは、戦場という非日常の場を想定し、柔道に実戦性を取り戻すことで、ある意味において柔道を柔術へと回帰させたといえるだろう[7]。

1―2　レクリエーションとしての柔術

回顧録には、「いかなる兵士もそれ抜きで出兵すべきではない格闘キット」[8]と柔術を評する箇所もある。この点で、柔術は何も情報部員や憲兵、後方支援部隊でのみ必要とされたわけではなかった。柔術は軍隊格闘技の一部であり、そして軍隊格闘技は全軍人が修得すべき必須の技術だったからである。そして、このことは第91師団に限った話ではない。

たとえばスミスは、マサチューセッツ州のデヴェンス駐屯地（Camp Devens）とジョージア州のベニング駐屯地（Camp Benning）、ニューヨーク州のアプトン駐屯地（Camp Upton）でも柔術の指導をしており、さらにアプトン駐屯地には羽石幸次郎という柔道家もいた[9]【5】。他にも、ニュージャージー州のカーニー駐屯地（Camp Kearny）[10]、サウスカロライナ州のセビア駐屯地（Camp Sevier）[11]、テキ

5　デヴェンス駐屯地での柔術の訓練。

6　トラヴィス駐屯地での柔術の訓練。

7　グレートレイクス海軍基地での柔術の訓練。

サス州のトラヴィス駐屯地（Camp Travis）など、全米の各駐屯地で柔術が採用されていた様子がうかがえる【6】。ちなみに、ジョン・オブライエンも、ヴァージニア州のマイヤー駐屯地（Camp Myer）で指導している[12]。また、海軍に目を転じれば、シカゴ近郊のグレートレイクス海軍基地（Great Lakes Naval Station）において、アンソニー・ビドル（Anthony J. Drexel Biddle Sr.: 1874-1948）が柔術を教授していた[13]【7】。なお、ビドルは1905年にオブライエンから柔術を学んだ人物である。

このようにみると、柔術がいかに駐屯地で受容されたかがよく分かるだろう。さらに子細をうかがうと、それが軍隊格闘技としてだけでなく、スポーツやレクリエーションとしても受け入れられていた様子が伝わってくる。そもそも軍律厳しい緊張度の高い生活を強いられる駐屯地では、戦意の維持、心身の鍛錬、そしてストレスの解消を兼ねて盛んにスポーツが奨励されていた[14]【8】。特に人気があったのは球技だが、レスリングやボクシングなどの格闘技を学ぶ者も多く、その中に柔術のサークルもあった[15]。そこでは殺伐とした軍隊格闘技としての柔術ではなく、レクリエーションとしての柔術を学ぶことができ、さらにときには見物人を集めて余興試合すら行われた【9】。

柔術という名称やイメージが一気に人口に膾炙したのは日露戦争期だろう。しかし、柔術を実際に学んだ人々の多さという点では、第1次大戦期がそれを大きく上回るはずだ。なぜなら、日露戦争期の柔術ブームが総じて言説空間から抜け出ることがなかったのに比して、第1次大戦期の柔術は駐屯地という確固たる足場を持って展開したからだ。この点で、戦争のリアリティを柔術受容の背景に認めるならば、日露戦争期の柔術ブームを通じた柔術・柔道の受容には最初から限度があったのかもしれない。当時の流行と日露戦争とは確かに密接な関係にあるが、それは当時のアメリカが直面してい

8　様々な競技会。左上から時計回りに、大玉運び、担架運び、ボクシング、銃剣術。

9　㊤アプトン駐屯地の柔術サークルの集合写真。畳が敷かれているのも興味深い。㊦アプトン駐屯地で行われた、スミスと弟子による柔術のエキシビションマッチ。原資料には「兵士たちの娯楽として」(for the amusement of the soldiers)というキャプションが付されている。

た課題と必ずしも地続きではなかった。ただし、だからといってかつての柔術ブームが無意味なわけではない。アメリカが第1次世界大戦に参戦したとき、柔術が速やかに活用されたのは、それを可能とする素地があらかじめ形成されていたからであり、そしてその素地は、日露戦争期に端を発するものだからである。

2　太平洋戦争中に出版された柔術教本

2―1　ソーンベリーの弟子

1930年に退役した後、ソーンベリーはロサンゼルス市内で「アメリカ柔術学校」（American School of Jiu-Jitsu）を開校した【10】。その門をたたいたのがサミュエル・リンク（Samuel R. Linck: 1902-?）である【11】。ソーンベリーの一番弟子として修練を積み、1935年に晴れて免状を得たリンクは、師の没後、オレゴン州ポートランドに道場を開き、広く柔術を教授したほか、ときに憲兵や警察官への指導にも出向いた。そのリンクが著した『攻防のための格闘柔術』（*Combat Jiu Jitsu for Offense and Defense*）を、ここでは取り上げてみたい[16]。

まず驚くべきは、この教本が1943年に出版されたことだ。というのも、太平洋戦争中のアメリカにおける柔術イメージは最悪で、たとえば同年に公開されて大ヒットした対日プロパガンダ映画、『旭日の陰で』（*Behind the Rising Sun*）のハイライトは、冷酷で卑怯《ひきょう》な日本人柔術家と勇敢で正義感あ

10　㊧ソーンベリーによる柔術の実演を紹介した新聞記事(写真)。
11　㊨サミュエル・リンク。

12　㊧映画『旭日の陰で』の宣伝広告。「ジャップの最低さを知れ!」(Know the Worst about the Japs!)という扇情的な文句が躍る。下段には「柔術の殺し屋 vs. アメリカ人ボクサー」(Jiu-Jitsu Killer vs. American Boxer)という表記もある。㊦映画『旭日の陰で』のハイライトシーンを報じるスチール写真。

ふれるアメリカ人ボクサーとの対決のシーンである【12】。柔術は敵国日本の象徴だったのだ。しかし、こうした時代状況にありながら、リンクに柔術をおとしめる意思はなかった。少なくともプロパガンダに絡めて柔術を論じるような記述は見当たらない。

それより興味を引かれるのは、リンクが柔術の歴史を述べた一節だ。そこにはこんな一文がある。

柔術［の秘密］は厳密に守られており、サムライや戦士の階級（今日では「ブラック・ドラゴン・ソサエティ」〈Black Dragon Society〉として知られるグループ）にのみそれは伝授されてきた。[17]

続けてもうひとつ紹介しよう。次にみるのは、ソーンベリーからリンクに授けられた免状である【13】。

［ソーンベリーが］この卒業証書を［リンクに］授与し、署名する権限は、次のとおり。

1. テンシン流（Ten Shin Ryu）という古くから続く組織のメンバーの一員。
2. 元首の統治する大日本帝国および周辺の地方自治領の法律で許可された場所で、テンシン流の伝統に基づいて柔術を練習し、指導するためのライセンス。
3. テンシン流の組織によって記録され、伝えられた柔術の技と形式を記した古い巻物の所有。
4. テンシン流の伝統に基づき、古武術の優秀性を認められた者に発行されるディプロマの証書。[18]

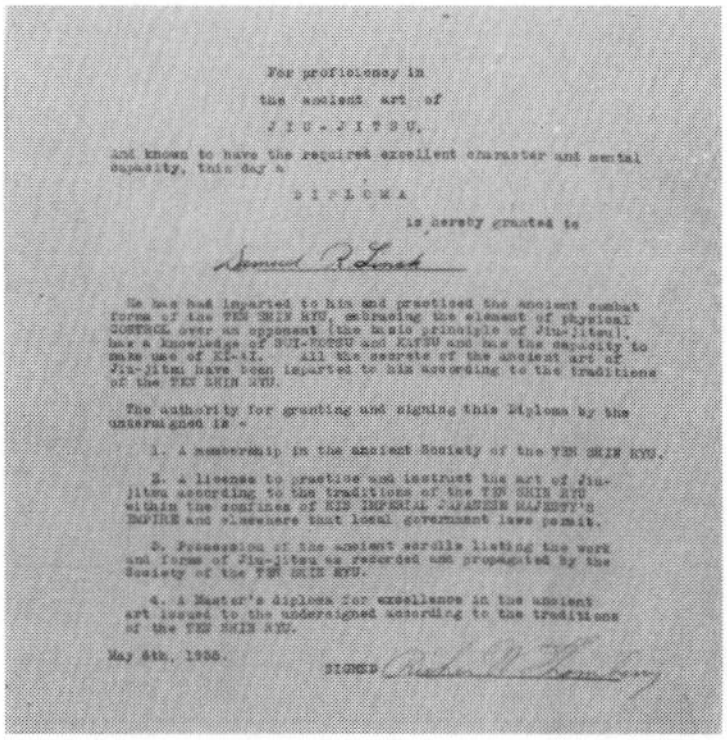

For proficiency in

the ancient art of

J I U - J I T S U,

and known to have the required excellent character and mental capacity, this day a

D I P L O M A

is hereby granted to

He has had imparted to him and practised the ancient combat forms of the TEN SHIN RYU, embracing the element of physical CONTROL over an opponent (the basic principle of Jiu-jitsu), has a knowledge of SUI-TOTSU and KATSU and has the capacity to make use of KI-AI. All the secrets of the ancient art of Jiu-jitsu have been imparted to him according to the traditions of the TEN SHIN RYU.

The authority for granting and signing this Diploma by the undersigned is -

1. A membership in the ancient Society of the TEN SHIN RYU.

2. A license to practise and instruct the art of Jiu-jitsu according to the traditions of the TEN SHIN RYU within the confines of HIS IMPERIAL JAPANESE MAJESTY'S EMPIRE and elsewhere that local government laws permit.

3. Possession of the ancient scrolls listing the work and forms of Jiu-jitsu as recorded and propagated by the Society of the TEN SHIN RYU.

4. A Master's diploma for excellence in the ancient art issued to the undersigned according to the traditions of the TEN SHIN RYU.

May 8th, 1938.

SIGNED

13　ソーンベリーからリンクに授与されたディプロマ(免状)。

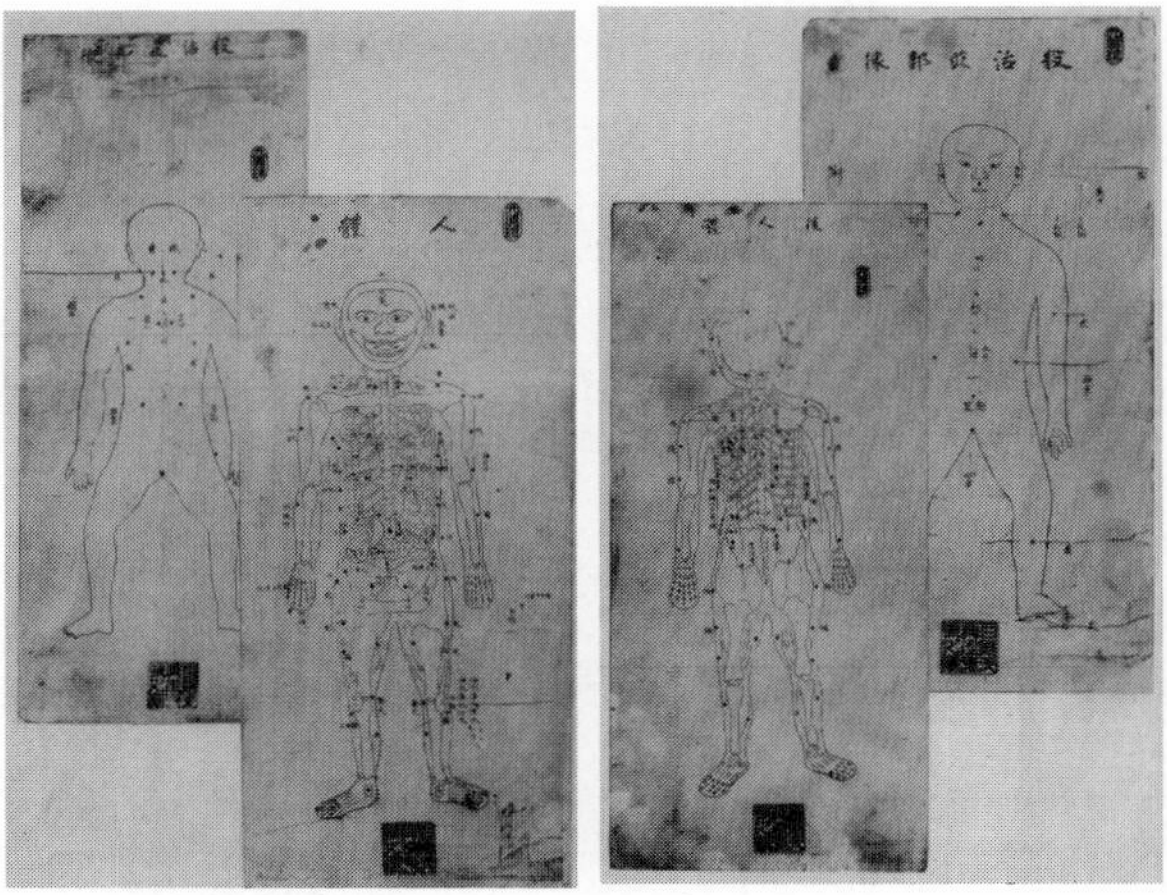

14　「天真流免許人像図」

はてさて、「ブラック・ドラゴン・ソサエティ」に「テンシン流」とは何なのだろう。

2―2　黒龍会と自剛天真流

かつて、帝国日本の主導によるアジアの解放と連帯を通じた欧米との対抗を看板に掲げて活動する巨大な政治結社があった。頭山満《とうやまみつる》（1855―1944）を首魁《しゅかい》とする玄洋社《げんようしゃ》である。そして、この結社を母体として海外工作の実働役を担ったのが、1901年に結成された黒龍会《こくりゅうかい》、つまり「ブラック・ドラゴン・ソサエティ」である。この会の勇名／悪名は、1930年代を通じてアメリカにとどろくようになっていた。そのきっかけは、1931年にサンフランシスコを拠点に北米武徳会《ほくべいぶとくかい》という団体が創設されたことにある。この団体は発足に際して頭山を顧問に据えるなど、黒龍会と密接な関係にあった。また北米武徳会は単なる武道団体ではなく、国家主義的な教育団体でもあり、西海岸一帯に居住する日本人移民の子弟を対象とした北米皇道学院という学校を設けていた。北米武徳会は急激に勢力を拡大して支部を増やし、会員数が8千人を突破する1934年頃になると、同会は実質的な黒龍会の出先機関として米当局に警戒されるまでに至っていたのである[19]。

ただし、リンクが「ブラック・ドラゴン・ソサエティ」の名前を記したのは、北米武徳会にゆえあってのことではない。それは、黒龍会および玄洋社で盛んだった柔術流派に由来する。その名を自剛《じごう》天真流《てんしんりゅう》という[20]。つまり「テンシン流」だ。

ソーンベリーは井上鬼喰から免状その他一式を授与されており、それらはリンクに引き継がれた【14】。その意味で、リンクの柔術は自剛天真流の系譜にある。ただし、だからといってソーンベリー

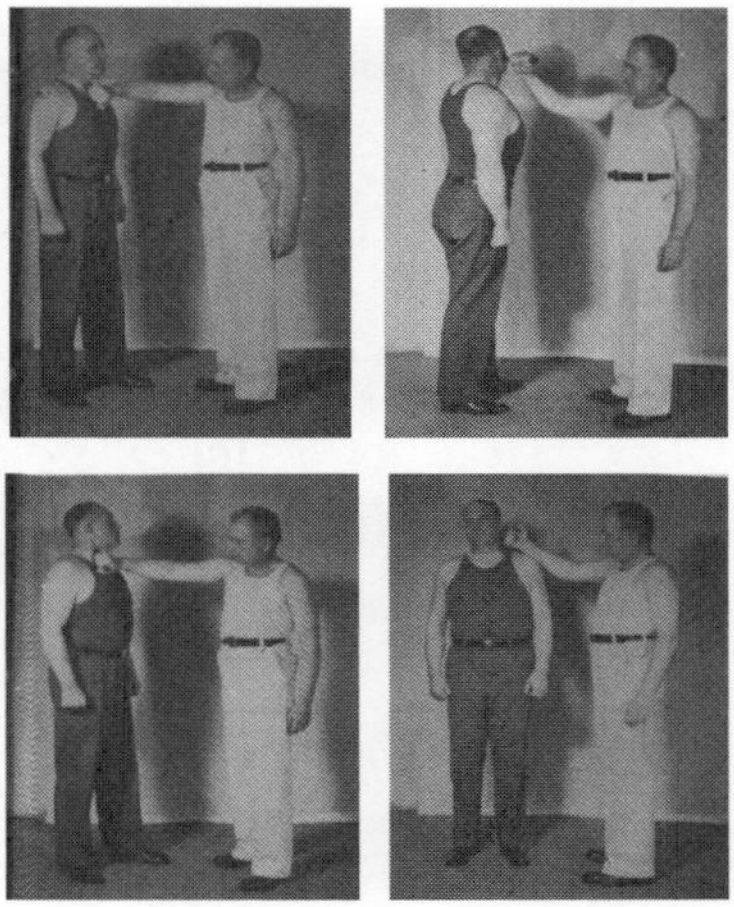

15　リンク・スティック(左)
とその使い方の一例(右４つ)。

16　ニューヨークの新聞や雑誌に掲出された矢部の柔術学校の広告。Ten-Shin Ryu の文字がみえる(拡大写真)。

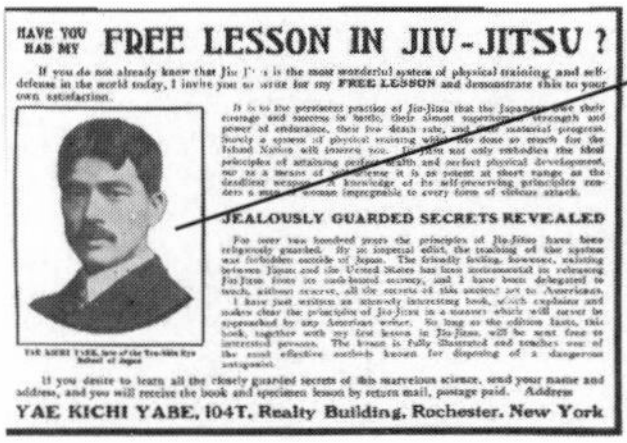

やリンクが同流の継承者というわけではない。そもそもソーンベリーが授与されたのは、免許皆伝に至る自剛天真流の5つの階梯《かいてい》のうち最下位の「奥入」である。つまりリンクの師匠ですら、自剛天真流の全てを会得していたわけではない。

もっとも、ここで真に重要なのは免許の有無ではなく、流派の継承という感覚の有無だ。おそらくソーンベリーもリンクにも、そうした発想はなかったはずであり、だからこそ自在に柔術を改変できた。その一例が「リンク・スティック」(Linck Stick)である【15】。この携行武器は、誰にも疑われずにどこにでも持ち運べる一種の隠し武器だが、その創案者の名前は、武器の名称が示すとおりである。リンクはソーンベリーから自剛天真流に由来する技術を継承しつつ、さらに独自の改変を加えた。それはリンク流柔術とでもいうべきものだ。

ところで、「テンシン流」のミステリーには続きがある。1902年頃に渡英し、さらに1904年頃にアメリカに渡った矢部《やべ》八重《やえ》吉《きち》(生没年不詳)という柔術家もまた、しばしば「テンシン流」と名乗っているのだ[21]【16】。果たして矢部も自剛天真流のネットワークに属するのだろうか。この謎はまだしばらく解けそうにない[22]。

第2章　柔術教本の秘密

――アーヴィング・ハンコックと「身体文化」

アメリカの最有力紙といえば、『タイムズ』（*The New York Times*）を措《お》いて他にはあるまい。ところが、「印字するのに適したあらゆるニュース」（All The News That's Fit To Print）をスローガンに掲げ、イエロー・ペーパーとは一線を画す高級紙としての面目を保っていた『タイムズ』ですら、当時は柔術の虜《とりこ》になっていた。試みに、柔術に関する年間記事数の推移をみてみると、日清戦争が勃発した1894年から日露戦争の前年の1903年までの10年間においてわずか5本だった柔術関連の記事は、1904年の1年間だけで一気に20本に増え、1905年にはさらに約2・5倍増の49本にまで達している。

さらに興味深いのは記事の内容だ。日露戦争での日本の快進撃の秘密を柔術に求めるニュースなどは序の口で、[1]小さな男が大きな女を投げ飛ばせば、[2]俳優は警備員を「柔術」した。[3]ニューヨーク市警が柔術家の秘技に魅せられた一方で、[4]柔術を駆使する迷惑な日本人を留置所に放り込む警察官もいた。[5]市庁舎では「市長が柔術のように巧みな話術を駆使」[6]し、ウォール街では「柔術家でさえ妨害できないほど」株式市場が急回復していた。ホワイトハウスでは大統領が「柔術の練習の合間にロシア産のキャビアを食べ始め」[7]、ブロンクス地区の動物園では、「モンゴルの熊がロシアの熊に柔術を用いて戦いを挑んだ」[8]。全米屈指の高級紙ですらこの調子なのだから、柔術への熱狂の度合いは推して知るべしだろう。

ところで、ここに挙げた『タイムズ』の記事では、比喩的な表現を含めて、いわゆる柔よく剛を制す式の柔術像が描かれている。つまり、小さく非力な者でも大きく強い相手を打ち負かすことができる未知なる技術、という柔術理解である。こうした格闘技としての柔術への関心は、日露戦争中の帝国日本の姿と重ねられつつ、流行の基底をなしていた。ただし、それがブームの全てではない。確かに柔術は一面において護身術や格闘技として理解されたし、またそうした理解の果てに異種格闘技試合が組まれることになるのだが、こうした文脈とは別に流れる受容回路も存在していた。それが、「身体文化」(Physical Culture) としての柔術である。果たして「身体文化」とは何なのか。またなぜ柔術は「身体文化」と接合したのか。順を追ってみていこう。

1　スポーツ新聞と柔術

1―1　『ガゼット』紙の人気

メディアとスポーツのアメリカ史を語るならば、リチャード・フォックス (Richard K. Fox: 1846-1922) を無視することは許されない。フォックスこそ、「『スポーツを読む』ことをアメリカに普及した最初の人」[9]、あるいは「アメリカの民衆がスポーツを意識しはじめたことを悟った最初の人」[10]であり、彼が手掛けた『ナショナル・ポリース・ガゼット』(*The National Police Gazette*、以下『ガゼット』) は、「当時アメリカのスポーツ・ファンの多くは、いきおい『ポリース・ガゼット』を愛読する」[11]ほどの圧倒的な人気を誇る週刊スポーツ新聞だった【1】。

そもそもフォックスが『ガゼット』を買収した1876年当時、同紙は無名のゴシップ紙に過ぎなかった。それを全米屈指のスポーツ紙へと押し上げる原動力になったのが、ピュジリズムに関する報道である。たとえば1880年に行われたピュジリズムのタイトルマッチを取材した特別号は、数週間で40万部も売れたという。これを機にフォックスはピュジリズムの擁護者として振る舞うようになった。ジョン・サリヴァンのパトロン的役割を務めたのもフォックスである。

その一方で彼は、落ち目のピュジリズムを徐々に見限るようになり、代わりにボクシングやレスリングに食指を伸ばすようになった。さらに自ら興行を主催し、フォックスの名を冠したタイトルやチャンピオンベルトまで製作している【2】。これは、現在私たちが目にする格闘技のタイトルやベルトの先駆けだ。アメリカでスポーツを商業化した第一人者としては、有名スポーツ用品メーカーのスポルディング社の創業者、アルバート・スポルディング（Albert G. Spalding: 1850-1915）の名前が筆頭に上がるが、同時代人としてフォックスもまた、スポーツを大衆消費と結びつけた草分けだった【3】。

そのフォックス率いる『ガゼット』で柔術の連載が始まったのは、1904年6月11日のことである。[12]その2週間前からは2度にわたって予告記事が掲載され、連載中は紙面の最終頁の全面が充てられるなど、[13]『ガゼット』もこの企画を目玉とすべく注力した様子がうかがえる。記事を担当したのは、1904年の年末までがオオハシ（もしくはオハシ）・モリ（Ohasi Mori: 生没年不詳）であり、翌年2月からはサイトウ・K（Saito. K: 生没年不詳）が引き継いだ【4】。また、理由は不明だが、1月

1　リチャード・フォックス(左)および『ガゼット』の表紙(中央の２つ)と裏表紙(右)。表紙のうち左側は1892年に行われたコーベットvs.サリヴァンの一戦のイラスト、右側は柔術家の谷幸雄の写真。裏表紙で技を仕掛けている人物はサイトウ・K。

2　㊧サリヴァンvs.コーベットを機に製作された「『ガゼット』ダイアモンド・ヘビー級ボクシング王者ベルト」。世界初のボクシングタイトルのベルトである。

3　㊨スポルディング社も柔術教本を出版していた。

4　『ガゼット』社が手がけた柔術教本。㊧オオハシ・モリの教本。㊥サイトウ・Kの教本(1915年版)。㊨サイトウの教本中の１枚。後列左がサイトウ。残りの４名は不明。

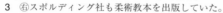

のみボクサーのトム・シャーキー（Tom Sharkey: 1873-1953）が連載を穴埋めしている【5】。なお、同連載は1年超続いたのち、１９０５年7月22日に最終回を迎えたが、この連載期間は、柔術熱が燃え上がり、やがて退潮する期間と見事に符合している。

ところで、オオハシにサイトウなる日本人は何者なのだろう。彼らはともにフォックス社から柔術教本まで出版したにもかかわらず、一切の経歴が分からない。当時は複数の日本人雑技団がアメリカ各地を巡業しており、その一座には柔術家も混じっていたから、彼らもその類の職種の人物だった可能性は高い。あるいは、機を見るに敏なフォックスの発案で、全くの素人に道着を着せてにわか仕込みの柔術家を即製したという可能性も捨てきれない【6】。

1―2　手刀とウォーキングの奇妙な関係

ところで、『ガゼット』の連載に臨むと、巴投《ともえなげ》と手刀《しゅとう》に話題が集中していることがよく分かる【7】。特に巴投は柔術の代名詞のごとく扱われた感がある。死中に活あり、を体現するこの捨身技は、みた目が派手なばかりではなく、柔術とレスリングとの差異を端的に示すものでもあった。というのは、両肩を同時にマットに抑えつけるフォールの技術を前提とするレスリングにおいて、巴投の発想自体が考えられないものだったからである。

そして手刀もまた、柔術を象徴的する技だった【8】。巴投とレスリングの関係と同じく、手刀もまたボクシングやピュジリズムの発想の外にあった。グローブの着用はおろか拳を握り込むことすらせず、手の平の側面で相手を攻撃するこの技術もまた、巴投と同様に読者の関心を引いたのだろう。

5　中継ぎを担当したトム・シャーキー。

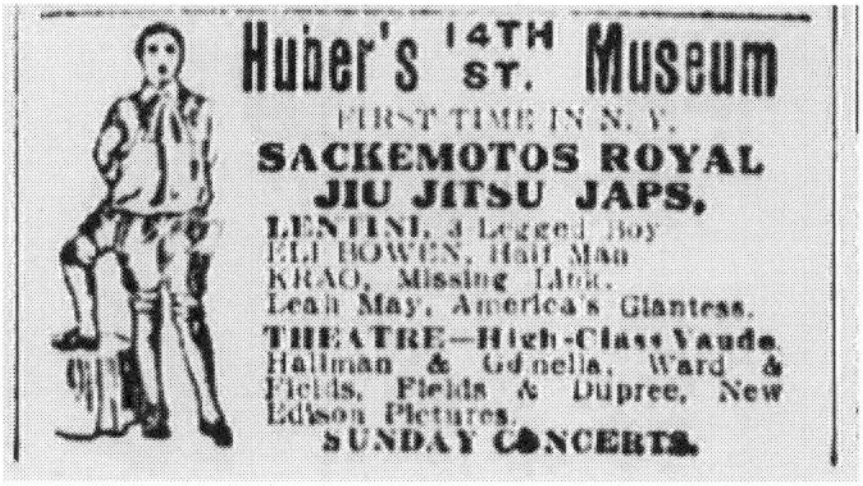

6　「サカモトロイヤル日本人柔術座」(Sackemotos Royal Jiu Jitsu Japs)による柔術公演の広告。サーカスに出演した柔術家たちの氏名や経歴を知ることは極めて困難だ。

Jiu Jitsu Makes Japs Dangerous

The Science Comprises Six Systems and Two Hundred Different Holds. How the Experts Prepare Themselves—Baths and Simple Food.

7　巴投と手刀をもって柔術の特徴とみなす風潮は『ガゼット』に限ったものではなかった。この記事は『イブニング・ジャーナル』(Evening Jounal)紙上での柔術特集。記事の中段に手刀、下段に巴投がイラスト付きで紹介されている。

さらに手刀は、〈東洋由来の神秘的な殺人技〉、という柔術イメージにもピッタリだった。それは人体の急所を突く「死の接触」(death touch)、あるいは「致命の一撃」(fatal blow)などと称され、即座に相手を戦闘不能に陥れる謎の技術として好奇の的となった。

手刀に関する記事は『ガゼット』では3回連続して特集されている。「日本人はいかに手を操るか」[14]、「[ボクシングの]KOパンチに匹敵する驚異の柔術の攻撃技」[15]、「日本式の恐るべき攻撃手段」[16]というあおり文句だけを読めば、いかにも〈手刀の秘密がついに紙上で開陳される〉、という印象を受けるだろう。ところが、これら3つの記事のうち、手刀を正面から扱った記事はひとつしかない。それでは残りの記事では何が主題にされたのだろうか。

ひとつの記事では、手刀の話は脇に置かれ、心肺機能を高めるためのトレーニング方法が事細かに説明された。それはまだ柔術に引きつけて理解できるかもしれない。しかしもうひとつの記事になると、その内容はもはや手刀はおろか柔術にすら関係ない。なぜならそこでの話題の中心はウォーキングだからである。ほとんど詐欺のような内容とも思えるが、しかし、たとえば昨今ボクシングがハードな競技ではなく気軽なボクササイズとして人気であることを想起すれば、こうした記事のありかたにも得心がいくだろう。ボクササイズがボクシングライクな健康法であるように、ここで紹介されたのは柔術ではなく、柔術式健康法だったのである。そして、この論法は実のところ連載のほぼ全てに一貫している。柔術は、「腹囲が胸囲を上回った」[17]読者におススメの、話題の痩身エクササイズだったのだ。

THE POLICE GAZETTE, NEW YORK CITY

How the Japs Strike a Blow

An Offensive Movement in Jiu-Jitsu Which Equals the Much-Dreaded Knockout Blow

STRUCK WITH THE EDGE OF THE HAND

・BASEBALL・

8　㊧『ガゼット』の連載記事での手刀特集。㊦4枚：手刀の技術は他の教本あるいは新聞でもたびたび紹介された。左上から時計回りに、ボクシングでは反則技とされる「腎臓打ち」に近い技。ピュジリスト(左)に対して有効な手刀の入れ方。武器を持った相手へのカウンター。裏拳打ちとその防御。

1—3　日本はアメリカに優越する

連載が始まって3カ月ほど経った9月24日、同紙には次のような予想が載せられた。それは、「わが国におけるあらゆる従来的な『身体文化』を排して、これからあっという間に、たぶん半年以内には柔術が大流行（rage）するだろう」[18]というものだ。この予想は正確に未来を予期していた。というのも、健康法やエクササイズこそ「身体文化」の中軸であり、そして柔術は新奇な身体鍛錬法として「身体文化」業界を席巻したからである。その話に移る前に、ここでは大流行の裏側に隠された激怒（rage）の側面についてあらかじめ考察しておこう。

異国の文化の流行はときにそれへの反動を引き起こす。その根底にあるのは偏狭なナショナリズムやエスノセントリズムだが、こうした憂国の情は商業主義にとっての好餌《こうじ》でもある。売らんかなの愛国主義、とでもいうべき言説をちりばめ、それをマス的に消費させることで異国への憎悪を高めるわけだ。柔術ブームもその例に洩れなかった。というのも、この流行もまた、一方で柔術の異文化性を誇張して売り出し、大衆の好奇心や興味関心を消費欲求とともに高めながら、他方で異文化と自文化との対立の構図を際立たせ、あたかも異文化が自文化に勝るようなイメージを構築することで、大衆のナショナリズムを煽り、ひいては怒りや反発の情を引き出していったからである。

たとえば先のウォーキングを例に取ろう。そこには、「兵士である彼ら［日本人］は世界で最も偉大な行進者であり、若い頃から熱心に歩く練習を頻繁にしている」[19]「［日本人は］少年時代には徒歩で長距離を移動し、運動から得られる利益のためだけに50から60マイルも旅することもままある」[20]といった文言が並んでいる。ここに描かれているのは、卓越した身体能力を持つ特殊な人種としての日本人であり、かつ日本人が世界一とされることで、必然的にアメリカは日本の劣位に置かれることになる。

アメリカに優越する日本、という序列意識は、連載のあちこちで散見される。とりわけオオハシやサイトウが決まり文句として多用した、「既に日本人は獲得済のこの技術〔柔術〕を通じて優れた身体能力を身に付ければ、彼ら〔アメリカの青少年〕は世界のいかなる人物にもあるいは国家にも、個人あるいは力で対抗できる未来の世代になるだろう」[21]というフレーズは、完全に逆転した日米関係を表している。なぜなら、ここでは日本が教師役、アメリカが生徒役に置かれているからだ。

ここでの問題は、こうしたマゾヒスティックな逆転、すなわち倒錯の構図が『ガゼット』の専売特許ではなかったことにある。それどころか、この構図こそが柔術への熱狂の根幹であり、あらゆるメディアが倒錯を描くことで、ブームは巨大化していった。大衆を感情的にさせる要素をわざと組み込むことで、つまり“rage”の二重性によって、流行は流行たりえた、といってもよいだろう。

この点をさらに読み解くにあたって、特に注目すべき人物が二人いる。一人は第3章で扱う東勝熊（1881―?）であり、そしてもう一人は、今から述べるアーヴィング・ハンコック（H. Irving Hancock: 1868-1922）である。

2　小説家の柔術教本

2―1　10セント小説の世界

ハンコックは１８６８年にマサチューセッツ州に生まれた。[22] １８８５年には『ボストン・グローブ』（*The Boston Globe*）紙に雇われ、１８９８年４月に勃発した米西戦争には陸軍の従軍記者としてキューバからフィリピンにまで赴いている。それでは柔術との出会いは、というと、ハンコックは自著で次のように披歴している。

約８年前［１８９６年頃］、筆者は我が国で日本の友人の導きによって柔術の練習を始めた。その後日本で、マツダ（Matsuda）、ヤコ（Yako）、イノウエ（Inouye）という、３名の著名な身体鍛錬の指導者のもとで学んだ。イノウエ先生が我が国に柔術を教えにきた際に、［筆者も］日本から戻り、再びイノウエの個人指導のもとに就いた。[23]

文面から推察するにイノウエとは井上鬼喰の可能性が高い。またハンコックがイノウエに同行していたならば、当然ジョン・オブライエンとも知己の間柄だったはずであり、従って１９００年頃は長崎にいたことになろう。しかし、右記の主張を裏付ける史料は何もない。それどころか、19世紀末のハンコックの所在は、およそ柔術とは無縁の世界に見出せる。ハンコックは、大衆雑誌『ゴールデン・アワー』（*Golden Hours*）の主力執筆陣の一人だったのだ【9】。

1ダイム（＝10セント）という売値からダイムノヴェルと俗称された、読み捨て型の大衆雑誌は、書籍文化が資本主義のメカニズムに組み込まれてゆく19世紀後半のアメリカに誕生した。アウトローにカウボーイ、犯罪者や娼婦、異人種に先住民族、警察官や保安官、そして探偵らが織り成す紋切り型のスペクタクルとロマンスが満載されたダイムノヴェルは、書籍の位相や読書という行為を決定的に変化させた[24]。重厚な本は薄っぺらな雑誌となり、読書は知的営為から刹那の気晴らしとなった。言い換えれば、ダイムノヴェルとは大衆消費社会としてのアメリカを映す鏡であり、まただからこそ、ダイムノヴェルの常連執筆者に名を連ねるということは、読者の関心の所在、ひいては世相を鋭く読む洞察力や観察眼に優れていたことを意味する。

とりわけハンコックは、大衆作家として4つの強みを持っていた。第1に、彼は陸軍士官学校や海軍士官学校を題材とする作品を得意にしていた。若きエリートが集う士官学校は大衆が好む小説の舞台のひとつだったのである。第2に、ハンコックは物語のハイライトとしてスポーツを巧みに活用した。主人公の士官候補生がスポーツの場面で活躍する様を描写することで、読者の心をつかんだのである。第3に、ハンコックはスポーツ上の活躍と主人公の成長とを重ね、さらに人生の成功にまで結びつけた。禁欲的努力の蓄積とその報酬としての勝利を尊ぶ近代スポーツは、近代資本主義の価値観の反映であり、集団としての成果と個人の卓越の同時達成を狙うアスリート的志向性は、企業社会が求める人物像と合致していた【10】。

そして第4に、ハンコックは愛国心をくすぐるのに長《た》けていた。あるいは国家の危機を演出するのがうまかったというべきだろうか。この能力は、1916年に刊行されたハンコック最大のヒットシリーズ『侵略されるアメリカ』(*The Invasion of the United States*)で全面的に開花するが、それ以前から彼は異国の文化を巧妙に操る術を覚えていた。その最たる例が柔術である。

2―2　出版社の影響力

本書の序論で、柔術への熱狂の嵐が吹き荒れたのはアメリカ一国にとどまらなかったと述べた。それを傍証するのが、1900年から1909年にかけて、欧米圏を中心に出版された柔術教本である。ここで改めて序論の**表1**に臨むと、全59点の教本のうち、21点がハンコックの著書と共著書およびそれらの訳本であり、全体の3分の1強を占めていることが分かる。柔術の流行を世界規模での現象とみるならば、ハンコックの教本は世界をまたぐ影響力があったといえるだろう。[25]

もっとも、その理由を彼の柔術教本の内容のみに認めるのは早計だ。ハンコックの教本が国際的なシェアを獲得した最たる要因は、教本を扱う出版社にこそ求められる。版元のパトナム社(G. P. Putnam's Sons)は、1838年にニューヨークで創業して以来、アメリカを代表する総合出版社だった。同社はエドガー・ポー(Edgar A. Poe: 1809-1849)やワシントン・アーヴィング(Washington Irving: 1783-1859)、ハーマン・メルヴィル(Herman Melville: 1819-1891)ら、アメリカを代表する国民作家の作品すら取り仕切る米出版界の老舗であり、その刊行物には絶対的な権威と社会的信用があった【11】。

しかもパトナム社はアメリカの出版社として初めて1841年にロンドン支店を開設しており、大西洋を横断する巨大な出版販売網を保持していた。従って、パトナム社から書籍が刊行されるということは、英米で同時に出版される可能性を含んでおり、またパトナム社の本はイギリスからさらに仏独その他ヨーロッパ諸国で翻訳されることも多かった。このように考えると、ハンコックの教本がアメリカからイギリス、さらにヨーロッパ各国で受容された理由が分かるだろう。

ところで、なぜパトナム社はハンコックに柔術教本の執筆を依頼したのだろう。推測される理由はふたつだ。まず、ハンコックは1902年の段階で既に同社から『ウェストポイント〔陸軍士官学校〕の生活』（*Life at West Point*）を刊行していた。このテキストは長らく陸軍士官学校を志望する青年のバイブルとなり、それによってハンコックはパトナム社から信頼を得ていた。

もうひとつの理由は、パトナム社の社主ジョージ・パトナム（George Haven Putnam: 1844-1930）の日本びいきである。ジョージは伊藤博文ら日本政府の要人とも面識があり、米国内有数のロビー団体「ジャパン・ソサエティ」（Japan Society）にも出入り自由だった。[26] 1899年の刊行当初は全く見向きもされなかった新渡戸稲造の『武士道』（*Bushido*）の版権を買い取り、1905年6月に新装版を手掛けたのもジョージの一存に拠る。[27] おそらくパトナム版が出版されなければ、『武士道』は歴史に埋もれていただろう。ともあれ、当時ジョージは日本に多大な関心を寄せており、それが契機となってハンコックに柔術教本の執筆が託されたものと考えられる。

2―3　驚異的な人気

ハンコックの柔術教本はどれほどアメリカで受容されたのだろうか。日露戦争中の全米公共図書館における日本関連書籍の貸出順位に関する塩崎智の調査研究をもとに作成した左の**表1**をご覧いただきたい。まず貸出順位の列をみると、1905年に出版された『柔術の格闘術』（*Jiu-Jitsu Combat Tricks*）[28]が4位を獲得し、また1903年の著作『日本式身体鍛錬法』（*Japanese Physical Training*）[29]も12位に食い込んでいたことが分かる[30]【12】。次に、著作累計順位の列をみると、ハンコックの順位は3位である。日本論の分野でラフカディオ・ハーンとジェームズ・シェーラー（James A. B. Scherer: 1870-1944）が不動の地位を築いていたことに鑑みれば、この順位は驚異的とすらいえるだろう。

また、『日本式身体鍛錬法』は、1904年2月には1万部を突破するほどの売れ行きを誇り[31]、米国の有力文芸誌『ブックマン』（*Bookman*）の集計では書籍売り上げランキングの5位に輝いた。さらに1905年の8・9月にはニューヨーク公共図書館での最多貸出書籍にすら上がった。あるいはイギリスで先行発売された『女性のための日本式身体鍛錬法』[32]（*Physical Training for Women by Japanese Methods*）は刊行からわずかの期間で3版を重ねており、アメリカでは予約注文が殺到していた[33]。これらもまた、ハンコックの柔術教本の圧倒的な人気ぶりを裏付けている。

ここに挙げた3冊の他にも、ハンコックは『子どものための日本式身体鍛錬法』（*Physical Training for Children by Japanese Methods*）[34]、『「身体文化」生活』（*Physical Culture Life*）[35]、そして東との共著『カノウ柔術（柔道）大全』を矢継ぎ早に、いずれもパトナム社から刊行した。フォックス社に劣らずパトナム社も機に敏《さと》い出版社だったのだろうが、ここで気になるのは一連の教本のタイトルである。と

著者（苗字）	書名 （副題は略、（　）の数字は貸出回数）	貸出回数総計	貸出順位	著作累計順位
ハーン	日本(22)	22	1	1
シェーラー	今日の日本(12) 若き日本(8)	20	3 7	2
ハンコック	柔術の格闘術(11) 日本式身体鍛錬法(6)	17	4 12	3
ブラウンウェル	日本のこころ(15)	15	2	4
クレメント	現代日本ハンドブック(11)	11	4	5
パーマー	満州の黒木(11)	11	4	5
朝河	日露衝突(8)	8	7	7
リッター	日本の印象(8)	8	7	7
ワタンナ	二条の娘(8)	8	7	7
フレイザー	日本の女中(7)	7	11	10
ノックス	都市と地方の生活(6)	6	12	11
岡倉	日本の目覚め(5)	5	14	12

表1　日露戦争期間中の全米の公共図書館における日本関連書籍の人気作家順位

【出典】塩崎智「日露戦争中、米国で読まれた『日本』(上)」(『敬愛大学国際研究』第14号，2004)，93-107．および同「日露戦争中、米国で読まれた『日本』(下)」(『敬愛大学国際研究』第16号，2005)，65-79．を基に筆者が作成。

いうのも、6冊の教本の半数のタイトルが『日本式身体鍛錬法』とうたわれているからだ。このことは、ハンコックの柔術教本もまた、「身体文化」の文脈で扱われたことを示している。以下、3冊の『日本式身体鍛錬法』シリーズの内容をみてみよう。

2―4 日本式身体鍛錬法

1903年に刊行された『日本式身体鍛錬法』は、おそらくアメリカ初の柔術教本とみなすことができる【13】。裏を返せば、最初の時点で既に柔術は「身体文化」と接合していた。それだけではない。この作品には先に挙げた倒錯もまた織り込まれていた。それを雄弁に物語るのが、「ミカドの人民を世界一健康で強くて幸せな男女にした運動・食事・一般的な生活様式のシステム」(*The system of exercise, diet, and general mode of living that has made the Mikado's people the healthiest, strongest, and happiest men and women in the world*)という大袈裟《おおげさ》な副題である。もちろん内容に臨んでも次第は同様で、たとえば「〔柔術に関する〕日本の技術の知識は、〔アメリカで〕護身術として素晴らしい運動とされるボクシングの地位を低下させる」[36]といった具合に、同書はアメリカに優越する日本像で埋め尽くされていた【14】。

続いて『子どものための日本式身体鍛錬法』に目を移そう。同書でハンコックは柔術をベースとする自作のエクササイズを多数掲載したが、詰まるところそれらは従来のストレッチ法に少々手を加えた程度に過ぎず、むしろ無理やり柔術に紐づけて加工した感さえ漂う【15】。それでは本書で注目すべき点はどこかといえば、「〔柔術は〕少年少女が学校に残る限り維持されるべきであり、大学へと持

9　ハンコック作「ホーボー・ボーイズ」(“The Hobo Boys”)の挿絵が描かれた『ゴールデン・アワー』の表紙。「ホーボー」とは、前世紀転換期のアメリカに大量に出現した低賃金労働者や浮浪者を指す隠語である。

10　ハンコックは、ディック・プレスコットという少年の成長譚をシリーズ物で描いた。右は、プレスコットの高校時代を描いた作品の表紙。

11　㊧イギリスを代表するポスト印象派の画家、ウィリアム・オーペンの筆によるパトナムのポートレート。㊨パトナム(左)とワシントン・アーヴィング(右)。国際著作権法の策定に尽力したパトナムをアーヴィングは信頼していた。

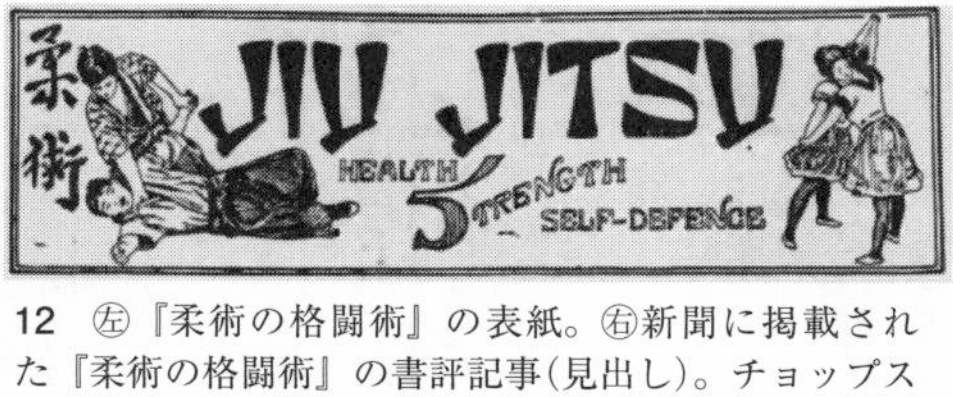

12　㊧『柔術の格闘術』の表紙。㊨新聞に掲載された『柔術の格闘術』の書評記事(見出し)。チョップスティック・フォントと呼ばれる字体を用いてオリエンタルなムードが演出されている。

ち運ばれるべきであり、さらに人生を通じて促進されるべきである」[37]といった過剰な柔術賛美や、「柔術の本質は礼儀正しさ［を学ぶこと］にあり、弱者をいじめる人にその愚かさを伝えることにある」[38]といった独特な柔術論の展開だろう。特に後者は道徳や倫理といった価値規範にまで論及されているが、次章以下でみるように、こうした論の展開は読者の公平や正義などの観念を揺さぶる要因ともなった。

それでは『女性のための日本式身体鍛錬法』はどうだろうか。この本は、〈痩身だがメリハリの利いた身体ラインを作りたい〉という、女性の美的願望を反映していた。より端的には、同書は「女らしい」プロポーションを獲得するためのハウツー本だった【16】。ただし、その「女らしさ」は、はかなさをもって美とする前時代的な身体観とは異なっていた。一部を抜粋してみよう。

柔術の詳細を全て理解すれば、それは弱い女性をより強くし、彼女と同等の体格のあらゆる男性と対等の身体を得るくらい適度な力強さを得ることになるだろう。彼女らの性に起因する、優美さとしての虚弱さに女性の価値があった時代は過ぎ去り、柔術の技術は女性が進むべき新しい身体への進路を示唆している。[39]

ここには、ヴィクトリアン・モラルを打破する新時代の女性像が描かれている。けれども、それはあくまで身体に限った話であり、精神的には相変わらず男性への従属が求められていた。敷衍《ふえん》すれば、張りのある局部と引き締まったウェストを持つ女性、という像自体が、つまるところ男性の性的欲望

13　『日本式身体鍛錬法』では、準備体操（上2枚）、技の図解（中2枚）、実践的な活用法（下2枚）と、柔術の様々な活用法が紹介された。

14　もちろん「柔術はボクシングに勝る」という主張には反論も絶えなかった。写真は、ボクサーと相対した柔術家が柔術教本を放り出してしまう、という風刺画。

の反映でしかない【17】。従って、どれほど女性が男性と同じようなトレーニングに励もうと、その目的が「女らしさ」の獲得に収斂《しゅうれん》する限り、それは女性の役割や地位を変化させるようなインパクトを持たなかった。

『女性のための日本式身体鍛錬法』の宣伝文句は「[アメリカ人女性が]日本女性のような完璧な身体を持つ女性になる方法を紹介すること」[40]だった。そこには二重の倒錯が仕組まれている。ひとつは、これまで述べてきた意味での逆転関係、つまりアメリカに優越する日本という構図である。そしてもうひとつは、男性並みの体格を得ながら、なお男性に従順な女性という序列である。男性優位の女性論を展開するにあたって、〈新時代にふさわしい「女らしい」身体を持ちながら因習に従って「女らしく」振る舞う〉という日本人女性のイメージほど都合の良い素材はなかったのだ。

3　筋肉という名の宗教

3―1　創始者ユージン・サンドウ

ハンコックがどの程度柔術に熟達していたのかは分からない。ニューヨークで1904年頃に柔術教室を開いていたことから察するに、ある程度の心得はあったのかもしれないが、当時既に面識を得ていた東勝熊に現場指導を任せていた可能性も捨てきれない【18】。いずれにせよ、ハンコックが格闘技や護身術としてよりむしろ、健康法やフィットネスとして柔術を売り出したのは、そこに商機を

15　㊧「格闘」(struggle) と題されたエクササイズ。㊥背負投を応用したというエクササイズ。㊨そのヴァリエーション。

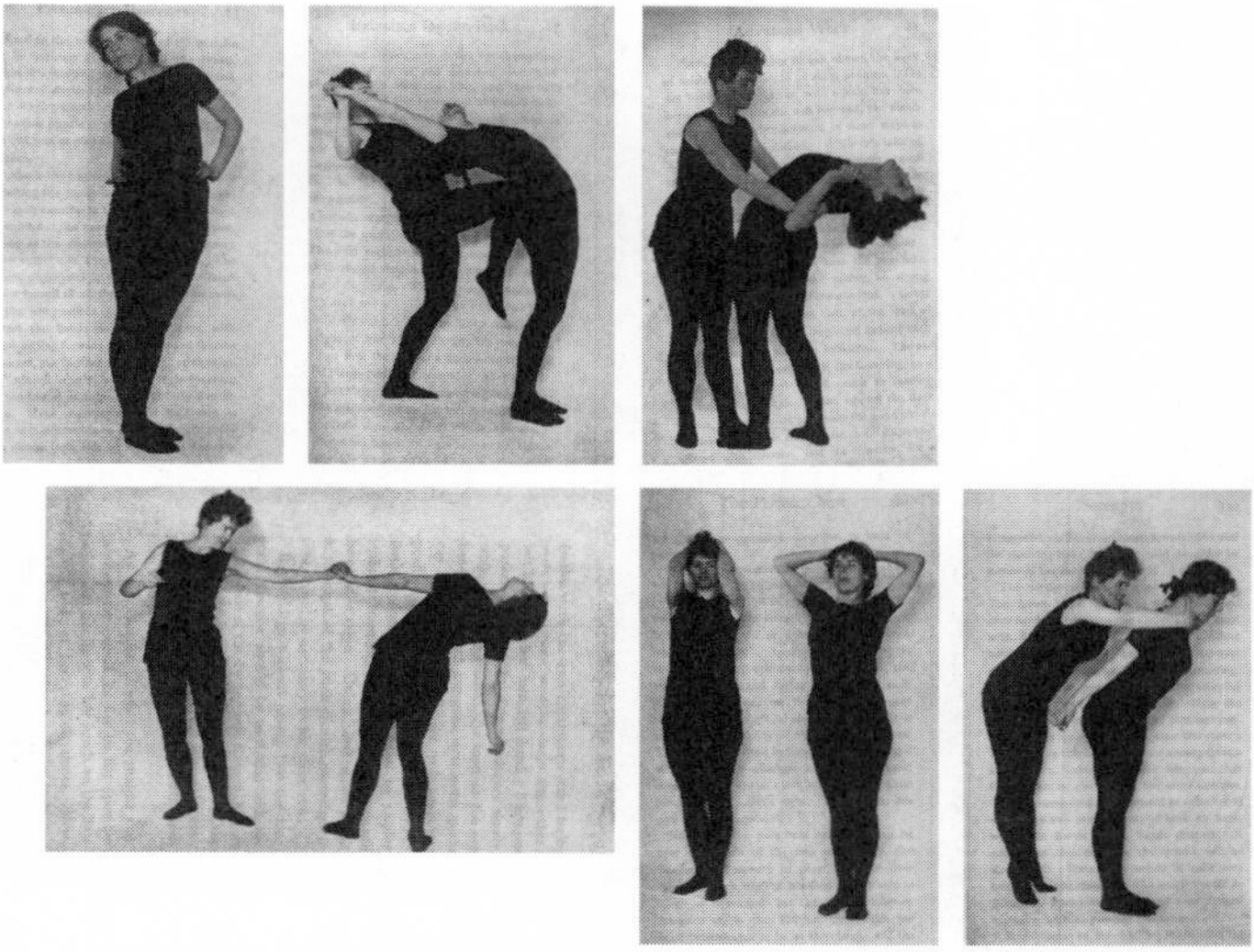

16　『女性のための日本式身体鍛錬法』に掲載された運動のほぼ全ては、腰回りのくびれを作り柔軟さを養うための動作だった。下段右端の写真はエクササイズの「極致」として紹介された同書中ただ１つの柔術式格闘法だが、単なる背後からの力任せの首絞めにしかみえない。

見出したからだろう。裏を返せば、20世紀初頭のアメリカにおける「身体文化」市場の活況を踏まえて、ハンコックは最初から柔術を「身体文化」としての商品化を目論んだと考えられる。それでは、いったい「身体文化」とは何なのだろうか。この話を進めるには、しばしハンコックとはお別れして、「身体文化」の元祖といわれるユージン・サンドウ（Eugen Sandow: 1867-1925）にご登場願わなければならない。[41]

プロシアに生まれたサンドウ、本名フリードリヒ・ミュラー（Friederich W. Müller）は、1880年代の末に大西洋を渡り、以後10年近く全米各地を巡業して得意の怪力芸で生計を立てていた。転機が訪れたのは1893年のシカゴ万博で、フローレンツ・ジーグフェルド・ジュニアに見出されたサンドウは、怪力ではなく筋肉美そのものを鑑賞させる、という新たな興行スタイルを確立し、大成功を収めた【19】。ちなみに、「発明王」トーマス・エジソンが映画（キネトスコープ）の考案者であることは有名だが、その最初期に選ばれた被写体のひとつは、次々に筋肉ポーズを取るサンドウである。

その後、アメリカで得たノウハウと名声を掲げてイギリスに渡ったサンドウは、ロンドンで自ら事業を興す【20】。最大の売り物はもちろん筋肉美だったが、この商才に長けた怪力芸人は、自慢の筋肉をボードヴィルショーで披露するだけには飽き足らず、この時期に登場した新たな印刷技術を活かして自らの身体を大量に複製し販売する、という新たな商法を開発した。そのためにサンドウは自ら出版社を立ち上げ、1898年に『「身体文化」』（*Sandow's Magazine*、翌年に *Sandow's Magazine of Physical Culture* に改題）を創刊する。そして、この雑誌の登場以降、これまで一般名詞に過ぎなかった「身体文化」は、ほとんど固有名詞のように扱われるようになった。[42]

17　柔術は女性の痩身願望にこそ応えるものだった。

JIU-JITSU TAUGHT.

Personal instruction Japanese Physical Training and Jiu-jitsu Combat tricks under the American expert, H. Irving Hancock, author of four text-books on subject; men and women prepared for teaching; write for prospectus, appointment before calling. 144 West Twenty-first st., N. Y.

18　ハンコックが経営していた柔術教室の広告。

EUGEN SANDOW, THE STRONG MAN WHOM DENNIS GALLAGHER HAS CHALLENGED.

The famous strong man known as "Samson," who has lately been entertaining London with his marvelous exhibitions of strength, has at last met his match in Eugen Sandow, a veritable Hercules from Pomerania. At a recent exhibition in London, the theater was crammed to suffocation. The Marquis of Queensberry and Lord de Clifford acted as judges. In turn the strong men bent iron bars, broke chains, and snapped wire ropes. As each of his feats was capped by Sandow, "Samson" grew more and more excited, the manifest bias of the audience in favor of his rival, who was as cool as a cucumber, adding fuel to the flame; and when Sandow himself took up the running and lifted full-grown men as if they were babies, and played with 150-lb. dumb-bells as if they were cricket-balls, "Samson" retired in a huff, whereupon the judges awarded the contest to the Pomeranian. Barnum will surely be after this mighty man, who is herewith sketched in the act of performing numerous interesting feats. Dennis Gallagher of Buffalo, now in Europe, has challenged Sandow to put up weights and perform other feats of strength for $1,000 a side.

19　サンドウがアメリカに進出してから間もない1889年のショーの告知記事。

3—2　消費と鍛錬で得られる福音

当時、不衛生な環境で肉体労働に従事するブルーカラー層や、長時間同じ姿勢でデスクワークに没頭する事務職者、あるいは頭脳労働に特化した弁護士やエンジニアといった専門職者らをも含めて、急激に産業化が進む都市部の労働者たちは、ある共通する悩みを抱えていた。それは精神の「衰弱」と身体の「虚弱」であり、さらにこの近代の病理の中枢には社会進化論と優生学が巣喰っていた。優勝劣敗や弱肉強食の論理を正当化する、この科学を装ったイデオロギーは、絶えざる進歩を国民に求めつつ、正常／異常の二分法で社会を分断的に監視し、かくして社会の成員のこころとからだは縛られ、蝕まれていたのである。しかし、だからといってこうした社会のありかたを反省的に問うことは極めて困難だった。なぜなら、こうしたイデオロギーは、大英帝国の繁栄の要ないし証でもあったからである。〈健全な精神は健全な身体にこそ宿る〉。古代ローマに由来するこうした言説が飛び交うのもまた19世紀の後半のことだが、それは〈虚弱な身体は衰弱した精神にこそ宿る〉という不安を逆照射する。その不安の根底には「退化」への恐怖が流れていた。

翻ってサンドウは、「退化」から逃れ、「進化」へと至る術を渇望する人々にとっての救世主だった。自ら優生学（Eugenie）をもじってユージン（Eugen）と名乗ったサンドウは、その生身のマッチョな身体をもって福音としたからである。いうなれば「身体文化」とは、熱狂的な筋肉信仰であり、サンドウは聖書の代わりに筋トレ本をもって人々を導いたのである。

このように書くと、いかにも安直でうさんくさいエセ宗教のように思われるかもしれない。しかし、それこそが「身体文化」の要諦である。アマチュアリズムという崇高かつ排他的なエリート主義的価値観に彩られたスポーツでもなく、義務的・強制的で何の面白みも見出せない集団体操中心の学校体育でもなく、「身体文化」は楽しみとしての消費を通じて実践できる愉快で手軽な余暇活動だった。また、「ご本尊」たるサンドウは、決して手の届かない崇高な理想ではなく、少しの散財と努力によって到達できる安価で実現可能な目標であり、しかもその教義は極めて分かりやすく、さらに「信仰」の見返りは筋肉の肥大、あるいは引き締まった身体として容易に確認できた。

　かくして「身体文化」は、社会進化論や優生学のイデオロギーと、大量生産／消費を可能とする複製技術のメカニズムを車輪の両輪として駆動する、時代の宗教になった。人々は『「身体文化」』を読みあさり、鍛錬器具を買い求めて日夜トレーニングに励み、鍛えた身体を相互に競い合う**【21】**。そのとき、心身の救済は、もはや喜捨と祈りによってではなく、消費と鍛錬によって得られるものへと変貌していたのである。

3―3　非西洋の「発見」

　世紀末のロンドンに誕生した「身体文化」。パンプアップされた身体を福音の証しと認めるこの筋肉崇拝は、ロンドンからイギリス全土へ、さらにヨーロッパから世界へと瞬く間に広まり、各地に熱狂的な信者を生み出していく。１８７０年代から１９２０年代は、西洋スポーツの離陸期であり、[43]特にイギリス発のスポーツがグローバルな覇権を獲得していく時期にあたるが、そのときイギリスから飛び出したのはスポーツだけではなかったのだ。

同時に、「身体文化」が世界に広まる過程には、非西洋の身体が西洋によって「発見」されゆくプロセスも含まれている。この「発見」は大別してふたつの視点に基づいていた。ひとつは新奇さへの好奇心であり、もうひとつはその裏返しとしての蔑視である。好奇のまなざしは非西洋の人々の身体を西洋の思うままに解体／解剖する原動力となり、蔑視のまなざしは逆説的に啓蒙《けいもう》／教化の作用を引き起こした。つまり非西洋の劣った身体を西洋式の優れた身体へと作り変える、という作用である。そして、どちらの視点にせよ、非西洋的な身体は見世物のように展示された。サンドウの雑誌をみればそのありさまがよく分かる【22】。

加えて、非西洋的身体の「発見」は、その身体の基礎となる文化、すなわち土着の身体運動文化の「発見」にもつながった。この「発見」に潜むまなざしもまた二重性をはらんでいるが、ときに「発見」された文化は「身体文化」へと摂取された。その一例がヨガである。[44] 西洋は自らの優位を確認するために非西洋を求めただけでなく、西洋的近代の袋小路の突破口として非西洋を求めることもあった。非西洋の身体運動文化もまた、もともとの意味や理念が換骨奪胎されて「身体文化」に取り込まれ、帝国主義と資本主義に適合的な商品となったのである。なお、西洋による非西洋の身体運動文化の「発見」を非西洋の側から捉えなおせば、それは非西洋による西洋の「身体文化」の受容ということになるのだが、この話の続きは補論2に回そう。

ともあれ、柔術もまたそのようにして「発見」された文化のひとつだった。たとえばイギリスをみると、サンドウ版『「身体文化」』誌上ではたびたび柔術の特集が組まれていたし、またサンドウを模倣して「アポロ」(Apollo) を名乗ったウィリアム・バンキア (William Bankier: 1870-1949) による

20　㊧㊨たびたび健康食品や鍛錬器具の広告塔となることで、サンドウは商業スキルを身につけていった。㊦サンドウの代名詞たるダンベル体操の図解記事。

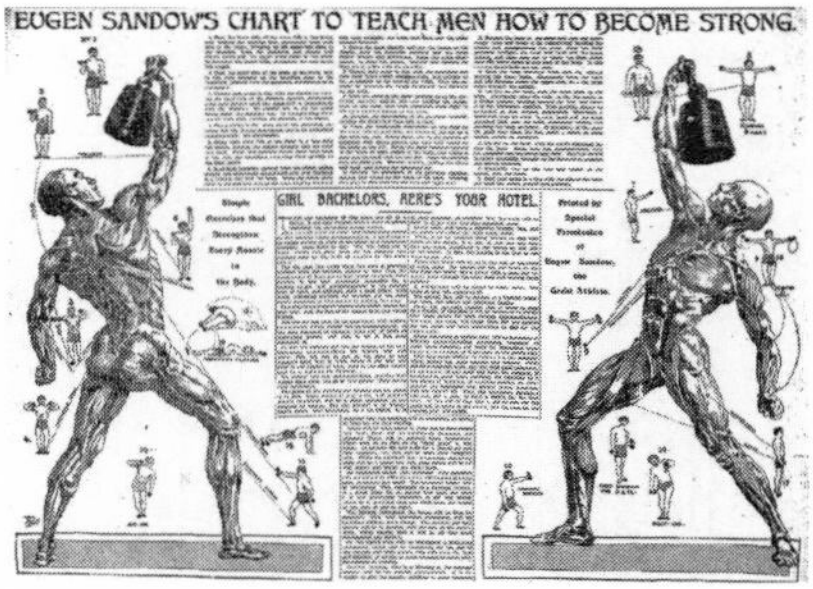

21　㊧1901年にロイヤル・アルバート・ホールで開催された筋肉美コンテスト。現在のボディビル大会の嚆矢。㊨『「身体文化」』誌上での筋肉美コンテスト。

『柔術──本当のところは?』(*Jiu-Jitsu: What it Really is?*)のように、「身体文化」家の手による柔術教本も出回った。[45]状況はフランスも似たようなもので、パリの柔術ブームの火付け役となったエドモン・デボネ(Edmond Desbonnet: 1867-1953)や、その弟子で『柔術の秘技』(*Les Secrets du Jiu-Jitsu*)なる教本を出版したエルンスト・レ＝ニエ(Ernst Ré-Nié: 生没年不詳)も「身体文化」の伝道師である。強弁すれば、世界規模で生じた柔術の流行は、折からのジャポニズムや日露戦争の勃発に乗じて発生したというよりは、それよりはるかに巨大な、「身体文化」ブームとでもいうべき現象の一部に位置づけられるべきだろう【23】。

4 「身体文化」と柔術の融合

4─1 ベルナール・マクファデンと超越主義

ところがアメリカをみると、ヨーロッパのように「身体文化」の伝道師たちが率先して柔術と「身体文化」を接合した様子はみられない。無論、アメリカに「身体文化」が伝播していなかったわけではなく、それどころか大衆消費社会にこそ適合的なこの商品文化は、生活の至る所にまで浸透していた。その牽引《けんいん》役を務めたのが、「ミスター・アメリカ」(Mr. America)ことベルナール・マクファデン(Bernarr Macfadden: 1868-1955)である。[46]彼はその異名のとおり、健康病に取り憑かれ始めた前世紀転換期のアメリカ社会を体現する存在だった。

マクファデン自身の伝記によれば、1868年にミズーリ州の田舎に生まれた彼は、幼い頃は虚弱に悩まされていたが、自身が考案した方法で肉体改造に取り組んだ結果、人並外れて優れた身体を手に入れることに成功したという。そして、独自の身体鍛錬法を商品化した彼はニューヨークに進出し、1898年に出版社を興した。この出版社から創刊された雑誌、『「身体文化」』（*Physical Culture*）の売れ行きはすさまじく、1903年には月間10万部超、年間130万部もの販売部数を計上している【24】。これに勢いを得たマクファデンは、全米各地を公演や講演をして回りながら、毎年数冊の「身体文化」の教本を出版し、果ては自身の唱導する健康療法を施す療養施設や「身体文化」の学校、研究機関までをも設立した【25】。このように、アメリカで「身体文化」の第一人者といえばまずマクファデンだった。

この点で、表面上サンドウとマクファデンの「身体文化」には差がないようにみえる。そもそも神経衰弱や身体虚弱は英国病である以上に南北戦争以降の米国病であり、また〈強者こそは成功者である〉というサンドウ十八番のうたい文句と、〈弱さは犯罪である〉というマクファデン得意のキャッチフレーズとはほぼ完全に重なる。マクファデンは、サンドウと同様に筋肉こそ虚弱の克服手段であると説き、これまたサンドウに倣って自らの筋肉美をその証明としていた。

けれどもマクファデンの場合、「退化」の言説はそれほど前景化していない。代わりに繰り返し登場するのは自然との調和や一体化を促す言説である。その背景には、個人の主観や直感を重視し、万物の根源としての自然を神のように畏敬する超越主義（Transcendentalism）の思想があった。この思想は〈ヨーロッパ由来ではないアメリカ起源の思想〉、というナショナリズムと結合しながら広く米国内に流布したばかりでなく、19世紀後半の米国内における慢性的な医師不足も相まって、怪しげな自然療法の跋扈《ばっこ》を許すことにもなった。

さらに超越主義は、急拡大する資本主義の波にものまれ、市場経済のもとで商品化されていく。私たちの身近な食品もまた、この時期に創業された企業の商品であることが少なくない。たとえば、「麻薬」(dope)の愛称で知られた精力増強用の薬用酒を「おいしくさわやか」(Delicious and Refreshing)な清涼飲料水に替えて販売したコカ・コーラ社の設立は1892年であり、また厳格な菜食主義者のジョン・ケロッグ(John H. Kellogg)が、ホリスティック医療の観点から青少年の自慰行為を防ぐ目的で穀物由来のフレークを開発し、弟とともに現在のケロッグ社の前身にあたる企業を設立したのは1897年のことだった。

4―2 豊かさゆえの悩み

大局的にみて、マクファデンもこうした商業主義的超越主義の潮流に与《くみ》するだろう。実際、彼の会社の主力商品のひとつは、マクファデン版フレークともいうべき「ストレングスフュード」(Strengthfude)だった【26】。もっとも、究極的に彼が求めたのは断食ないし不食である。[47]〈極端な食事制限によって体内の毒素を排出し、自然のもとで筋力トレーニングに励むことで得られる身体こそ、自然と調和した完璧な美と健康の身体である〉、とマクファデンは考えたのだ。資本主義がもたらす進歩を楽天的に謳歌《おうか》する前世紀転換期のアメリカ社会が抱える不健康や不摂生、不衛生といった諸問題の裏返したるこの思想は、過食と運動不足による肥満、夜更かしによる寝不足、ひいては豊かな生活ゆえ

22　㊧サンドウの教本で紹介された有色人種の人々。㊦2枚：「身体文化」は非西洋圏の身体を「発見」し、自らのうちに取り込んだ。

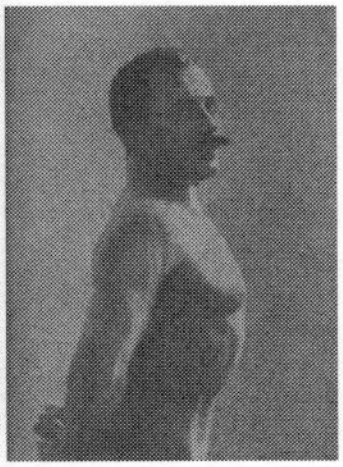

23　各々の柔術教本の巻頭を飾った「アポロ」(左)とレ＝ニエ(右)。レ＝ニエについては補論3も参照。

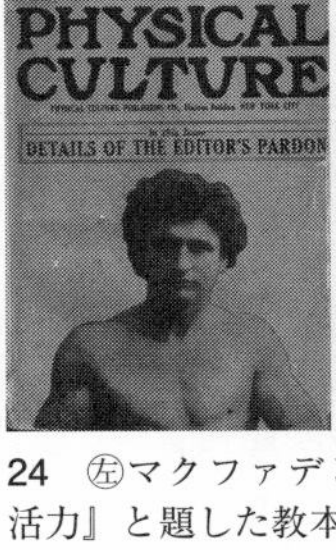

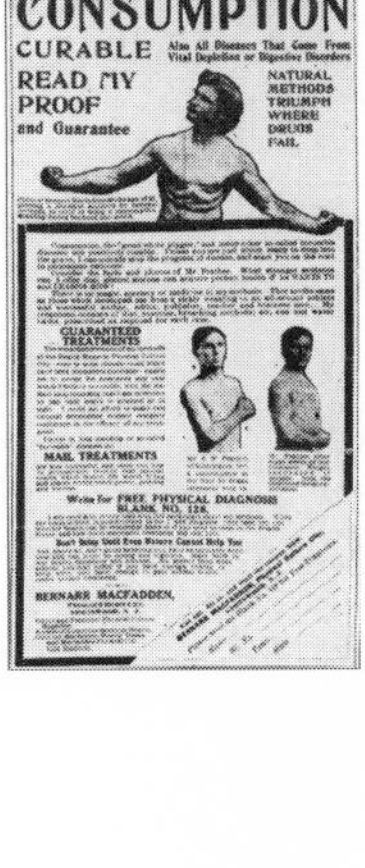

24　㊧マクファデン版『「身体文化」』の初版。㊥『最高の活力』と題した教本。マクファデンは多い年で1年に3冊程度の教本を刊行した。㊨「私の主張を理解すれば消耗は回復できる」とうたわれた教本の宣伝広告。

の怠惰にも対応していた。つまりマクファデンは、豊かな大衆が豊かさゆえに抱える不安や不満を巧みに突くことで、アメリカにおける筋肉教の教祖としての地位を築いたわけである。

サンドウとマクファデンの差異についてもう少し考えよう。サンドウが提示し推奨する身体は、どこか常軌を逸している。それは、サンドウ式の身体鍛錬が、全ての他者を圧するべく無限の筋肉の肥大化を要請するからだ。このことは帝国主義の行き着く先を見事に暗示している。一方、マクファデンの身体ははるかに「ナチュラル」である。それは、マクファデン式の「身体文化」が表向き自然との融合を目指すからである。しかし忘れてはならない。この身体は、紛れもなく資本主義社会にして大衆消費社会たるアメリカが渇望する身体なのだ。

実のところ、マクファデンの理想とする身体は、サンドウのそれよりはるかに到達することが難しい。なぜなら彼が提示する身体は、最も豊かで快楽的な社会こそが最も厳しく禁欲を要求する社会である、という無慈悲な現実の反映物だからである。資本主義は、快楽と禁欲、消費と節制、怠惰と鍛錬、あらゆる二律背反をエネルギー源としてモンスターのように駆動する。だからこそ、それを乗りこなすには人間（男性）を超越した「超人間（男性）」（Superb Virility of Manhood）になるしかない。[48]その超越の不可能性において、サンドウ式よりマクファデン式の「身体文化」のほうが、はるかに厳しい要求を大衆に突きつけるのである。

4—3　捧げられた献辞

先述したように、イギリス発、あるいはヨーロッパ発の「身体文化」は、ときに非西洋の異文化を取り込んだ。その背後に西洋に忍び寄る没落の気配を看取するならば、まさに熱狂的な柔術ブームが巻き起ころうとする１９０４年に訪米したドイツの思想家、マックス・ウェーバー（Max Weber: 1864-1920）が喝破したように、アメリカ社会は資本主義の高みを謳歌していた。[49] 大衆の悩みは豊かさゆえの悩みであり、そして豊かさ自体が瓦解する恐れはなかったのである。その限りにおいて、「ミスター・アメリカ」が牽引するアメリカ式「身体文化」に、異文化たる柔術など不要だったのだろう。

しかし「身体文化」は、それがまさしく大衆消費社会の申し子であるがゆえに、流行文化を見逃さずに取り込む。したがって、たとえマクファデンが柔術に食指を動かさなかろうとも、別の誰かが必ず手を伸ばす。その誰かとは、もちろんハンコックである。１９０３年の著作『「身体文化」生活』をみてみよう。そこには次のような献辞が付されている。「米国人の体格と健康の向上のために人生の最高の年月を捧げてきた人〈ベルナール・マクファデン〉へ」と【27】。いうなればハンコックは、片一方の手の平に柔術を、もう片方の手の平に「身体文化」を持ち、さらに勢いをつけて両手をたたきつけて、いささか強引にふたつの文化を融合させたのだ。そのことは、同書の序文にまざまざと表れている。

完全な身体を求める者は周囲の「生活」環境の全てを注意深く観察しなければならない。食餌法の規則、常に新鮮な空気で深呼吸する習慣、空気が身体を自由に流れることを阻害しない適切な衣類の着用、頻繁な入浴の習慣、水の自由な飲用、休息の規制、適量の余暇、適度な筋肉鍛錬、これら全ては、世界中で最も頑健で我慢強く、幸福な人びとである日本人が250年前に作り出した身体鍛錬のシステムの恩恵を得るための真髄である。[50]

この一文で説明された事項の大半はマクファデンの受け売りに過ぎない。「食餌法の規則」から「適度な筋肉鍛錬」に至るまで、全ては既存の「身体文化」の範疇《はんちゅう》にあった。ハンコックはこうした従前の言説に、剛腕をもって「これら全ては」に始まる一文をねじ込んだのである。

4―4　視角のトリック

もっとも、このように主張するハンコックには、そのように言い切るための確たる証拠があった。それが、東勝熊を被写体とする1枚の写真である。一目して自然に視線が向くのは東の目と腕、それにポーズだろう。比較としてサンドウとマクファデンの写真を並べてみると、サンドウの写真がアピールするのは、ボディビルダーよろしく見事に盛り上がった上腕二頭筋であり、マクファデンの場合は筋肉の「ナチュラル」さが売り物である。もちろん両者の写真にもまた違いがあるが、裸の上半身、見開かれた目、上腕を軸とするポーズ、という点で構図は同じだ。しかし東の写真は異なる。東は静かに目を閉じ、もはや服を脱ぐこともなく、ただ袖をめくって〈引き締まった小さな瘤《こぶ》〉をひそやかに開陳している。そして、この小さな瘤こそ、ハンコックが目指す〈真にナチュラルで実用的な筋肉〉の可視化された証明だった【28】。

しかし、私たちはハンコックが仕掛けた視角のトリックにだまされてはならない。真に着目すべき

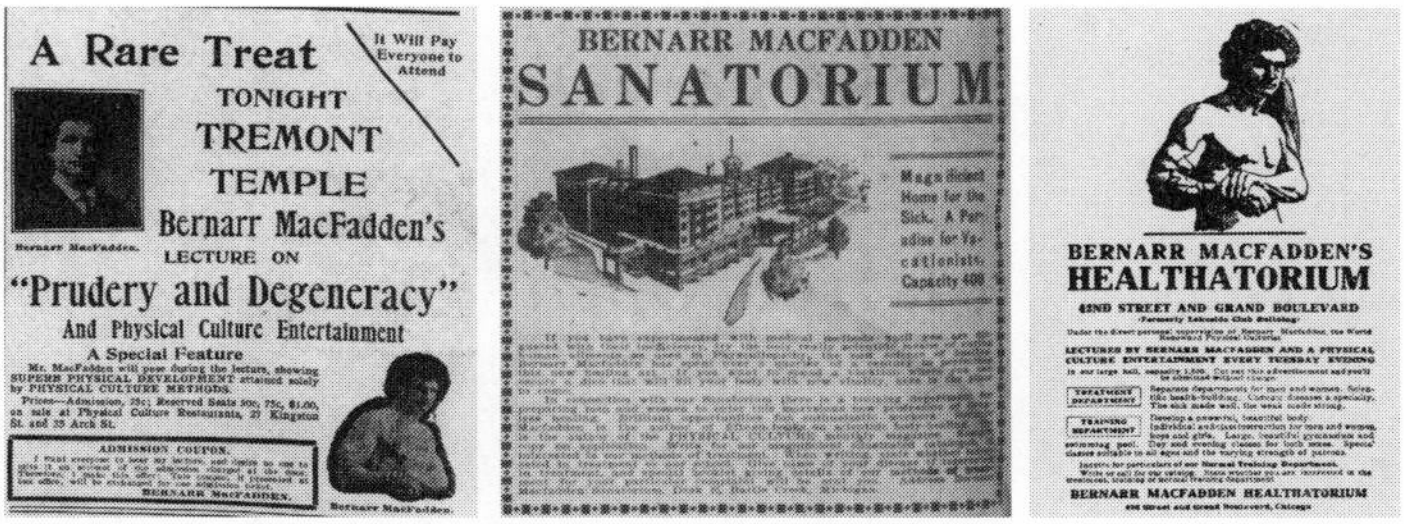

25　㊧1908年のマクファデンの巡業公演の告知広告。なお、このときに併せて行われた講演のタイトルは「性的潔癖と性的倒錯」(Prudery and Degeneracy)という、いかにも大衆の好奇心をそそるものだった。㊥マクファデンが経営する療養所(sanatorium)と、㊨「身体文化」の研究所(Healthatorium)の案内広告。それぞれミシガンとシカゴにあった。

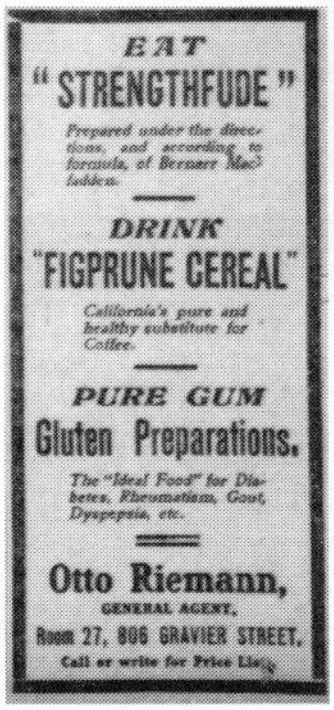

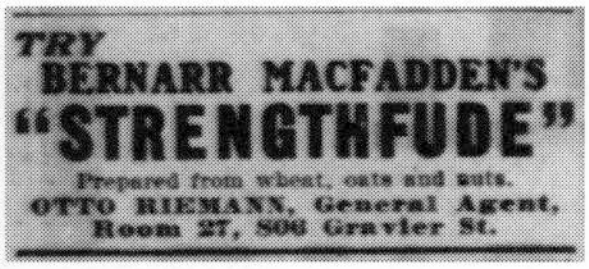

26　㊨マクファデン版コーンフレーク「ストレングスフュード」の広告。このシリアル食品は当時ポピュラーな商品だった。㊧自然派食品の販売業者の広告。「ストレングスフュード」を食べ、「フィグプルーン・シリアル」(コーヒー味の粉末飲料)を飲み、グルテン由来のガムをかめ、と宣伝している。

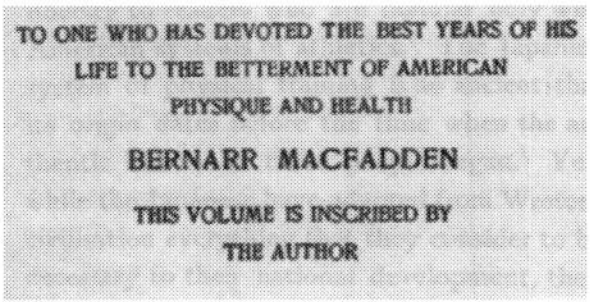

27　『「身体文化」生活』の巻頭に掲げられたマクファデンへの献辞。

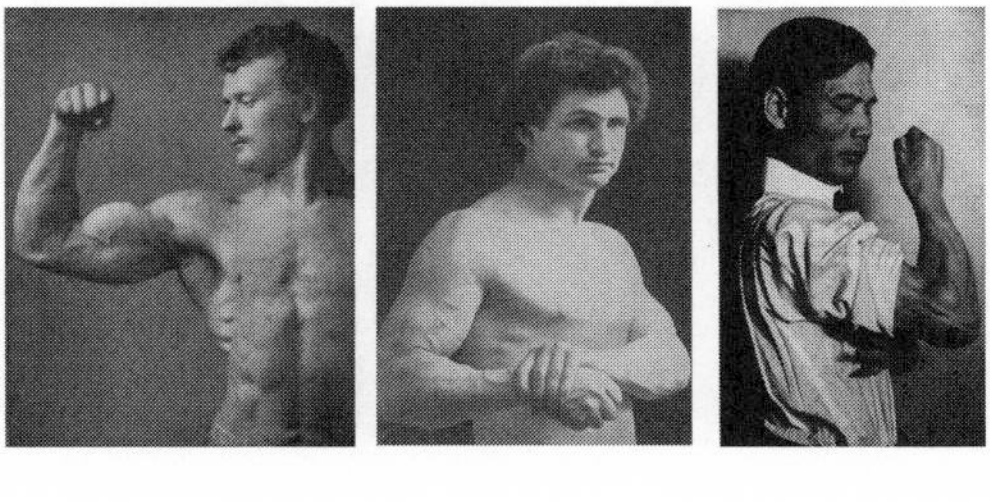

28　三者三様の筋肉ポーズ。左からサンドウ、マクファデン、東。

は、目でも腕でもポーズでもなく、ましてや筋肉の部位でもなく、鍛え上げられた筋肉が提示されている、というそのこと自体なのだ。言い換えれば、この3枚の写真には、それぞれ違いがあるようにみえて、本質的には同一のメッセージを発している。すなわち〈筋肉を崇めよ〉、と。ハンコックの巧みさはここにある。彼はアメリカに優越する柔術というマゾヒスティックな倒錯の像を盛り込んだばかりか、マクファデンの威を拝借して、「身体文化」にすら優越する柔術というさらなる仕掛けを組み込むことで、大衆を自らの柔術教本に釘付けにしたのだ。

大衆の欲望と好奇心を満たすためにハンコックが自著に組み込んだ幾重もの倒錯の仕掛けは、見事なまでに上手く作用した。その成功ぶりは、教本の売れ行きが示すとおりである。けれども、先にも述べたように、倒錯の論理に基礎づけられた柔術の大流行は、同時に柔術への反発や怒りを誘発するようになり、大衆の心情は好意から嫌悪へ、あるいは信頼から猜疑心へと次第に傾斜していく。さらにそうした変容は、日露戦争の戦局の移行に伴うアメリカから日本へのまなざしの変化と呼応していた。この点を念頭に置きつつ、次章ではハンコックの盟友たる東勝熊に焦点を据えて、倒錯の先に待ち受ける柔術の趨勢を論じよう。

補論2
立身出世と虚弱の克服――「身体文化」からみた嘉納治五郎

嘉納治五郎（1860―1938）はいくつもの誇るべき顔を持つ。いまや世界的な文化となった柔道の創始者であるのはもちろんのこと、東京高等師範学校（現：筑波大学）の校長を23年半にわたって務め、近代日本の体育・スポーツの発展に尽力し、さらにはアジア初の国際オリンピック委員会（IOC）委員としてオリンピック・ムーブメントを推進した。こうした業績はかなりの程度明らかになっているが、しかし嘉納の懐の深さゆえだろう、いまだ掘り起こされていない側面も多い。たとえば近年では、嘉納治五郎の柔道思想に潜む武術性をテーマとする研究が進められるなど、柔道史は新局面に入りつつある。[1]

それでは、「身体文化」から嘉納柔道をのぞいてみると、いったい何がみえるのだろう。[2] まずは嘉納が柔道に込めた意図と目的から考察を始めたい。

１　柔道と国民教育

１―１　道を講じる場所

嘉納治五郎は、摂津国《せっつのくに》菟原《うばら》郡御影《みかげ》村浜東（現：兵庫県神戸市東灘区）の豪商の家に生まれた。９歳のとき、母の定子が没したこともあり、父に付いて上京した嘉納は、以後、成達《せいたつ》書塾や三叉《さんさ》学舎、育英義塾から官立外国語学校（現：東京外国語大学）、さらに官立開成学校に入学した。開成学校は１８７７年に東京大学へと改組され、嘉納はそこで文学部哲学科専科に身を置き、政治学、理財学、道義学、審美学を修め、１８８１年に卒業している。その後、この若きエリートは、当時の東大卒の典型的な就職ルートである官僚の道を避け、教育者として生きる道を選んだ。[3]嘉納は専科を卒《お》えてすぐに学習院の講師となり、１８８９年から16カ月に及ぶヨーロッパ視察を経て、１８９３年からは東京高等師範学校ならびに附属中学校の校長に就任した。

その嘉納が１８８２年に、弱冠22歳にして立ち上げたのが、私塾の嘉納塾と英語学校の弘文館、そして講道館である。発足最初の講道館は規模も小さく、嘉納が目を掛けた数人の門人とともに細々と活動が展開されていたが、１８９０年代の前半には累計入門者数が３千人を突破し、日露戦争の翌年の１９０６年には８千人を超えた。その背景には嘉納と教育界、特に高等教育機関との太い連絡関係があった。柔道は学校を普及基盤にすることで、教育界とのパイプをほとんど持たない柔術諸派を尻目に競技人口の急拡大を果たしたのである。
ところで、嘉納は何も手本とせずにゼロから柔道を創ったわけではない。技術的なベースとなったのは柔術だ。嘉納と柔術との最初の出会いは1877年のことで、天神真楊流《てんじんしんよう》の福田八之助《はちのすけ》（1828—1879）に師事して2年ほど修行に励み、福田が病没後はこの道場を継ぎながら、同流の磯正智《いそまさとも》（三世《さんせい》磯又右エ門《いそまたえもん》：1818—1881）の門人となった。その磯もまた没したことで、嘉納は新たな師を求めて起倒流《きとう》の達人として名をはせていた飯久保恒年《いいくぼつねとし》（？—1888）の門をたたき、かくして二流を修めた。そのうえで嘉納は、双方の長所を掛け合わせ、近代社会に適合可能なように改良し、それを講道館柔道と名付けたのである。嘉納は、柔術が技術ないし応用を指すならば、柔道は理念あるいは基本であると考え、知・徳・体が三位一体となった人格形成の手段として柔道を位置づけた。〈道を講じる場所〉を意味する講道館という命名も、その理念の表れである。

1—2 「国士」を創る

嘉納治五郎の柔道思想を一口に説明するのは難しい。その体系は膨大であり、嘉納自身の思考も時代や社会に応じて揺れ動くからだ。ただ、講道館の由来からも分かるように、嘉納が柔道の最たる力点を国民教育に置いていたことは間違いないだろう。この点を確認するために、大日本教育会における1899年の嘉納の講演録「柔道一班ならびにその教育上の価値」の一節を引用したい。

そこで私の考えでは、先からお話し申しましたところの柔道と申すものは体育に最も適当のものでございまして、兼ねて修身のみではなく一層広く修心の教えでございますから、この学科を全国の教育の科目の中に入れましたならば、目下教育上の欠典を補うことの出来るのみか、気象を引き立て愛国の情を強う致しますことはむろんのことでして、…（中略）…、柔道の奥義を守って傲《おご》ることなく油断することなく、ただ一心に最上の手段を取って進みゆきますれば、我が国を世界文明強国の一におらしめるに至るも遠からざることと存じます。[4]

ここでのポイントはふたつある。ひとつは「愛国の情を強う」すること、つまり愛国心の涵養《かんよう》が柔道の目的であるという点と、その理由が「世界文明強国の一におらしめる」こと、すなわち列強諸国との対等な関係の構築に求められている点だ。インターナショナルな関係性を前提としてナショナルの位置を模索するという、こうした着眼の仕方こそ、まさに開明派の嘉納の面目躍如だろう。そして嘉納は、偏狭なナショナリズムにとらわれることなく、常に国際社会に目を開き、そのうえで国家のために粉骨砕身する国民を「国士」と呼び、未来の「国士」たる若者の育成をも試みた。１８９８年に講道館の内部組織として設置された造士《ぞうし》会《かい》がそれである。

造士会がターゲットとしていたのは若き柔道家だけではない。同会が発行する機関誌、その名も『国士』は、会員となり購読料さえ払えば誰もが読むことができた。創刊号では「少壮の諸子よ。願わくは、諸子の胸中燃ゆるがごとき愛国の至誠あれ。願わくは、一身の独立を完《まっと》うして、もって国家に尽すの基を成せ」[5]という嘉納のメッセージが巻頭を飾ったが、それは、日本全国の青少年に向けて発せられた檄文《げきぶん》だったのである。

ところが、興味深いことに、この熱い檄に続いて同紙に掲載されたのは、ユージン・サンドウ式の「身体文化」の代名詞といえるダンベル体操法だった。しかも、この特集は第7号まで連載され、第6号では体操の効能を示すチャート式の人体図が付録になったり、連載終了後にも関連記事がたびたび掲載されたりした。おそらく嘉納は、『国士』の目玉としてこの企画を引っ張ってきたのだろうが、たとえそうであれ、プロシア生まれの怪力芸人の話は、お堅い『国士』にはおよそそぐわないようにみえる。

2　虚弱の克服というモチーフ

2―1　血湧き肉躍る冒険活劇

『国士』の創刊は1898年10月である。サンドウが『「身体文化」』誌を創刊したのは1898年7月なので、わずか3カ月のタイムラグで「身体文化」は日本に上陸したことになる。嘉納は知人のイギリス人を通じてサンドウ式に出合い、『国士』への掲載を決めたようだが[6]、それにつけても時間差の短さには驚かされる。

ともあれ、なぜサンドウ式の「身体文化」が同紙で取り上げられたのだろう。嘉納自身が第1の理由として挙げるのは、慢性的な柔道の指導者不足の一時的な穴埋めである。つまり諸々の事情で柔道の練習が満足にできない若人のために、自宅で個人ができる身体鍛錬法としてサンドウ式が紹介された。このことは、明治中期以降における日本の学校体育の形骸化や形式主義化という課題に引きつけて読み解くことができるだろう。けれどもここでは、サンドウ式の「身体文化」ではなくサンドウを巡る立身出世の物語にスポットを当てて、嘉納がサンドウに仮託した思いについて考えてみたい。

実のところ嘉納はサンドウをそれほど高く評価していない。「サンドウの工夫鍛錬のごとき、畢竟《ひっきょう》一些事《さじ》に過ぎず[7]」とすら述べている。またユージン・サンドウの人物評をみると、「ただ一個の演芸者に過ぎざるべし[8]」と手厳しい。それにもかかわらずサンドウの冒険活劇は、『国士』上で長く連載された。そのストーリーはおおまかに3部立てになっており、少年期編では、少年サンドウが虚弱を努力で克服する過程が示される。続くヨーロッパ編では、青年となったサンドウが、筋肉と怪力を武器にロンドンからヨーロッパ大陸を席巻する様子が描かれ、「旧大陸」に続いて「新大陸」を制覇するアメリカ編をもって幕を閉じる。なお、それぞれのパートの末尾には、サンドウの成長を促すための障害やライバルが登場し、最終的にアメリカでライオンをも制したサンドウは、人類の頂点に立つ。

冒険小説や武侠《ぶきょう》小説さながらのこうしたプロットは、しかし青少年読者の興味関心を引きつけるための撒き餌でしかない。この物語の真の要点は、サンドウが不屈の克己《こっき》精神と発想力で成功を収めたことと、大成したサンドウが社会に恩返しをすることにあった。これら2点のうち、まず前者の点について嘉納は、「繊弱なる児童［サンドウ］が如何《いか》なる工夫鍛錬の結果今日あるを致ししか[9]」と評価する。そのうえでさらに嘉納が称賛するのは、身ひとつで成り上がったサンドウが、自ら資金を投じて体操学校を創設して「少壮者の体力を増進せしむに至りし顛末《てんまつ》[10]」である。このことを嘉納は「これ［サンドウ式の鍛錬は］ただ卿《けい》ら一身のためのみといわんや。また実に国家に尽くすの道に外ならざるや」[11]と激賞した。ぞんざいにいえば、〈怪力芸人のサンドウですら一身独立し、もって国家に尽くした。いわんや未来の「国士」をや〉、という、このたった一言を述べたいがために、嘉納はサンドウの活劇を立身出世譚《たん》として『国士』に掲載したといえるだろう。

2—2 修養主義とサンドウ

ところで、前世紀転換期の日本では、特に日露戦争の頃を画期として、国民の関心が公益から私益へと移行し始め、また富国強兵を旗印とする従来的な規範や目標、理念などが徐々に機能不全に陥るようになっていた。さらに、こうした社会変化において、享楽的で奢侈《しゃし》的な生き方と実存的な生き方、あるいは道徳的に正しい生き方との狭間《はざま》で、若者たちは少なからず板挟みになっていた。あるべき人生の輪郭が不明瞭になっていた、と言い換えてもよいだろう。そこに処方箋として登場したのが修養主義だった。[12]修養主義とは、要は実業という世俗的な成功と公共心や功徳心を持つ人間的大成の同時達成を求める思想である。そしてこの時期の嘉納は、たとえば1910年に『青年修養訓』を著したように、修養主義者の一角を自らもって任じていた。嘉納がサンドウを『国士』に登場させた理由も、嘉納と修養主義との繋がりを鑑みれば得心がいく。

けれども、ここには大きな疑問もある。なぜ嘉納は自らの半生をもって語らなかったのだろう。『国士』において、「繊弱なる児童が如何なる工夫鍛錬の結果今日あるを致ししか」、という物語を紡ぎたいならば、その物語の主人公として適役なのは、サンドウ以上に嘉納であるはずだ。なぜなら、嘉納こそ、若かりし頃の虚弱を克服するために柔術を学び、長じて柔道を創始した人物として語られるからである。[13]それでは、嘉納が虚弱の克服に関心を払わなかったか、といえば、決してそうではない。たとえば『青年修養訓』では、貝原益軒や松平定信らを例に挙げて、このテーマを論じている。あるいは、嘉納は自らを物語の主人公に据えることで生じる不具合を避けた、と考えることもできなくはない。エリートたる嘉納よりも怪力芸人サンドウのほうが読者も感情移入しやすかったはずだ。

ところが、実は、まさに『青年修養訓』の出版と同じタイミングで、嘉納はひそやかに自らの虚弱の克服談を語り始めていた。それは、修養主義の権化たる新渡戸稲造を編集顧問に迎えて発行されていた、修養主義者のバイブル的雑誌『実業之日本』の中にある。タイトルは「虚弱なりし余は如何にして今日の健康を得たるか」【1】。「幼年の時分には極めて身体が虚弱であって健康上ではとても普通の人と競争すとは覚束《おぼつか》なかった[14]」嘉納が、やがて「普通の人よりは健康な身体になり、年の二十四五になった時分には、…（中略）…、殆《ほとん》ど別人かと思い違えるような身体になっていた[15]」という語りは、虚弱の克服をアピールするサンドウの語りと完全に重なる。ただ、語りのトーンが異なるのみだ。

サンドウが資本主義と帝国主義を後ろ盾に、鍛え上げられた筋肉をもって虚弱の克服を体現してみせたように、嘉納は修養主義の時代を背景に、自らをもって虚弱の克服を示した。もちろん両者の位相は全く同一ではない【2】。嘉納は服を脱いで自らの裸身をさらすことはなかったし、そもそも筋肉の肥大化を嘉納は全く重視していなかった。しかし重要なことはそれではない。なぜなら第1に、「身体文化」は受容側の文脈において自在に変化するからであり、第2に、サンドウと同じく嘉納もまた、身体鍛錬を通じて個人的・社会的な不安を吹き飛ばすことを企図したからである。このように考えると、嘉納は単にサンドウを日本に紹介したばかりでなく、サンドウのやり方を自らの裡に取り込み、血肉とした、といえるだろう。あるいは、嘉納ならではの機微をもって、見事にサンドウを「和風」にアレンジしてみせた、というべきだろうか。

2―3　「身体文化」としての柔道

『国士』上での連載記事は、その翌年には『サンダウ体力養成法』として出版され、さらに1911年には『青年修養訓』を手掛けた同文館から増補版が刊行された【3】。その頃には同書は64版を重ねており、サンドウ式のダンベル体操の流行は一種の社会現象と化していた。以下の一文は、1911年版『現代娯楽全集』からの引用である。

> いまやサンダウ［ユージン・サンドウ］とは殆《ほとん》ど鉄亜鈴《てつあれい》の代名詞の如《ごと》く成りしなり。我が国にても文明［化］に連れ身体衛生体操等の思潮漸次発達すると共に体育を最も重んじ、殆ど衰微せんとせし柔剣槍術等も復興し、また新式体操等に注意を払い、かくて近年サンダウの鉄亜鈴運動法を研究する者多く近頃専ら盛んに流行せり。[16]

流行は模倣を伴う。柳の下のドジョウを狙って『サンダー氏体力養成法』や『サンダウ式体育法詳解』といった類似本が出版されれば、『ウィーンブルウ氏簡易体力養成法』や『(ベークマン式)強肺術』のように、サンドウ以外の「身体文化」家を担ぎ出す教本もあり、また欧化に反対する国粋主義者たちもこの流れに便乗して『体力増進論』を出版し、全ては日本式鍛錬法で事足りるとした【4】。

〈西洋は「胸」の文化だが日本は「肚《はら》」の文化〉という、ナショナリスティックな日本の身体観が称揚され始めるのもこの時期である。このように日本でも「身体文化」は大はやりし、さらにはナショナリズムを伴う自国の身体運動文化が高揚する契機ともなった。

ところで、海外向け柔道教本が初めて刊行されたのは、アメリカの柔術ブームが去ってから数年後の1908年のことである。執筆したのは講道館の最初期の入門者であり、嘉納の信認も厚い有馬《ありま》純《すみ》臣《とも》だった。書名はシンプルに『柔道』(*Jūdō*)。しかしその副題には、「日本の『身体文化』」(*Japanese Physical Culture*)とはっきり刻まれている【5】。ただし、それは非西洋の文化たる柔道が「身体文化」によって西洋化されたという証しではない。なぜなら、そもそも柔道は近代になって新たに生み出された文化であり、古くより続く日本の伝統そのものではないからだ。言い換えれば、柔道は西洋の影響を多分に受けて成立した文化であり、その意味で柔道は誕生の瞬間からまさしく日本の「身体文化」だった。

さらにこの教本が出版された翌年、嘉納は擬働体操というオリジナルの運動を考案した。[17] 球や板を磨く行為や、櫓《ろ》を漕《こ》ぐ行為、井戸のポンプを押す行為などを擬した動作で成り立つこの運動は、残念ながらあまりはやらず、嘉納もそれ以上深く追究しなかった。それはともかくとして、この体操法とハンコック考案の柔術を模した日本式身体鍛錬法との差はどこにあるのだろう。細かな差異を挙げればキリがないが、発想や着眼という点で両者には多くの共通項がある。それは単なる偶然の一致に過ぎないのか、あるいは20世紀初頭における身体運動文化の国際的同時代性を示すのか、さらなる検証が必要だ。

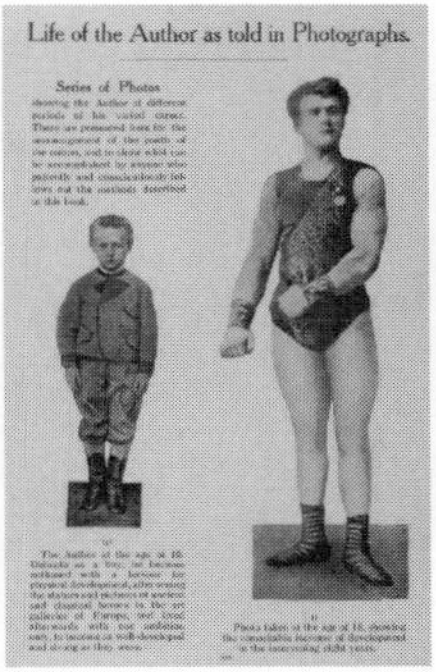

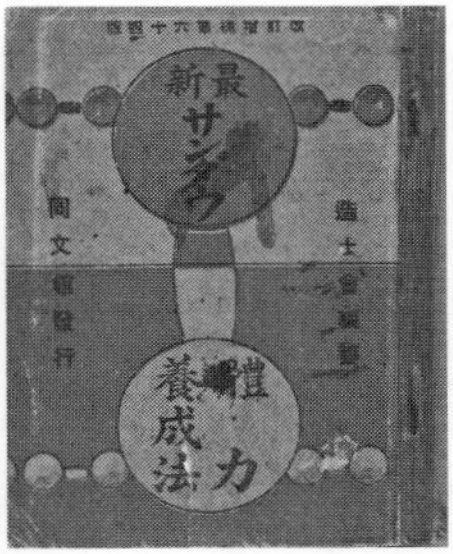

1　㊧嘉納治五郎「虚弱なりし余は如何にして今日の健康を得たるか」(冒頭)。
2　㊥幼少期のひ弱な少年サンドウと成長後の強靭な青年サンドウ。
3　㊨『最新サンダウ体力養成法』(同文館版)の表紙。ダンベルをデフォルメした秀逸なデザインが目を引く。

4　サンドウ式の流行によって様々な類似本が刊行された。

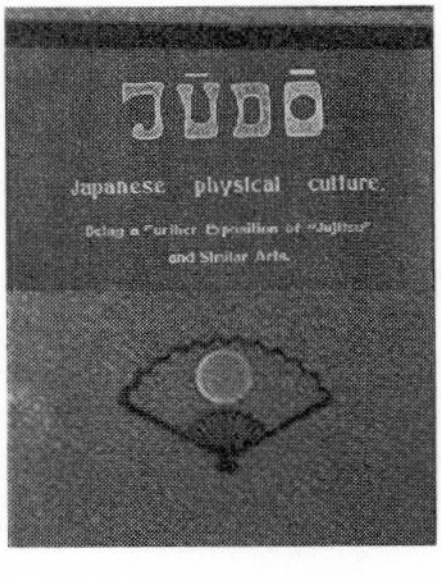

5　『柔道――日本の「身体文化」』の表紙。

「身体文化」の世界史はいまなおベールに覆われている。その覆いが剝がされるとき、私たちが、まだ知らない新たな柔道の歴史、あるいは嘉納の別の顔をみることができるのかもしれない。

第3章　柔術家は雄弁家

——東勝熊と異種格闘技試合を巡る物語

柔術の達人を名乗るスズキ・アラタ（Suzuki Arata: 生没年不詳）と、地元の人気レスラー、ジョージ・バプティスト（George Baptiste: 生没年不詳）による異種格闘技試合が開催されたのは、1905年3月17日のジョージア州セントルイスである。この一戦は大きな話題を呼び、戦前から盛んに報道合戦が繰り広げられた【1】。ところが肝心の試合は実に拍子抜けしたもので、開始からわずか5分でバプティストが2本を先取し、スズキは見せ場なく敗れてしまう。その翌日、地元紙はこの一戦を風刺する漫画を掲載した【2】。題して、「金曜夜のセントルイスに柔術が『ラスリング』（wrastling: 取っ組み合い）をしたとき、何が期待され、何が起きたか」[1]。本章の口火は、この風刺漫画に切ってもらおう。なぜならそこには、柔術ブーム下における異種格闘技試合の物語性が凝縮されているからだ。

この漫画は、上段左右、円の中、下段右、下段左の4つの場面から構成されている。まずは上段右手の人物に着目したい。「日本人はレスラーより雄弁家だ」とキャプションが付されたこの人物は、〈柔術（日本）はレスリング（アメリカ）に勝る〉という言説が擬人化されたものとみなすべきだろう。同様に、臆病者の隠喩たるヒヨコ（chicken）の格好に扮して「日本人は手ごわそうだ」とつぶやく上段左手の人物も、柔術に不安や恐れを抱くアメリカ社会の戯画的表現とみることができる。

続いて「観客が期待したもの」と名付けられた円内のイラストをみてみよう。そこには、軽々と相手を放り投げ、顔面に蹴りを放ちながら「屁でもない」とうそぶくレスラーと、もはや万策尽きて「バン、ザイ…」とつぶやく柔術家の姿が描かれている。これは、柔術への不安や恐れと表裏にある大衆が抱く期待や希望の表れといえる。さらに「実際に起きたこと」と題された右下のイラストに臨むと、敗北の場面そのものではなく、バプティストに持ち上げられそうになったスズキが、「待ってくれ、ジョージ」と慌てて懇願する様子が描かれている。こうした土壇場での惨めな命乞いの構図は、試合前の自信満々の雄弁さを表した右上の場面と対関係で読み解くことができるだろう。

そして、「誰が『わざわざ』星条旗を降ろす?」と高らかに宣言された左下のイラストをもって、この風刺漫画は締めくくられる。ポイントはもちろんナショナル・フラッグだ。[2] 異種格闘技試合が単なる興行という以上に、エンターテインメントを通じて「アメリカの正義」をアピールするためのイベントだったことが、このイラストには端的に示されている。商業的に祝祭が擬制された興行の空間は、同時に制裁の場でもあったのだ。

ところで、異種格闘技試合は柔術ブームの発端の時期からあったわけではない。それは、唐突ともいえるタイミングで登場し、短期間に頻発した後、またもや唐突に終息した。より正確には、メディアで試合が取り上げられる時期が特定の期間に集中していたというべきかもしれない。その期間とは、まさにスズキvs.バプティストの一戦がそうであるように、1905年の春のことだった。それが、同年の秋を迎える頃になると、大都市圏ではほとんど行われなくなり、興行の舞台は地方へと移っていく。

この点で、1905年の春に試合が集中したのには、もちろん理由がある。根底にあるのは日露戦争へのまなざしの変化だ。1905年の元旦における旅順要塞の攻略や、3月1日における奉天の占領などのニュースが積み重なるほどに、開戦当初における判官びいき的な帝国日本への好意は、潜在的な脅威に対する不安感へと変わっていった。こうした負の感情は、日本人移民が白人労働者の雇用を脅かす、という労働不安とも結びつき、日本を仮想敵国とみなす議論や日本人を排斥する風潮なども高まっていく。こうした位相の変化こそ、〈柔術（日本）はレスリング（アメリカ）に勝る〉という言説を〈レスリング（アメリカ）は柔術（日本）に勝る〉という言説へと覆す最大の原動力となる。

同時に、折しもこの頃、巷《ちまた》には柔術に関する情報や商品があふれ返り、既に市場は飽和状態となっていた。そうなると、後は流行の波が崩れるのを待つばかりである。このような状況下において、異種格闘技試合は言説の逆転、あるいは柔術狂時代の終焉《しゅうえん》をよりダイナミックに演出するための装置だった、といえるだろう。衆目のまなざしの下で柔術が制裁を受け、化けの皮がはがされることほど、劇的なカタルシスはない。

さらにもうひとつ。〈レスリング（アメリカ）は柔術（日本）に勝る〉という逆転の言説は、物語の真の結末ではなかった。なぜなら柔術の流行が熱狂的な柔術の受容の現象であるならば、それと対になるのは冷徹な拒絶の態度でなくてはならないからだ。そして、柔術の拒絶、あるいは柔術との決別もまた、異種格闘技試合によって演出されることになる。

圧倒的な熱狂から急速な掌返し《てのひらがえ》へ至る劇的な言説の転調と、その最もドラマティックな舞台としての異種格闘技試合。柔術ブームの根幹をなすこの物語の中枢を担った一人の日本人がいる。それが東勝熊だ。東の活動、言動、立ち振る舞い、その全ては狂言回しというにふさわしい。本章では、当時最も注目を集めた1905年4月6日の東の異種格闘技試合を軸に据えて、柔術狂の時代の果てに待つ、ひとつの結末を追ってみたい。

1　雄弁な柔術家

1―1　無名の苦学生から有名な柔術家へ

プロテスタントの一派に会衆派《かいしゅう》（Congregationalist）という教派がある。自由主義神学の立場を取り、アメリカのリベラリズムや人道主義を先導してきたこの教派は、ハーバード大学やイェール大学、あるいは同志社大学の創設者の新島襄《にいじまじょう》が学んだアマースト大学などの設立母体でもあった。その会衆派が手掛けていた雑誌『インディペンデント』（*The Independent*）に、東勝熊は2度寄稿している。

最初の小稿は1904年9月号に掲載された。タイトルは「ある日本人の自伝[3]」という【3】。それによると、1881年に鹿児島県串木野に士族の長男として生まれた東は、幼い頃にキリスト教に改宗し、宣教師の勧めで熊本のミッションスクールで3年を過ごしたのち、同志社英学校（現：同志社大学）に進学して3年を京都で学んだ。アメリカに私費留学したのは1901年のことで、大学準備学校（preparatory school）での1年を経てイェール大学に進み、経済学を学んでいたが、生活が困窮し、執筆当時は一時退学していたという。また、在学時代から柔術を学校体育に取り入れてもらうべく奔走し、アメリカ体育協会の会長に直談判すらしたともある。東の柔術家としての経歴については、彼が修めた流派や修行の場所などを含めてほとんど不明だが、この記述を信じるならば、東は学業にも劣らぬ情熱を柔術に費やしていたといえそうだ。[4]

ところで東は、このエッセイを物した時点で、既に流行の形成に関与していた。というのも、アーヴィング・ハンコックが出版した『日本式身体鍛錬法』の教本に掲載された柔術の写真は、ほとんど全て東を被写体とするものだからである。同書の出版が１９０３年であることに鑑みれば、東は渡米後かなり早い時期にハンコックと知り合っていたとみるのが妥当だろう。もっとも、ハンコックの教本には東の名前は挙げられておらず、従って１９０４年9月の段階で、東はほぼ無名に近かったと考えられる。

ところが、それから半年後、１９０５年2月の『インディペンデント』に2度目のエッセイが掲載されたとき、東勝熊の名前はニューヨークからさらに東海岸一帯にまでとどろいていた。しかもこのとき、東は一介の無名の苦学生ではなく、あたかも日本を代表する柔術家であるかのような扱いを受けていたのである。さらにその転身は、１９０４年の年の暮れに、ほとんど一夜にしてなされたものだった。

1―2　手玉に取られた警察官

１９０４年の12月22日、ニューヨーク市警のウィリアム・マカドゥー（William Macadoo）署長は、巷で話題の柔術の真贋《しんがん》を見極め、警察への柔術の採用の可否を判断するために、東を市警本部に招いた。厚手の敷物を敷き詰めた署内の特別室で東を待ち構えるは、５人の屈強な警察官。彼らのうち2

人は陸上競技を専門としていたが、残りの3人はみな元格闘家だった。とりわけ、ジョン・サリヴァンとともに全米を巡業したという異色の経歴の持ち主であるセリグ・ホイットマン（Selig Whitman: 1867-1930）は、1千ポンド（約454キロ）の重量を持ち上げる怪力ぶりから、オデュッセウスと戦ったギリシャ神話の英雄になぞらえて、「エージャックス」（Ajax）という異名を冠せられていた【4】。

東の初戦に指名されたのは、ニューヨーク市警が誇るこの名物警官である。ちなみに両者の体格を比べると、180センチ、84キロのホイットマンより、東は身長で20センチ、体重は30キロも下回っていた。ところがいざ試合が始まると、「東の掌中で［ホイットマン］は赤子も同然に扱われ」[5]、続けざまに3度投げられたホイットマンは、自らの失態に激高して取り乱し、東につかみかかろうとするも、すんでのところで立会人に制止され、退場させられた。

休む間もなく行われた第2戦の相手は、チャールズ・カマー（Charles Kammer: 生没年不詳）というミドル級のアマチュア・ボクサーである。このボクサーは身長180センチ、体重90キロの恵まれた身体に加え、足長が34センチもあった。しかし、試合が始まれば結果は初戦と同じで、パンチはおろか自慢の大足を活かす間もなく、カマーは「おもちゃのように部屋中に放り投げられた」[6]。

こうして、5人のうちでも強者の2人が立て続けに伸《の》されたことで、残る3人は出番なく引き下がり、立会人は「もう存分にみたと宣言し、この日本人を最大級のことばで激賞した」[7]。さらにその後の会合で、「柔術は小柄な男性の護身術として最適であると意見が一致」[8]したニューヨーク市警は、「［警察官］がまもなくそれぞれの署舎で練習に励むことになるだろう」[9]と結論づけた。

以上の顚末は、この一件を最も詳細に報じた『ガゼット』の記事に基づく。従って、内容も大げさで胡散《うさん》臭く感じられるだろう。ところが、このニュースを真っ先に報じたのは、他でもない高級紙『タイムズ』であり、またそこに記された事のあらましは『ガゼット』と大差ない。[10] なお、もちろんイエロー・ペーパーがこの手の話題に食い付かないはずもなく、たとえば『イブニング』はクリスマス・イブ号でさっそく東の特集を組んでいる[11]【5】。

さらに、年が明けて1905年になると、東勝熊は様々な場所で大々的に柔術を披露するようになり、それらはその都度ニュースとなった。たとえば1月20日には、ニューヨーク大学の年次アスレティック大会に弟子を引き連れた東が登場し、柔術ショーを催している。この大会には東部の各大学を代表する学生アスリートが幾人も集まり、そのパフォーマンスを競ったが、「東先生と助手のカヤマ(Kayama)による柔術レスリングの展示こそ、この夜の最大の魅力だった[12]」という。[13] こうして無名の苦学生は、年が明けたときにはブームの渦中で我が世の春を謳歌するようになっていた。当時既に世界屈指の劇場街だったブロードウェイの65番街に自前の柔術学校を構えたのもこの時期である【6】。

1—3　ワンダフル！　柔術

1905年2月9日の『インディペンデント』誌に掲載された「素晴らしき柔術」(“Wonderful Jiu-Jitsu”[14])は、東が得意の絶頂にあったときに書かれた小稿である【7】。そのためだろうか、東の説く柔術の素晴らしさは、慇懃《いんぎん》無礼を地でいく内容だった。

東はまず、「柔術は紳士的[15]」な技だと強調する。柔術とは、「強盗その他の不謹慎な敵対者の必死の

1　試合前における紙上での共演。鈴木が柔術のテクニックを披露すれば(左)、バプティストは対柔術用の技を見せた(右)。

2　試合後におけるスズキ vs. バプティストの風刺漫画。

3『インディペンデント』に掲載された東(中央)と学友。

4「エージャックス」は、ときに新聞で特集が組まれるほどの人気者だった。

5　ニューヨーク市警での一件を再現する新聞各紙。

攻撃を防御するため」[16]の自衛の手段であり、また柔術を学ぶ者はそれを乱用しないという「規則に署名して誓いを立てる」[17]、と東は論じた。ここで東は面白い例を出す。それは、日本では「高貴な男性が、その男性を襲って逆に柔術の犠牲になった屈強な泥棒を〔警察署に〕連行する風景も珍しくな」[18]く、かつ捕まえられた「泥棒は怪我《けが》をしていない」[19]という逸話である。

この逸話は、「柔術の知識はこの地の警察で大いに役立つだろう。〔なぜなら〕こん棒で囚人を殴ったり、頭や顔を切ったり、頭蓋骨を折ったりする必要がなくなるから」[20]という一文とセットで読み解ける。日本の柔術の紳士性をアメリカの警官の野蛮さとの対比によって際立たせるこの論法は、柔術をもってアメリカに対する日本の優位を論じるという、柔術ブームの前半期を通じて形成されてきた言説のヴァリエーションに他ならない。

柔術の紳士性と並んで東が強調したのはその危険性だ。柔術には「いくつかの非常に深刻な技術」[21]があり、そして「〔目をえぐることや噛みつくといった〕最後の手段が成功した場合に〔相手は〕絶命する」[22]。東はこう柔術を描いたうえで、さらに次のように述べた。「それ〔柔術〕を習得した者は、レスリングやボクシングよりも真剣勝負に際してはるかに優れる」[23]、あるいは「柔術を習得した者は、ボクサーが殴る前に腕や脚、手を折ることができる。レスラーに打ち勝つのはより難しいが、やはり柔術家に〔彼らが〕勝つチャンスはない」[24]。これもまた、典型的な柔術の優位論である。

要は、「素晴らしき柔術」とは、巷に氾濫《はんらん》する〈柔術（日本）はレスリング（アメリカ）に勝る〉言説の焼き直しであり、集大成だった。そのことは、「アメリカ人にとって柔術は、致命的な武器を使わずに全ての攻撃に抵抗できるだけでなく、健康、強さ、身体的自立を発展させるための最高のシステムともなる」[25]「アメリカ人は〔柔術の〕練習と訓練をすれば、我々の民族に匹敵するだろう」[26]という結論にもよく表れている。敷衍《ふえん》すれば、東こそは、冒頭で紹介した風刺漫画における「雄弁家」としての柔術家を体現する存在だったのだ。

ところでこの小稿には、気になる箇所がある。それは「柔術の技法に精通していないレスラーやボクサーは、それ〔柔術〕をアンフェアであるかのように感じ、幾人かの偉大なアメリカの批評家は、『それら〔柔術の技法〕は総じて反則だ』と指摘するだろう」[27]という一文だ。この予想が見事に的中していたことを、すぐに東は身をもって知ることになる。

2　決戦の機運

2―1　ワンダフル？　柔術

東勝熊が意気軒高に「素晴らしき柔術」の福音を説くちょうどその頃、メディアでは柔術へのまなざしが急速に悪化し始めていた。ここでは『タイムズ』の記事をもとに、1905年初頭における論調の変化をみてみよう。

東のニューヨーク市警での出来事から1カ月後の1905年1月21日。「警察官、日本人を打ちのめす」[28]と題する記事が掲載された。内容は、「名無しの日本人」（John Jap）の喧嘩の仲裁に入った警官が、力ずくで柔術を封じて抑え込んだ、というゴシップだ。しかし、その他愛のなさに全く似つかわしくないことに、事件から2日後、わざわざ「意味なき勝利[29]」と題した続報記事が掲載され、そこには次のような文言が盛り込まれた。「この警官は、私闘における西洋の東洋からの優越を示し、柔術の全ての技には軽蔑のことばしか出ない、と幾分性急に結論を下した[30]」。

それからひと月後の2月21日。ウェストポイントの陸軍士官学校で柔道家が陸軍士官候補生に敗れた、というニュースが大々的に報じられた[31]。そのインパクトは、1月のニュースの比ではない。というのも、詳細は次章で述べるが、当時は柔道家によるアナポリスの海軍士官学校での柔道指導が開始された時期であり、ウェストポイントでの一戦はそれに続いて陸軍士官学校でも柔道を採り入れるか否かを決定する、極めて重要な戦いだったからだ。しかしこの一戦で柔道家は敗れ、その失態は散々にあげつらわれた。

さらに約10日後、今度はソルトレイク・シティから、カヅラ・ムラヤマ（Kadura Murayama: 生没年不詳）なる柔術家とレスラーのエディ・ロビンソン（Edy Robinson: 生没年不詳）の異種格闘技試合の模様が伝えられた。このニュースでは、「柔術はアメリカのレスリングに劣ることが証明された[32]」と報じられたが、それを裏付けるように、わずか3百秒でロビンソンはムラヤマを2度抑え込んで圧勝している。さらに1週間後の3月8日には、ウェストポイントの一件とは別の柔道家が、ジョン・ネーシング（John Naething: 生没年不詳）というレスラーに敗れた。場所は当時の全米スポーツ界の総本山だった、ニューヨーク・アスレティック・クラブである[33]。

「雄弁家」が喧伝《けんでん》する「素晴らしき柔術」像を覆す、柔術家・柔道家の相次ぐ敗戦。柔術のイメージは急速に悪化し、紙面はネガティブな言説で埋め尽くされるようになる。その象徴的なニュースが、フィラデルフィア在住の20代のアスリートが柔術家との親善試合で重傷を負わされ、その後死亡したというゴシップである。

このニュースは、まず3月5日に「柔術、アスリートを殺す」[34]と題して、殺人事件さながらに報じられた。さらに1週間後、今度は「柔術」[35]と題する検証記事が掲載される。そこでは、「破壊的かつ生命の危機に関わる柔術の本性が暴露された」[36]と柔術の恐ろしさが強調されたうえで、「将来が約束されていたはずのこの有望な若者「20代のアスリート」は無益に利用され、東洋の異様な儀式のための祭壇で生贄《いけにえ》にされた」[37]と結ばれた。

〈殺人犯のような柔術家、邪教に見紛う柔術〉。こうした記述の仕方は、大衆の恐怖心をあおるばかりでなく、それ以上に復讐心を惹起《じゃっき》するだろう。このとき柔術とレスリングの関係は、もはや優劣によってではなく、善悪によって語られる。善良なアメリカ市民を脅かす殺人犯や邪教は、アメリカの「正義」によって成敗されなければならない。こうして勧善懲悪の物語が社会的に要請される。

この物語に従って異種格闘技試合が制裁の場となるとき、それもまたひとつの儀式的な色調を帯びる。つまり「東洋の異様な儀式」は、アメリカ側が用意した別の儀式によって浄化されるのだ。そうであるならば、異種格闘技試合という名の儀式に備えられた本当の「生贄」は、実のところアメリカの有望な若者ではなくて、柔術家のほうだったといえはしないだろうか。先の引用をもじって言えば、〈柔術家は無益に利用され、アメリカの「正義」の名に基づく制裁の儀式のための祭壇で生贄にされる〉のである。

2―2　キャッチ・レスラー

それでは、「生贄」に最もふさわしい柔術家は誰だろうか。それは具現化した「雄弁家」たる東勝熊を措いて他にない。一方、執行者に選ばれたのは、レスラーのジョージ・ボスナー（George Bothner: 1867-1954）である[38]【8】。1890年に全米アマレス王者（125ポンド級）となったボスナーは、1900年頃にプロレスラーに転向し、1907年には世界ライト級の王座を獲得したレスリング軽量級界の猛者だった。その実力は、ニューヨーク・アスレティック・クラブやパスタイム・アスレティック・クラブ、ニッカーボッカー・クラブといった有力クラブ、さらにはプリンストン大学でレスリングのコーチも務めていたことからも分かるだろう。晩年、「かつてレスラーがボードヴィルのパフォーマーではなかった時代における最高の達人[39]」と評された、この全米マット界の雄は、これまでに登場したジョージ・バプティストやエディ・ロビンソンといった、ローカル・レスラーとは別格の強豪だった。

ちなみに、当時のレスリングは大まかに2種類あった[40]。ひとつはグレコローマン・スタイルである。このスタイルの原型は19世紀中頃のフランスのサーカスにあり、ジャン・エクスブライヤ（Jean Exbrayat: 生没年不詳）という人物が、派手で分かりやすい投技の応酬を可能とするために、腰から下を攻防に使用することを禁じたことが始まりとされる。当初、フレンチレスリング、あるいはフラットハンドレスリングと呼ばれたこのスタイルは、フランスやドイツ、オランダなどで大いに流行した。

もうひとつは、寝技、特に締《しめ》技と関節技を特徴とするランカシャー・レスリングやアイリッシュ・

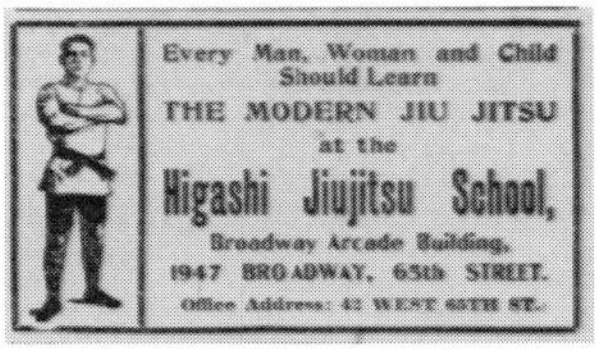

6 「東柔術学校」の広告。

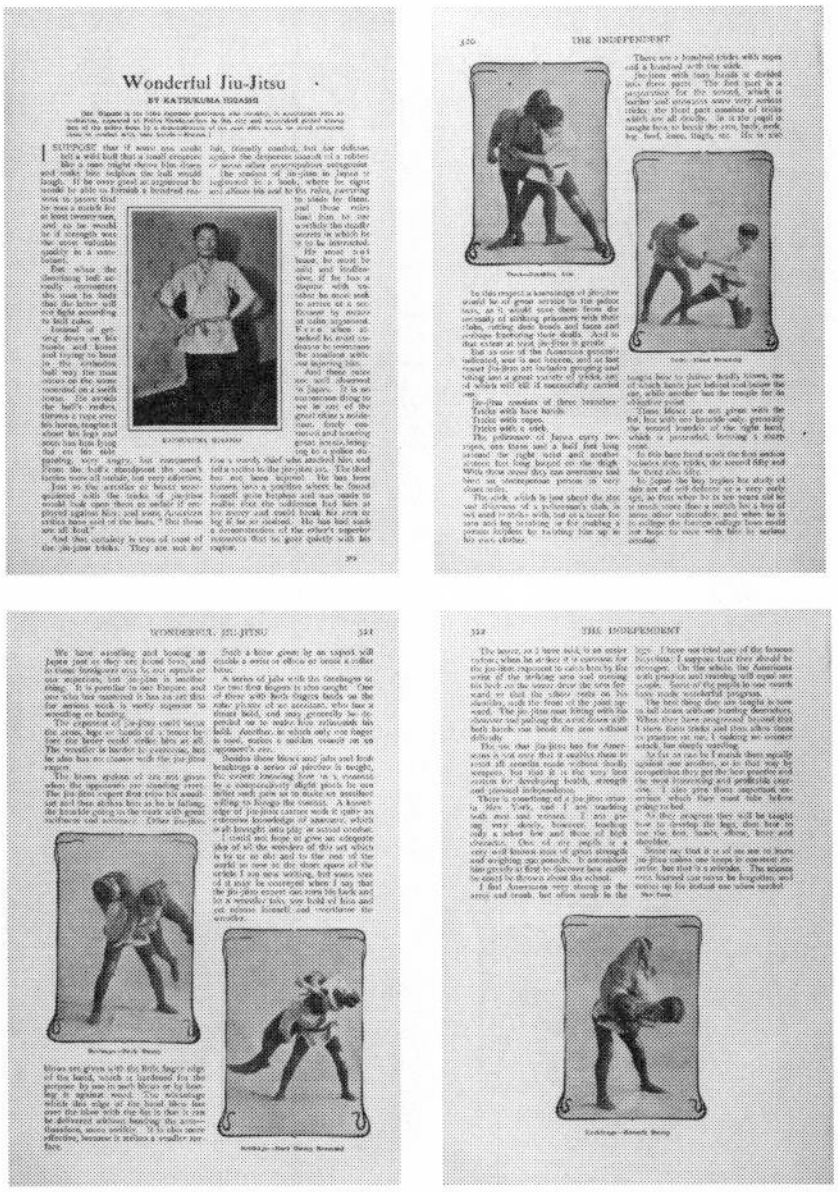
Wonderful Jiu-Jitsu
BY KATSUKUMA HIGASHI

THE INDEPENDENT

WONDERFUL JIU-JITSU

THE INDEPENDENT

7 「素晴らしき柔術」。同記事中の図解写真は全て『日本式身体鍛錬法』からの転載。

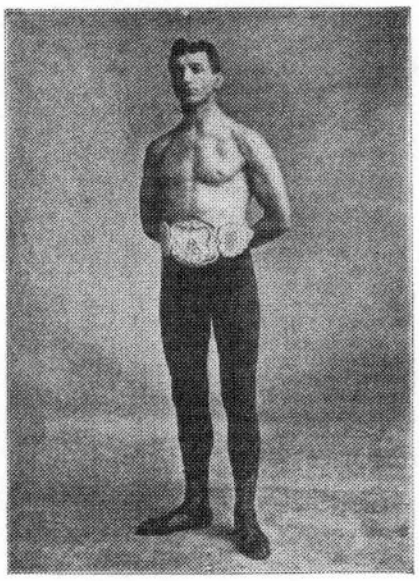

8 ㊤ジョージ・ボスナーのレスリング教本。㊦教本中のボスナーの全身写真。

レスリングなどを起源とするイギリスのスタイルで、現在のフリー・スタイルのひとつの原型でもある。アメリカではやったのはこちらのスタイルであり、1870年代になると、キャッチ・アズ・キャッチ・キャン（catch-as-catch can）、あるいは単にキャッチと呼称されるようになった。なお、ボスナーはグレコローマンも学んでいたが、やはりキャッチのほうが得意だったようだ【9】。

ここでひとつ予防線を張っておきたい。果たして東vs.ボスナーには筋書きが存在していたのだろうか。残念ながら明確な答えは出せない。前世紀転換期はプロレスリングの黎明《れいめい》期であり、あらかじめ結末が決まった試合とそうでない戦いとが混在していたからだ。もっとも、この試合に台本があったか否かはそもそもあまり重要ではない。問題は、柔術狂時代の大きな物語において、この試合が果たした役割についてである。そこで次に、試合前の段階における東vs.ボスナーの語られ方を確認しておこう。

2―3 「ラフ&タンブル」か「公的なテスト」か

1905年1月30日付で「ここしばらくの間、彼［ボスナー］は日出ずる国の代表［東］との試合に乗り出すべく努力してきた[41]」、と、ボスナーが出陣する可能性をいち早く報じたのは、メリーランド州の有力紙『ボルティモア・サン』（*The Baltimore Sun*）である。東vs.ボスナーの正式決定は3月中旬のことなので、この報道はかなり早い。もっとも、ここで注目したいのはこの記事ではなく、3月20日に掲載された「柔術への準備[42]」という記事の副題、「まるで『ラフ&タンブル』」である【10】。第1章で述べたように、「ラフ&タンブル」とは、ボクシング以前の荒っぽい拳闘であるピュジリズムを指すことが多かったが、ここでは本章の冒頭で述べた「ラスリング」にニュアンスが近い。「ラスリング」は「レスリング」の古語で、一般に活用される名詞ではないが、だからこそ、この一戦が近代スポーツ以前の取っ組み合いとして期待されたことを物語るだろう。

さらに、こうした反／非スポーツへの期待には、大衆の隠微な欲望が織り込まれていた。たとえば『タイムズ』は、「彼〔東〕は試合中における彼のいかなる行為や事態による怪我の責任を負う必要はなく、試合中に被り得るどのような深刻な影響や怪我をとがめられてはならない」[43]と報じている。これこそ、無慈悲な暴力が行使されることへの隠しきれない好奇心の表れだろう。猟奇的な事件への注目が、まさにその異常性によって高まるように、柔術家を殺人犯、柔術を邪教とするゴシップ的な見解は、恐怖心や復讐心とともに、むき出しの暴力の発露が眼前で繰り広げられることへの好奇心を高める作用を伴っていた【11】。

ところで、この一戦が本当に「ラフ&タンブル」な残酷ショーになり得る可能性はあったのだろうか。アメリカン・フットボール（アメフト）を比較対象に考えてみよう[44]。当時のアメフトは現行のそれと比較して格段に危険度が高く、たとえば相手の背後から激しく接触し、腰より下の部位を狙ったブロックプレーなども許されていた【12】。むしろ、ラフプレーを辞さない覚悟や敢えて死地に飛び込むことこそ「男らしさ」の象徴として称賛されていたのである。ちなみに、1905年における年間の死者数は20名に迫り、重症者数は150名を超え、小さな骨折や亜脱臼などは怪我の内にも入らなかった。こうした当時のアメリカン・スポーツの過激さをみると、東vs.ボスナーも残酷ショーになり得る可能性はあったかもしれない。

ただし、同時に考慮すべきは、アメフトにおける死傷が、少なくとも建前上、故意の暴力によるものではない、という点だ。どれほど深刻な怪我を負わせようと、それは偶然の望まざる不運な結果に過ぎない。また、アメフトの過度の暴力性については、恣意性の有無を問わず19世紀末から批判の対象となっており、廃止や中止を求める声も決して小さくはなかった[45]。

一方で、東vs.ボスナーに大衆が期待したのは、相手を破壊するための意図的な暴力である。近代スポーツとは、攻撃欲求や戦闘欲求などの情動を自律的に抑制しつつ、それをうまく解放（脱抑制）することによって初めて成立し、さらにそうした態度は競技の当事者だけでなくスポーツを観賞する側にも当てはまるが、だからこそ大衆は、東vs.ボスナーに残酷ショーを期待したともいえるだろう[46]。簡単にいえば、日常のスポーツからむき出しの暴力が排除されゆくからこそ、逆説的に非日常的な反／非スポーツの祭典への期待が高まったのである。

もっとも、そうであればなおのこと、この試合が残酷ショーになる可能性はあらかじめ排除されていた。その根拠は、東vs.ボスナーの位置づけにある。この戦いは、大げさにいえばアメリカ国中を巻き込んだ熱狂的な柔術ブームのひとつの総決算であり、柔術の真価が判定される最大の機会として世間の注目を集めていた【13】。最も熱心にこの一戦を追っていた『イブニング』が掲出した記事のタイトルを借りれば、「柔術は初めて公的なテスト（public test）を受ける」[47]のである【14】。そして、「公的なテスト」となるとき、東vs.ボスナーは俄然シリアスな様相を帯びる。誰もが納得するかたちで柔術とレスリングの優劣を判定するためには、フェアで細密なルールが必要となり、そしてルールの厳密化は、むき出しの暴力の抑止力となる。こうして柔術の、あるいは異種格闘技試合の反／非ス

9　ボスナーのテクニックはしばしば新聞紙上で公開された。㊧現在のプロレスでいうシュミット式バックブリーカーのような技。「ネック＆ボディホールド」と紹介されている。㊨一本背負いを想起させる「フライング・メイヤー」。ボスナーの得意技のひとつだったようだ。

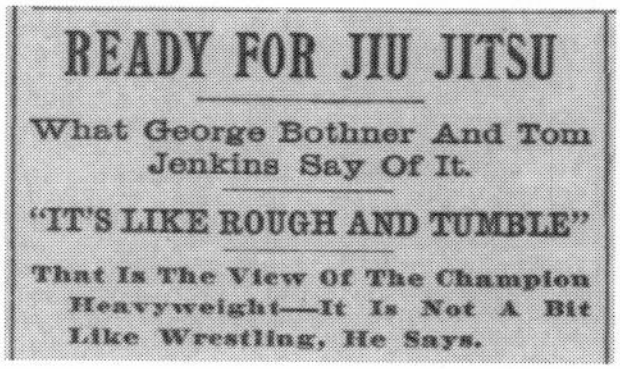
READY FOR JIU JITSU

What George Bothner And Tom Jenkins Say Of It.

"IT'S LIKE ROUGH AND TUMBLE"

That Is The View Of The Champion Heavyweight—It Is Not A Bit Like Wrestling, He Says.

10　『ボルティモア・サン』の記事。上から４行目の見出し「まるでラフ＆タンブル」に注目。

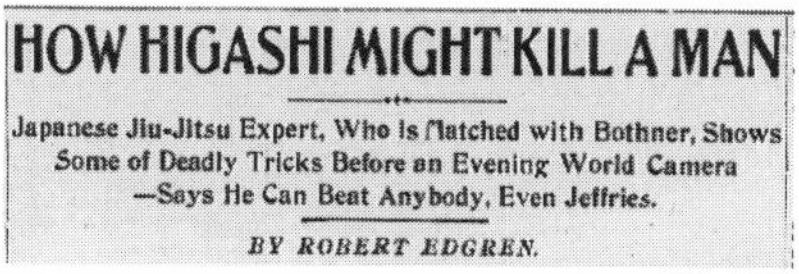
HOW HIGASHI MIGHT KILL A MAN

Japanese Jiu-Jitsu Expert, Who is Matched with Bothner, Shows Some of Deadly Tricks Before an Evening World Camera —Says He Can Beat Anybody, Even Jeffries.

BY ROBERT EDGREN.

11　㊤『イブニング』に掲載された記事の見出し。タイトルのとおり、「東はいかに人を殺すか」は大衆の好奇の的だった。㊦同日の同紙に掲載された東の実演写真。

ポーツ性は、「公的なテスト」を成立させるためのルールによって希薄化あるいは形骸化し、むしろ表面的にはスポーツへと近づいていく。

3　4／06 in グランド・セントラル・パレス

3―1　細密なルール、格式高い会場

東vs.ボスナー戦では具体的にどのようなルールが設けられたのだろうか。報道によって若干の相違はあるが、取り決め内容は概ね次のとおりである。

試合時間は無制限に定められた。決着は5本勝負の3本先取とし、5本とも同一のルールで進行する。試合中は双方ともに道着の上着と帯の着用が義務付けられた。決着は投技で相手の両肩と臀部《でんぶ》を同時に床に付けるか、相手を20秒間抑え込んだ時点とする。捨身技を仕掛けるために一瞬自ら倒れて背中を付けることは許可される。なお打撃技の使用の有無が議論された形跡はない。

このルールには、同時期の他の異種格闘技試合と比較して、ふたつの際立った特徴があった。ひとつは5本勝負であり、もうひとつはルールの一貫性である。たとえばスズキvs.バプティスト戦をみると、試合は3本勝負の2本先取であり、最初は柔術、次にレスリング、3本目は前2本のうち短い時間で勝利を収めた側のルールで行われた。これは当時最もポピュラーだった方式である。しかし東vs.ボスナー戦では、全ラウンドにわたって柔術とレスリングをミックスさせた統一ルールを制定した。

12　㊧危険性の高い背後からのフライング・タックル。1910年に禁止技に指定された。㊨ひとシーズンで１人のプレイヤーが負う怪我の平均回数。頭蓋骨の負傷２回、肋骨の負傷11回、などと記されている。

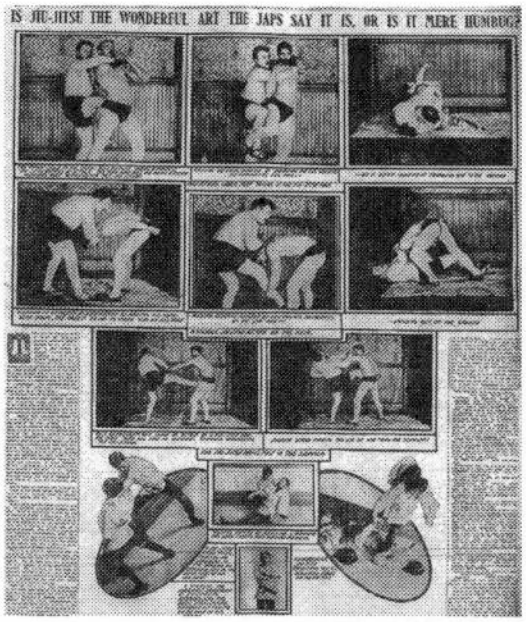

13　試合展開の予想記事。タイトルは「日本人の言うとおり、柔術は素晴らしいのか、それとも単なるはったりか？」。

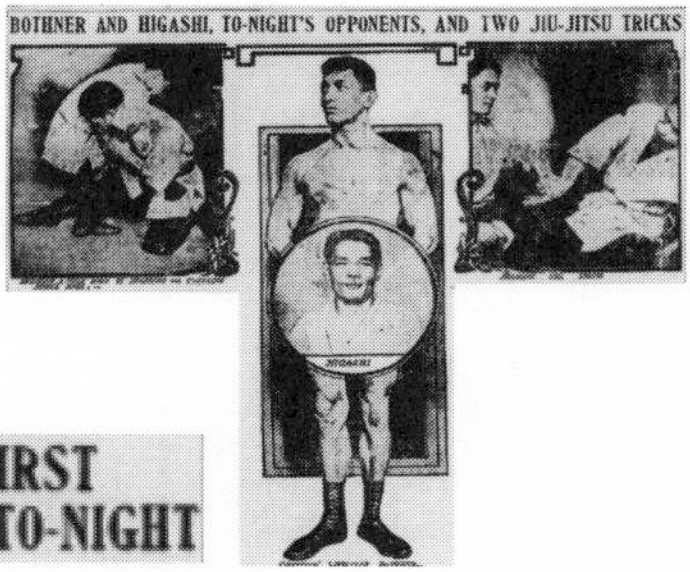

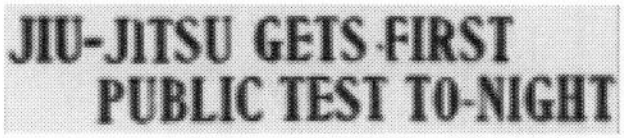
JIU-JITSU GETS FIRST
PUBLIC TEST TO-NIGHT

14　『イブニング』に掲載された「公的なテスト」の記事(左・見出し)と写真(右)。

15　グランド・セントラル・パレスの外観(左)と試合会場となった大ホール(右)。

厳密な意味で異種格闘技試合（Mixed Martial Arts）といえるこの方式の採用は、より精度の高い検証結果を得ようとする姿勢の反映といえるだろう。あるいは言い逃れの余地を消すための措置ともいえる。裏を返せば、こうしてルールが厳密化されるほどに、東vs.ボスナーは「ラフ&タンブル」から遠ざかっていったことになる。

ルール作りが難航した一方で、スムーズに決定したのは試合会場だった。決戦の舞台に選ばれたのは、マンハッタンの表玄関たるグランド・セントラル・ステーションに隣接するニューヨークのランドマーク・ビル、グランド・セントラル・パレス（Grand Central Palace）【15】である。総レンガ造りのクラシックな外観のこの建物は、当時マンハッタンに出現し始めた高層建築群と比べて、高さはそれほどでもなかったが、総床面積は2万9千平方メートル、最大収容人数は5万人以上を誇る巨大な多目的イベント施設だった。[48]このビルの1階にはカフェと広大な展示スペース、2階には大ホール、3・4階には小ホール、5・6階には中空型の巨大なガラス製のドーム施設、さらに階上には屋上庭園まで備えられていた。

この施設が国際モーターショーなどの会場だったこともまた興味深い。[49]こうした展示会では産業製品の国際比較がなされたが、東vs.ボスナーもまた、日本産柔術とアメリカ産レスリングの比較としての意味を持っていた。東西の格闘技を比較する場として、これほどふさわしい会場もなかろう。同時に、劇場や見世物小屋ではなく、公共性の高いグランド・セントラル・パレスが決戦の舞台に選ばれたこと自体、この一戦が「公式のテスト」だったことを如実に示している。

3―2　レフェリーは荒くれ者

４月６日。当時は高価だった白熱電球が惜しげもなく４千球以上も使用された巨大な７つのシャンデリアが、試合場を照らしていた。白昼と見紛う輝きのもとでうごめくのは、３千人とも４千人ともいわれる大観衆の影。試合開始をいまや遅しと待ち構える彼らの中には、ニューヨーク市警のウィリアム・マカドゥー署長や『イブニング』の編集長ロバート・エドグレンも混じっていた。日本人の姿もあった。それも一人や二人ではない。東海岸一帯の日本人が集まり、「旅順港を占領できるほどの」[50]大応援団を結成していた。

やがて東とボスナーが入場してくる。彼らにそれぞれ付き従うセコンドは、アーヴィング・ハンコックとジョン・オブライエン。ここでオブライエンの名前が登場するのは、いささか唐突に思えるかもしれない。しかし、それにはわけがあった。この一戦に備えて対柔術の戦法を修得すべく、ボスナーはオブライエンをコーチに雇い入れていたのである【16】。かくして「日本人以外で柔術に習熟した初めての人物」[51]は、このとき日本人柔術家の味方ではなくアメリカの同胞の味方に付いた。

さらに、オブライエンとハンコックには、セコンド以外に別の役割が与えられていた。主審を務めたティム・ハースト（Tim Hurst: 1865-1915）の補佐である。ハーストはメジャーリーグでベースボールのアンパイアを務めるほか、ボクシングやレスリングのレフェリーとして数々の試合を裁いた経験もあったが、当然ながら柔術に関しては全くの素人だった。

ここでハーストの特異なキャラクターについて簡単に紹介しておこう[52]【17】。当時のスポーツファンでハーストの名前を知らない者はいなかった。人気の秘訣《ひけつ》はおよそ審判らしからぬ激高しやすい気性である。ハーストは自らの判定に従わない選手に暴力を振るうことすら厭《いと》わなかったが、過激で戦闘的な審判スタイルこそがハーストの売りであり、スポーツファンはそこに選手以上の「男らしさ」を見出すことで、この審判を贔屓《ひいき》にしていた。

そのハーストが10年以上にわたってアンパイアを務めていたナショナル・リーグを解雇されたのは、1904年のことである。理由は幾つかあるが、最たる要因は、ハーストの粗暴性が近代スポーツとしてのメジャー・リーグ・ベースボールに適合しなくなったことだろう。情動を剝き出しにするハーストの粗野な姿勢は大衆的な人気を得ながらも、洗練された都市的なスポーツスタイルとはかみ合わなくなっていた。要は、ハーストは時代遅れになっていたのであり、だからこそ同じく前時代的な「ラフ&タンブル」たる東vs.ボスナーを裁くのにはうってつけだった。ちなみに1905年のシーズン途中にハーストはアメリカン・リーグで審判復帰を果たすが、1909年のシーズンに選手を脅迫したことで引退を余儀なくされている。

もっとも、ハーストが審判を務めたことによって、この試合が真に「ラフ&タンブル」になるわけではない。むしろ、本当に「ラフ&タンブル」を求めるならば、この荒くれ者の審判だけを起用すればよかったはずだ。しかし実際には、経験豊かではあるが柔術には疎いこのレフェリーだけが試合を裁くことはよしとされず、オブライエンとハンコックとが副審的役割を担った。その目的は、専門家の見地を加えることで、判定の精度を高めるためである。そして、厳密性が追求されるほどに、試合は「まるでラフ&タンブル」から遠ざかり、「まるでスポーツ」になっていく。

3—3 退屈な死闘

そろそろ、肝心の試合模様を確認しておこう【18】。

試合開始は午後9時が予定されていたが、土壇場になって東陣営がルールにクレームを付けた。いわゆる投技一本に相当する「フライング・フォール」の有効を主張し、それが認められない場合は試合を放棄する、と申し出たのである。投技で相手の両肩と臀部を同時に床に付けることで勝利と判定することは事前に認められていたが、おそらく東は、〈必ずしも両肩と臀部が同時にマットに付かなくとも、きちんと相手を崩して投げることができれば、それも一本と認めるべき〉、と言いたかったのだろう。しかし、この訴えは認められることなく、試合の開始が宣言された。

東は、ボスナーに対面するや否や攻勢を仕掛ける。最初は襟締《えりじめ》を狙い、それが不発に終わると今度は帯をつかんでの投げを試みた。しかしボスナーは巧みに攻守を入れ替えて東を捕まえることに成功し、そこからハーフネルソン・クラッチに持ち込んで電光石火のフォールを奪う。開始から14分35秒の速攻である。長期戦の予想に反する短期決着に、観客席のボルテージは早くも最高潮になり、「帽子が空高く舞い、耳をつんざく5分間もの大歓声のおかげでアナウンサーは自分の声すら聞き取れなかった[53]」。

休憩を挟んで2本目。東は再びボスナーの首に的を絞り、決死の襟締を仕掛けるが、ボスナーは亀になって耐えしのぐ。この攻防は1時間を超え、膠着《こうちゃく》状態に観客がうんざりし始めた頃、ついに「日本人がボスナーを肩越しに早業で投げた[54]」。ところがこの投技にボスナー陣営から物言いが付く。オブライエンは両肩が付いていないと主張し、ハーストもそれに同意して試合の続行を指示した[55]。一方、この裁定を不服とする東陣営は試合を中断し、試合放棄をも辞さずに猛抗議したが、判定は覆らない。会場は一時大混乱に陥り、やじや罵声が飛び交ったが、結局、日本人応援団に諭された東は試合の続行に同意した。

再開後も東の猛攻は続く。ここで東は巴投《ともえなげ》に固執し、2度ボスナーを転がしたが、態勢が不十分であり、フォールも認められない。一方で「日本人を無理に投げる努力はせず」[56]、守勢に回りながら虎《こ》視眈々《したんたん》と挽回の機会をうかがっていたボスナーは、一瞬の隙を突いて蟹挟《かにばさみ》からハーフネルソンの態勢に持ち込み、2度目のフォールを奪う。それは、2本目が始まってから実に1時間31分18秒後の出来事であり、試合開始からは3時間を超えていた。

ここで改めて東陣営がクレームを付ける。

今夜、私たちは柔術のルールに従って3本を取ったと主張したい。このルールに従うことはボスナーも同意していたことだ。ところが審判と副審〔オブライエン〕が「否」と言ったのである。私たちはこの戦いに努めてフェアであろうとした。柔術のルールにのっとれば、東は明らかに勝利した。[57]

しかし、この抗議も空しく、東は3度ボスナーと向き合う。そのとき、この柔術家にもう体力と気力は残されていなかった。いや、疲れ果てていたのは東だけではない。ボスナーも、観客も、誰もがこの間延びした試合に精魂尽き果てていた。そして、日付も変わり、「早く我が家に帰りたい！」[58]という観客のやじが飛び交う深夜1時、「ボスナーは12分で最後の3本目を取った」[59]。こうして4時間を超える死闘に決着がついたとき、観客たちは、白人レスラーの勝利よりも戦いが終わったこと自体に安堵《あんど》していた。

4　ひとつの終幕

4―1　裏切られた？　東

ロバート・エドグレンは、翌7日付の『イブニング』のコラムで、この一戦が戦前の期待を裏切る退屈な凡戦だったという総評を載せたが、そこには次のような一文が添えられている。

> 私［エドグレン］のそばに座った観客は、「東はボスナーの骨を折らなかったから柔術は駄目だ」とがっかりしていた。…（中略）…、東は、幾つかの簡単な日本式レスリングの技と、試合を通じて学んだアメリカ式レスリングに依拠しており、柔術のトリックを使用しなかった。…（中略）…。彼はたった一本の骨も折らなかった、…（中略）…、親指のように小さな箇所でさえ壊そうとはしなかった。この試合は小さな日本人の腕前を試す良いテストだったが、それは全く柔術ではなかった。[60]

それでは、なぜ東は「ボスナーの骨を折らなかった」のだろうか。ここで試合後の東陣営の言い分に耳を傾けてみよう。なお、東のクレームは、『タイムズ』や『イブニング』をはじめ、新聞各紙に取り上げられたが、ここでは最も詳細な記述のある、ペンシルベニア州の地方紙『タイムズ・リーダー』(*Times Leader*)の記事を活用したい。[61] 以下、本節の末尾までのカギ括弧内は、同記事からの引用である。

東によれば、この一戦は「地元［ニューヨーク］のある新聞社に手配された」が、そこで交わされた契約書類は、「日本で柔術家が柔術家以外の相手と試合をするときに使われるルールが正確に翻訳されたものだった」。しかし試合の直前になって、この契約は突然反故《ほご》にされた。「柔術の有効性の90パーセントを占めるシリアスな技」、とりわけ「相手が容易《たやす》く意識を失うような打撃技」を「禁止するように要求されたから」だ。しかし東は、「誰もが満足するような明るい勝負をしたいと考えていたので、それをしぶしぶ承諾した」。

ところが試合に先立ち、この事実とは全く異なる虚偽の発表がボスナー陣営によってなされた。彼らは「私［東］の要求を満足させるための惜しみない努力を払った」、あるいは「私の要求に従って、この試合は『何でもあり』になる」と観客にうその報告をし、その発表は「観客にはとてもフェアに思えた」。その結果、観客たちは「私が真剣な技を使わなかったのは、単に私がそれを使う能力がなかったからだ」と信じ込まされてしまった。

東を「不愉快にさせたもうひとつの策略」は、レフェリーの選定である【19】。「柔術に慣れていないアメリカ人レフェリーが日本のルールを的確に解釈できるわけがなく」、「どんなにルールを注意深く読んでも、レフェリーは〈アメリカのレスリングが求めるものは何か〉というアメリカ式の考えに間違いなく影響されてしまう」ことを、試合以前から東は懸念していた。そこで東はハンコックを呼び寄せ、「契約書に記載された日本のルールにのっとり、［ハンコックが審判として］公平にジャッジする準備をしていた」。ところがこれまた試合の直前になって、「ボスナーのマネジャーは、この合意が無効であり、ハンコック氏が私の審判としてのみ振る舞うことを伝えてきた」。こうして「またしても私はだまされた」。

加えて東は、もうひとつのルールの不備を訴える。東によれば、「フライング・フォールをカウントすることも事前に合意されて」いたという。これに従えば、2本目で3度の投技を決めた時点で、東の勝ちが確定していたことになる。しかし、「これら3つのフォールは、推定上の勝利ではなく真の勝利として日本のルールでは認められている」にもかかわらず、「アメリカのレフェリーは日本のルールを知らなかったため、いずれのフォールも認められなかった」。

さらに試合が「人々がすぐに飽きるような茶番劇に終始した」のは、ボスナーがキャッチ・アズ・キャッチ・キャンならぬ「プッシュ・アズ・プッシュ・キャン」としか表現できない「能動性を全く欠いたレスリング」に終始したからである。それは、「押し込み」(shoving)と「穴掘り」(burrowing)、つまりただ相手を力任せに抑え込むか、亀の体勢で防御に徹するかにのみ専念する退屈なスタイルであり、試合が凡戦に終わったのは、このスタイルにボスナーが「本物の試合を不可能にするほど熱心に身を捧げた」ためだった。

〈見せかけ上のフェアネスの裏に悪質なアンフェアがあった〉、とする東の訴えが、真実か否かは分からない。しかし、重要なことは真偽のいかんではなく、このクレームこそが、東vs.ボスナーを巡る勧善懲悪の物語を成立させるうえで不可欠なピースだった、ということだ。ここでは『タイムズ』の記事を例に取ろう。

4―2 「雄弁家」、再び

同紙は、試合の翌日から矢継ぎ早に柔術関連の記事を載せた。7日の「柔術はヤンキー・レスラーに打ち負かされた」[62]、8日の「柔術は大してすごくない」[63]、および「柔術の自己弁護」[64]である。これら3本の記事のうち、核となるのは「柔術は大してすごくない」だ。そこで展開されたのは、〈レスリング（アメリカ）は柔術（日本）に勝る〉という言説であり、東vs.ボスナーの試合結果を報じた「柔術はヤンキー・レスラーに打ち負かされた」は、その言説に説得力を持たせるための根拠である。

ここで一度、冒頭で取り上げた風刺漫画に戻ろう。戦前盛んに〈柔術（日本）はレスリング〈アメリカ〉に勝る〉とうそぶいていた「雄弁家」をレスラーが完膚なきまでにたたき潰し、〈レスリング（アメリカ）は柔術（日本）に勝る〉という言説を星条旗と共に高々と掲げたこの漫画にカタルシスがあるのは、実際の試合の内容と結果という裏づけがあるからだ。それとは対照的に、レスラーが勝ったとはいえ凡戦に終わった東vs.ボスナーには、そうした裏づけに乏しい。その意味で、「柔術はヤンキー・レスラーに打ち負かされた」は、威勢のよいタイトルとは裏腹に、実際のところそれほどの説得力を持たない。これでは、勧善懲悪の物語を美しく閉じることができない。比喩的にいうならば、4コマ仕立てのドラマで最も大事な最後のオチが不完全なのである。

翻って「柔術の自己弁護」とは、締まりのないドラマを完結に導くために後付けされた、5コマ目という禁じ手だった。しかもその描かれ方は、1コマ目の「雄弁家」と同じである。つまり、物語の最初と最後をつなげたのだ。試合前に威勢を張る「雄弁家」は試合後に虚勢を張る「雄弁家」と重ね合わされ、そして「雄弁家」がアンフェアをなじるほどに、なじられた側のフェアネスが反比例的に高まっていく。たとえば、「柔術の自己弁護」の結論部分をみてみよう。

［これまで本記事で紹介した東の主張の妥当性を］議論することに、なにがしかの意味があろうとも、試合中に道着を着用することを承諾したボスナーが、真のスポーツマンシップを示したことに変わりはない。[65]

ここに描かれているのは、東のクレームとは無関係に、あるいはそれを超越した次元にあるボスナーの「正義」である。裏を返せば、東のクレームは、「正義」を輝かせるための道具に過ぎず、しかしその道具なしに「正義」を掲げることもできない。つまり、東vs.ボスナーを通じた勧善懲悪の物語は、試合そのもののカタルシスによってではなく、後付け的に付された不正義の反照としての「正義」をもって語らざるを得ず、だからこそ試合後において、改めて「雄弁家」が復活する必要があったのだ。[66]

4—3　決別と拒絶の物語

ところで、東の異議申し立ての核心はどこにあるのだろうか。もちろんアンフェアの暴露は重要な論点だが、より注目すべきは、フェアネス自体が持つ意味である。ここで、改めて東の主張をみてみよう。

もしあの試合の出来事をアメリカにおけるフェアネスのサンプルとみなすならば、この国のスポーツマンシップは日本のそれとは非常に異なっているといわざるを得ない。実際、あまりにも違い過ぎるので、アメリカと日本の競技者がテストの機会として与えられた場所で戦うことは不可能だろう。…（中略）…。残念ながら、アメリカのレスリングと柔術の真価が問われるのはまだ先のことだろう。しかし、日本のルールの意味を理解し、1時間で誕生した「プッシュ・アズ・プッシュ・キャン」のスタイルによって自らの考えを逆転するようなことをしない審判ができるまで、それを考えるのは絶望的なことである。[67]

この文脈におけるフェアネスは、柔術とレスリングの問題を超越し、それによって象徴される日本とアメリカの国民性にまで及んでいる。要は、〈日米両国の倫理観が根本的に異なるがゆえに、異種格闘技試合は成立不可能である〉と東は結論付けているのだ。ある種の決別宣言といってもよいだろう。

もっとも、その伏線は、柔術の拒絶という体裁を採って、柔術ブームの端緒の段階から既に張られていた。むしろ、当初から一貫して通奏する隠れた旋律のひとつだったといってよい。たとえば、1904年5月の『タイムズ』には、「あるキリスト教徒からの批判」と題して、次のような記事が掲載された。

日本の柔術という新しく紹介された知識は、アジアとヨーロッパ諸国の間に峻別をもたらす。護身の能力を高めるための日本の身体鍛錬は、ヨーロッパ大陸の北部では「反則」とみなされる実践に基づき、従ってそれはあらゆるスポーツや男らしい護身術から区別される。イングランドでは反則とされる攻撃を仕掛ける彼［柔術家］は、相手にとってアンフェアな有利さを得る卑劣なファイターである。…（中略）…。［柔術］はその［日本人としての］国民性を示すのであり、私たち［アメリカ人］がそれを学ぶことは全く賢明［な判断］ではない。[68]

〈柔術のアンフェアは日本の国民性の表れであり、従ってアメリカはそれを認めず、受けいれない〉、とするこの記事と、〈日米両国の倫理観が根本的に異なるがゆえに、異種格闘技試合は成立不可能である〉とする東の主張とは、つまるところひとつの意見の裏表である。

柔術ブームの熱狂は、それを上回る冷酷さをもってこそ鎮められる。物語の終着駅は〈レスリング（アメリカ）は柔術（日本）に勝る〉ではなく、〈レスリング（アメリカ）は柔術（日本）を拒絶する〉という結論にこそあり、しかもその結論は、少なくとも一面において、東vs.ボスナーに至る以前の段階であらかじめ決定されていた。先に触れた「柔術」と題する検証記事をみても、それは明らか

> だ。
>
> ［私たちは］全体として、ここ［アメリカ］に柔術を導入せずに済ますように配慮したほうがよい。そこ［この議論］には「それ［柔術］なしで［アメリカ］国家を救うことができる」ことに関する相当な可能性がある。[69]

このように考えると、「公的なテスト」もまた、試験以前に採点が済んでいたことになる。それにもかかわらずテストが実施されたのは、言説上の結論に現実的な裏付けを与えるためだったのだろう。従って、試験後の感想もまた、試験前のそれと相違がない。以下はその典型だ。

> もはや柔術であれ柔道であれ、［対戦］相手が卓越した技能を持つ限り、小男が大男に勝つチャンスはない。そうであるならば、アメリカ人は、彼ら自身の才能とフェアネスと決して調和しないこの技術［の習得］に、無駄な時間とお金を費やしていることになるだろう。[70]

それでは、なぜ東はわざわざ決別を宣言したのか。それは、拒絶という結論を、一方的な破棄ではなく、双方の合意の結果としてみせるためだったのだろう。いわば円満解決が装われたのである。あるいは、ここに加えて、もうひとつの思惑が働いたのかもしれない。〈「雄弁家」の「罪」を償うに「雄弁家」を以てせよ〉と。大流行の幕引きにふさわしいのもまた、「雄弁家」だった。

THE SHOULDER TWIST, A JIU JITSU TRICK.

Tim Hurst, Referee for Hackenschmidt-
Zbyszko Match in New York Tonight.

16　㊧「柔術に似た技はキャッチにもある」と関節技を披露するボスナー。実際、柔術とキャッチ・アズ・キャッチ・キャンには共通する技術も少なくなかった。
17　㊥ティム・ハースト。㊨好戦的な性格からボクサーに擬せられたイラスト。

BOTHNER WON, BUT HIGASHI HAD A FEW ODD TRICKS UP HIS SLEEVE
HIGASHI DID ALL THE
WORK, BUT BOTHNER WON
Bout Between Jiu-Jitsu Expert and Wrestler Lasted Three Hours, Latter Getting Three Falls in That Time—Jap Threw American Over His Head Twice.

HIGASHI WANTS
JAP TO REFEREE

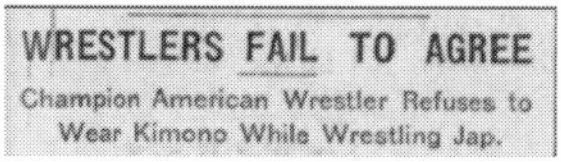
WRESTLERS FAIL TO AGREE
Champion American Wrestler Refuses to
Wear Kimono While Wrestling Jap.

18　㊧東vs.ボスナーの試合の模様を伝えるイラスト。作者はエドグレン。
19　㊨上：日本人をレフェリーに起用することを望む東の記事の見出し。㊨下：道着の着用を拒むボスナーの記事の見出し。

Subduing the
Most Dangerous
Criminals With
a Twist Of
the Wrist

20　1913年におけるユタ州警察でのオブライエンの柔術指導を報じた記事。

21　アメリカン・フットボールに魅了された岡部は、シカゴ大学のアメフト部でも活躍した。

JAPANESE GRID PLAYER

5　もうひとつの物語

5―1　セコンドたちのその後

圧倒的な熱狂から冷徹な拒絶へ。この流れは柔術狂時代を貫く基本線である。しかし、その全てを予定調和的にみるべきではない。思いもよらないところで調和は破綻し、その破綻が新たな物語を生み出していく。4月6日の夜にグランド・セントラル・パレスに集った4人、すなわち東、ボスナー、ハンコック、オブライエンのその後をたどっても、新たな物語の一端を垣間みることはできるだろう。

決戦から10日後、オブライエンはもうひとつの「公的なテスト」の現場にいた。全米から体育・スポーツの専門家が集った第14回アメリカ体育協会の学術大会において、柔術が解剖学の見地から検証されることになり、オブライエンはその実演者に選ばれたのである。もっとも、この検証の結果もまた、「失望へと帰着するに違いない」[71]と実験前に予想されていた。果たして当日、ペンシルベニア大学の生理学教授ロバート・マッケンジー（Robert T. McKenzie: 1867-1938）は、解剖学の技術を用いて「指に圧力を掛けて相手［オブライエン］をマットに這いつくばらせた」[72]。西洋の科学は日本の「魔術」を打ち破り、神秘のベールははがされた。

ただし、だからといってオブライエンのニーズが途絶えたわけではない。各州の警察からの指導依頼はその後も引きも切らず、また補論1で述べたように、第1次世界大戦中にも需要はあった。オブライエンは、ブームの最盛期にはあまりメディアに登場しなかったが、ブームの狂騒から一歩引いた場所にいたからこそ、オブライエンの地歩は揺るがず、流行が去った後も引き続き柔術の伝道師として活躍できたのかもしれない【20】。

また、先の学術大会で柔術を検証したマッケンジーは、この一件を通じて柔術や柔道に関心を抱くようになった。もともとは嘉納治五郎の寵愛《ちょうあい》を受けた柔道家であり、のちに柔道と決別して日本を代表するスポーツ指導者となった岡部平太（1891―1966）が1917年に渡米した際にも、マッケンジーは岡部に色々と便宜を図り、岡部がレスリングを研究する目的で柔道vs.プロレスの試合を画策したときにも手を差し伸べている[73]【21】。もっともこの一戦はルールがまとまらずに流れてしまい、それを通じて異種格闘技試合の不可能性や無意味性を痛感した岡部は、後に触れるように、1921年に講道館を去ることになる。

一方のハンコックは、1905年7月に『カノウ柔術（柔道）大全』を出版した。共著者は東勝熊である。嘉納治五郎の名前を騙ったこの教本は、他にほとんど類例をみない「奇書」なのだが、この話は次章に回そう。ともあれハンコックは、同書をもって完全に柔術の世界から身を引いた。1907年に上梓された新たな「身体文化」の教本、『ビジネスマンのための身体鍛錬法』（*Physical Training for Businessman*）にも、柔術は一切登場していない。

その後、ハンコックは大衆文学の世界へと戻り、第1次世界大戦の勃発とともに、帝国ドイツを敵国にした架空の戦記、『アメリカへの侵略』（*The Invasion of the United States*）シリーズでヒットを飛ばした。この小説にも柔術は無関係だが、大衆の異国への不安と好奇心を巧みにくすぐり、あおるという点で、ハンコックのやり口は終始一貫していた。日露戦争期の日本と第1次世界大戦期のドイツでは、時代も国も異なるが、ハンコックの根底に流れるテーマやスタイルは教本においても小説においても同じだったのである。

5—2　狂言回し

最後の最後まで真に狂言回しを演じたのは、東勝熊である。ブームの残滓にすがるかのように、敗戦の余韻の冷めやらぬ1905年5月には、大衆雑誌『コスモポリタン』上で、東はボスナーの師にあたるレスラーのヒュー・レオナード（Hugh Leonard: 生没年不詳）と双方の技を披露し合い、またもや柔術の優位を主張した[74]【22】。さらにこの「雄弁家」は、決別宣言もどこへやら、同年10月に再度の異種格闘技試合に臨む。しかし、「陰惨なスウェーデン人」ことレスラーのアレックス・スワンソン（Alex Swanson: 生没年不詳）と対峙した東は、ボスナー戦よりはるかにひどい失態をさらす。東は一度だけ相手を不格好ながら投げることができたが、「スウェーデン人は日本人を易々《やすやす》と弄《もてあそ》[75]」んだ挙句、わずか25分強で立て続けに3本を奪った【23】。

東vs.ボスナーよりはるかに明瞭な決着がついたこの試合だが、しかし現地メディアの扱いはそれに反比例して小さなものだった。試合会場もハーレム川沿いの賭博場であり、500人ほど集まった観客も賭博目的で集まったに過ぎない。少なくともニューヨークのような大都市において、1905年の下半期の段階で既に柔術家の主戦場は場末の劇場や見世物小屋、アミューズメント施設に移り、試合が逐一大々的に報じられる機会も激減していた。

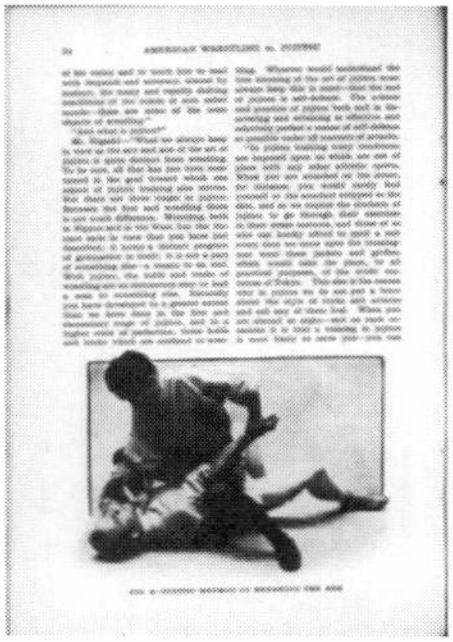

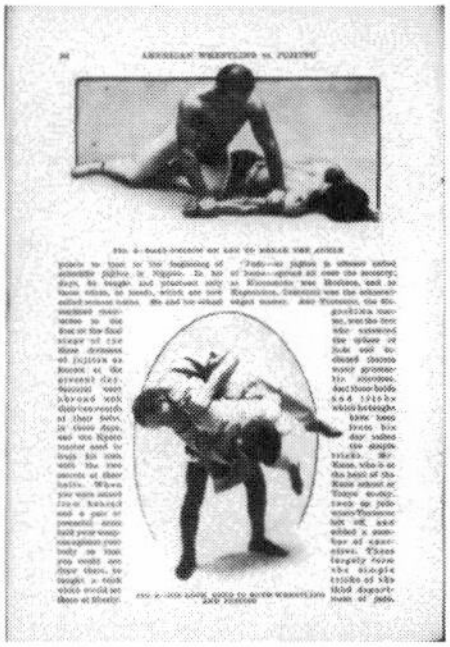

22　『コスモポリタン』誌上で繰り広げられた、東とレオナードによる技の競演。

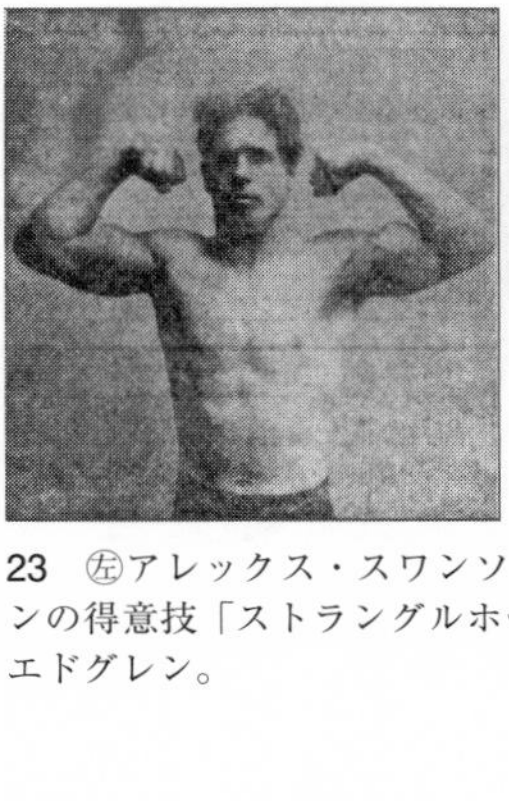

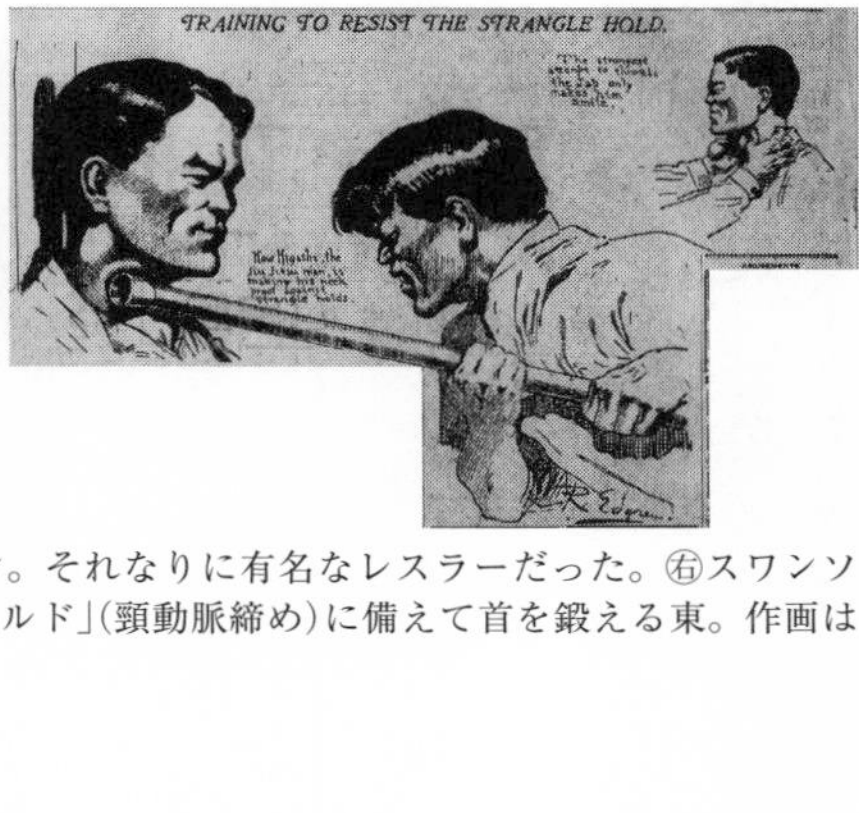

23　㊧アレックス・スワンソン。それなりに有名なレスラーだった。㊨スワンソンの得意技「ストラングルホールド」(頸動脈締め)に備えて首を鍛える東。作画はエドグレン。

もはやアメリカに居場所を失ったのだろうか、それとも、「ある日本人の自伝」における「将来はドイツに行きたい」[76]という記述を信じるならば、その夢をかなえるためだったのだろうか、ともあれ東はその後、大西洋を越え、フランスでの短期の滞在を経て、ドイツへとたどり着く。[77]なお、ドイツでは2度異種格闘技試合を行い、いずれも勝利を収めている。さらに東は、こうした柔術の戦績に、得意の弁舌を交えて、ベルリンの日本人倶楽部の世話役に就き、同所を訪れたエリート日本人との人脈を広げていった。日本への帰国は1912年のことである。

その9年後、ベルリン時代に築いた交友関係も活かしつつ、東は日本国際石油という原油の輸入精製会社の専務取締役に就いた。「実業家」東の誕生である。ところが、折からの海軍軍縮のあおりを受けて、最大の納入先だったはずの海軍における重油の納入量が削減し、東は巨額の負債を抱えてこの事業から手を引いた。さらに落ち目の東は、当時の世間を揺るがした、ある大掛かりな詐欺事件の片棒を担ぐ羽目になり、最後は実刑判決を受けて表社会から退場する。「雄弁家」が詐欺師の詭弁《きべん》に弄《ろう》されるとは、いかにも狂言回しらしい掉尾かもしれない。

次章以降にも出番があるので、ここらでひとまず東の話題を打ち切りたいが、その前にもうひとつだけエピソードを紹介しておこう。ドイツに逗留《とうりゅう》していた当時、東には一人の弟子がいた。名前をエーリッヒ・ラーン（Erich Rahn: 1885-1973）という。[78]東の異種格闘技試合をみて衝撃を受けたラーンは東のもとで修業を積み、1906年にわずか21歳で柔術学校を開いた。それは学校というにはあまりに貧相な施設であり、またラーン自身による身を張った柔術の普及活動も不調だったが、めげずにラーンは柔術に改良を加え、いわばラーン流柔術を確立していく。やがてそれはベルリン市警などで採用されるようになり、さらに第1次世界大戦後から1920年代のドイツに巨大な柔術ブームを巻き起こしていった。このムーブメントはアメリカの柔術ブームをも凌駕《りょうが》するが、それを語るには別に1冊の本が必要だろう。いずれにせよ、ラーンがドイツにおける柔術の父であるならば、そのラーンを育てた東の功績もまた、見逃してはならない。東勝熊は、単なる口先三寸の「雄弁家」だったというわけではなく、行く先々で柔術受容の種を蒔いてもいたのだ。

5—3　受け継がれた柔術

柔術狂時代における異種格闘技試合が単なる拒絶と決別の物語のみに終始しないのは、その物語の裏側で、柔術の技術がレスリングへと受け継がれていったからである。[79] ジョージ・ボスナーもその一人だ。試合に備えてボスナーがオブライエンに柔術を学んだことは先に述べたが、ボスナーはその後も研鑽《けんさん》にいそしみ、自ら開設したレスリングジムには柔術部門を設け、幾人もの弟子を育てた。ウィリアム・ビンハム（William Bingham: ?-1967）もその一人で、[80] 1914年12月にニューヨークで行われた異種格闘技試合では、ボスナーがメインイベントでタロー・ミヤケ（Taro Miyake: 1881-1935）こと三宅多留次《みやけたるじ》を、ビンハムがセミファイナルでラク・カトウ（Raku Kato: 生没年不詳）なる柔術家を、それぞれ撃破した[81]【24】。また、その翌年にはビンハムvs.三宅の柔術マッチも組まれており、ビンハムが勝利している。なお、三宅は当時イギリスを主戦場に世界各地を転戦していた強豪柔術家で、レスリングにも精通していた人物である。そう考えると、柔術とレスリングの混交は一方通行ではなく、双方向のものだったといえるだろう。

ちなみに、柔術側の敗戦ばかりが目立つかもしれないが、柔術家が胸のすくような快勝を飾った試合も少なくない。たとえば1909年頃に西海岸で活躍した柔術家に横山醒舎《しょうしゃ》（生没年不詳）という人物がいる。[82] 横山の詳しい経歴はほとんど不明だが、確認できる限りアメリカではレスラー相手に負けなしだったようだ。また、同じ時期にはフクダ・リョウ（Fukuda Ryo: 生没年不詳）という柔術家の活躍も垣間見える[83]【25】。そして、こうした対決とそれを通じた柔術とレスリングの交流の果てに、アド・サンテル（Ad Santel: 1887-1966）のようなハイブリッド・レスラーが登場してくる。

ボスナーのもとで柔術を学んだサンテルは、次々と柔術家・柔道家をなぎ倒した。すなわち、1915年11月の一戦で柔術家の野口清（1877—1930）に圧勝すると、先にも登場した三宅や、シアトルの柔道場で師範を務めていた柔道家の坂井大輔（1887—1932）、そして講道館きっての実力者、伊藤徳五郎（1880—1939）を次々に撃破したのである。こうして柔術・柔道キラーとなったサンテルは、米国内にもはや敵なしと判断して1921年に来日し、柔道家の挑戦状を募った[84]【26】。このとき、挑戦の受諾の賛否を巡って嘉納治五郎と鋭く対立し、柔道観の違いから講道館を脱退したのが岡部平太である。[85] 一方、嘉納は黙認に近い形で当初は応じようとしたものの、高弟一同の猛反対に遭って翻意したという経緯があるが、もしもこのとき対戦が実現していたら、その後の柔道は、いま私たちが目にする柔道とは技術も理念も異なっていたかもしれない。

さて、時間ははるか飛んでアジア太平洋戦争の最中。決別と拒絶の物語としての東vs.ボスナーの1905年4月における一戦は、プロパガンダの格好のネタとして復活する。1945年7月の『タイムズ』をみてみよう。

24　㊧ボスナー vs. 三宅。
㊨ビンハム vs. 三宅。

25　横山醒舎(右)とフクダ・リョウ(左)。

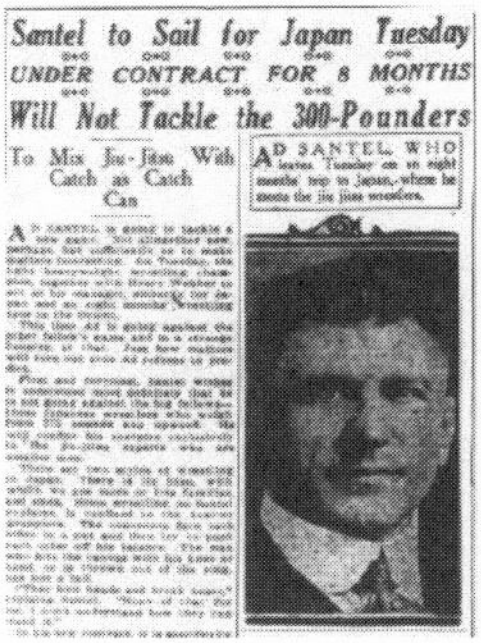

26　アド・サンテルの日本遠征を報じた記事。

27　ビンハムは試合だけでなく、柔術のエキシビションもしばしば公開していた。

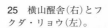

この狡猾《こうかつ》な日本人［東］は、ジョージ［ボスナー］に特注の道着を用意したうえで、両者が着衣で戦うことを主張した。…（中略）…。［試合後］、ボスナー夫人は、クリーニング店に衣服を出した。彼女は戻ってきた衣服を調べて、日本人がジョージを絞め殺すために、狡猾にも着物の襟に指を入れるための穴を開けていたことを発見した。「これは40年前のパール・ハーバーだ」とジョージは嘆く。「私は、日本人がどれほど危険かを学んだ[86]」。

1905年と1945年が直結させられたとき、40年間にわたる柔術とレスリングの興味深い関係性の歴史は〈なかったこと〉にされる。けれども実際には、戦後においてすら、レスリングと柔術のつながりは持続していた。ボスナーが1954年11月に世を去った際の追悼記事には、次のような一文がある。「ボスナーはキャッチ・レスリング、グレコローマン・レスリング、柔術の3つのスタイルに習熟していた[87]」と。こうしたつながりはボスナーのみにとどまらない。一番弟子たるビンハムが1967年8月に死去した際、「彼は［ニューヨーク市内の］リンカーン・セントラル地区に柔術の道場を構えていた[88]」と報じられた【27】。1905年の決別と拒絶の物語は1945年の対日プロパガンダにさえ利用されたが、しかしそうした政治的作為によってさえ、レスリングと柔術との交わりを真に引き離すことはできなかったのである。

補論3
私は柔術狂！──ベル・エポック期パリの柔術ブーム

日本から帰ってこのかた　血管がどうにかなっているのだろうか
私は高ぶっている　一日中奮闘しているのだ
自分を落ち着けるために無駄に努めている
だが私は殴り合う必要はない
1人の男だろうと、20人の男だろうと　私は5秒で彼らの脚を折ることができる
※私に、私にそれをさせるとは、狂気だ！（どうかしている！）　私は柔術狂！[1]【1】

前世紀転換期フランスの大衆音楽を代表する二人、作詞家のガストン・マキ（Gaston Maquis: 1860-1908）と歌手のジャン・ペシュー（Jean Peheu: 1872-1947）のコンビは、1906年にシャンソン曲を発表した。その名も題して『柔術狂！』（*La JiuJitsu Somanie!*）。右記はその第1小節の歌詞である。同年、小説家のモーリス・ルブラン（Maurice M. E. Leblanc: 1864-1941）は、『アルセーヌ・ルパンの脱獄』（*L'Evasion d'Arsene Lupin*）に胸を躍らすパリジャンのために、ひとつの仕掛けを用意した。[2] 世にも名高い怪盗紳士を柔術家に仕立てたのである。行く手に立ち塞がる力自慢のガニマール警部を

難なく返り討ちにしたルパンは、警部を立腕拉固《ひしぎがため》で捕らえつつ、パリ市警の警官ならば、この技も知っているはずだ、とうそぶく。変装の達人は柔術の達人でもあったのだ。

その1年前、柔術は銀幕デビューも飾っていた。タイトルは『柔術の真実』(*Le Vrais Jiu-Jitsu*)。スクリーン投影式のシネマトグラフ(cinématographe)でこの作品を撮ったのは、世界初の女性映画監督といわれるアリス・ギィ・ブラシェ(Alice Guy-Blaché: 1873-1968)である。主演に起用された喜劇役者のアーマン・ドラネム(Armand Dranem: 1869-1935)によるコミカルでシニカルな演技は、2分半のコメディ仕立ての映画にうまくマッチしている。

ベル・エポックのフランスに到来した柔術ブーム。そのうねりの大きさは同時代のアメリカにおける熱狂に引けを取らない。本補論では、パリにおける柔術狂ぶりの一端を開陳しよう。

1 柔術ブームのタイム・ラグ

1—1 フランス人柔術家vs.サバットの達人

第2章でも触れたが、ヨーロッパでは「身体文化」の専門家がにわか柔術家になるケースが少なくなかった。フランスも例外ではなく、かの国で柔術をはやらせた第一人者はエドモン・デボネという「身体文化」家である[3]【2】。1905年、自らが考案した身体鍛錬法の指導のために渡英したデボネは、同地でバーティッツという柔術ベースの自作の護身術を教えていたウィリアム・バートン＝ライト

(William E. Barton-Wright: 1860-1951)の仲介で谷幸雄《たにゆきお》(1880―1950)と三宅多留次という二人の不選流の柔術家と手合わせし、すぐさまこの未知なる格闘技に魅了された。もっとも、それ以前の時点からフランスにはアメリカ発の柔術ブームのうねりが流れ込んできており、おそらくデボネも渡英以前から柔術の情報を知っていたはずである【3】。

帰国後、デボネは知り合いのグレコローマン・レスラー、エルンスト・レニエ(Ernst Régnier: 生没年不詳)に声を掛け、二人三脚での営業に乗り出した。レ＝ニエは身長165センチ、体重63キロと体格には恵まれなかったが、小兵だからこそかえって柔術家らしくもあり、さらに東洋風を気取って「レ＝ニエ教授」(Professeur Ré-Nié)と名乗る自己演出も怠らなかった【4】。こうして二人はシャンゼリゼにほど近いボンテユ通り55番地に豪華な柔術クラブを開設し、名を売るために手当たり次第の挑発を始める。

それに応えたのは、フランス式の護身術であるサバットの達人であり、オペラ＝コミック座(Opéra-Comique de Paris)お抱えの剣術師範としても有名だった、ジョルジュ・デュボワ(George Dubois: 生没年不詳)である。この対決は瞬く間に世間の注目を集め、かくして両者はパリ北郊部の都市クールブヴォアにある工場のテラスに設置された特設リングで相まみえた。1905年10月26日のことである【5】。

試合の結果は腕拉十字固でレ＝ニエの勝利に終わったが、ここで注目したいのは両者の服装だ。闘いに際して、レ＝ニエは背広を、デュボワはモーニングコートをそれぞれ着用していた。平たくいえば、この試合は競技というより決闘に近いものだったのである。それは単なる見せかけのことではない。フランスでは、20世紀に至ってなお、わが身の潔白と名誉を証明するための決闘は、かなりの程度まで法的に許容されていたばかりか、道徳的に称賛する向きさえあった[4]【6】。この話は長くなるので、続きは補論5でしょう。

1―2　相次ぐ不祥事

ともあれこの勝利で、デボネとレ＝ニエの師弟は一夜にして名声を得た。経営する柔術クラブには貴族や上流階級の人々が押し寄せ、その収入はわずか1週間で2万5千フランに上ったという。しかし、それは一瞬の栄光に過ぎなかった。彼らはパリを代表するヴォードヴィル劇場、フォリー・ベルジェール（Folies Bergère）を拠点に、ひと試合100フランで観客からの飛び入り試合に応じていたが、11月30日、観客に紛れていたウィッツラー（Witzler: 生没年不詳）なるレスラーの挑戦を受けたレ＝ニエは、開始直後に反則の頭突きを顔面に受けて昏倒した。これは、増長するレ＝ニエに対するレスラー仲間の報復だったという。以後、レ＝ニエと決別したデボネは、一攫千金《いっかく》を狙うことは諦め、地道な努力で柔術の普及に努めた[5]。

ところでレ＝ニエが昏倒した前日、ボストック・ヒッポドローム（Bostock L'hippodrome）では、東勝熊が急所を抑えて悶絶《もんぜつ》していた。ボストック・ヒッポドロームとは、「グラスゴーのサーカス王」ことエドワード・ボストック（Edward H. Bostock: 1858-1940）が仕掛けた、巨大な複合遊戯施設である【7】。この施設では連日連夜にわたって様々な趣向を凝らされたイベントが行われていたが、当夜の呼び物は谷幸雄と東の柔術マッチだった。本拠地ロンドンだけではなくパリでも名をはせていた

1　『柔術狂』の楽譜(左)。柔術を題材にした歌曲は幾つかあった。『柔術のポルカ・マーチ』(右)もそのひとつ。

2　身体改造をうたうデボネの広告。デボネもまた「身体文化」の系譜にあることが一目瞭然だ。

3　パリにおいても柔術は1904年の初頭の段階で既に注目の的になりつつあった。図は『日本式身体鍛錬法』の図解記事。

4　㊧エルンスト・レ＝ニエ。㊨レ＝ニエの柔術教本。

5　レ＝ニエとデュボワの試合。㊧試合の模様は『ラ・ヴィ・オ・グランデール』の表紙を飾った。両者ともに正装で戦っている。ただし写真は合成。㊥決着の瞬間。㊨試合直前のデュボワとレ＝ニエ。向かって右手の人物がレニエ。

6　㊧決闘は日常茶飯事であり、真剣勝負であると同時にある種の娯楽性を帯びていた。写真は1905年11月に行われた決闘を報じる『ラ・ヴィ・オ・グランデール』の記事。
7　㊨ボストック・ヒッポドローム。

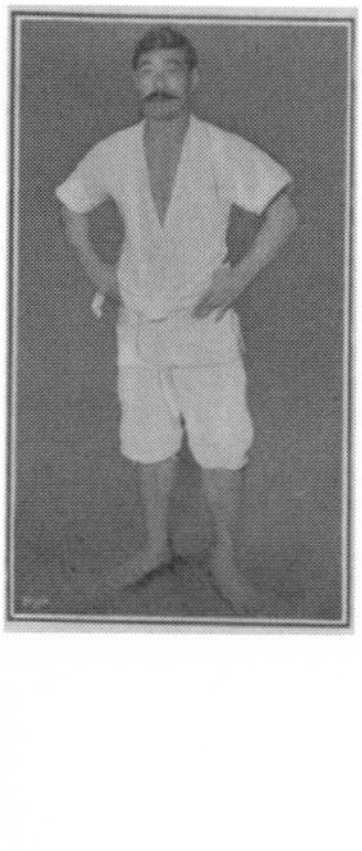
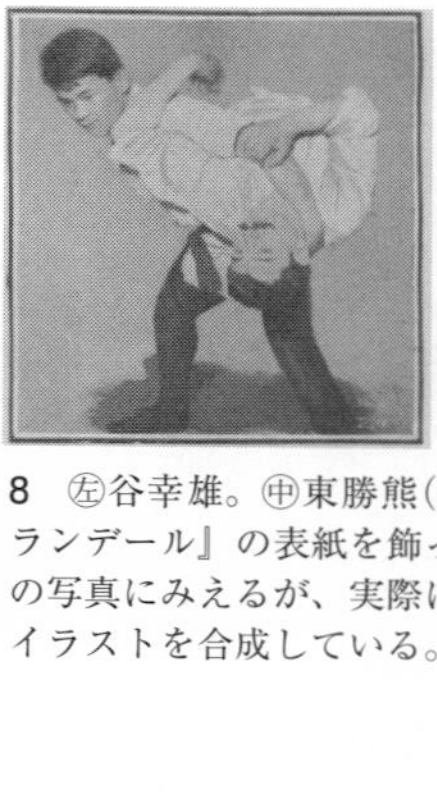
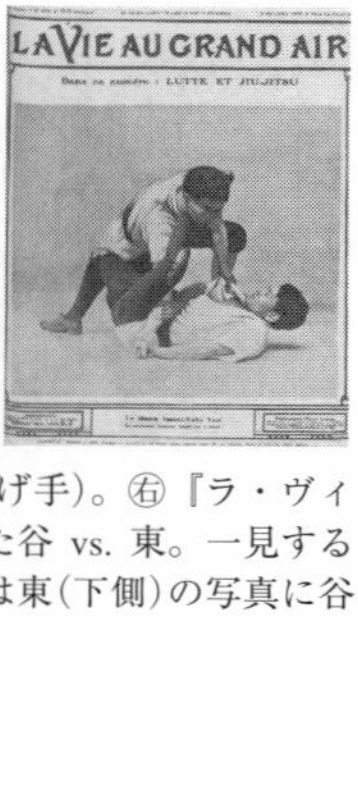

8　㊧谷幸雄。㊥東勝熊(投げ手)。㊨『ラ・ヴィ・オ・グランデール』の表紙を飾った谷 vs. 東。一見すると試合中の写真にみえるが、実際には東(下側)の写真に谷(上側)のイラストを合成している。

谷と、アメリカから来た話題の柔術家たる東との組み合わせは試合前から大きな話題を呼び、当時を代表する大衆スポーツ誌『ラ・ヴィ・オ・グランデール』(*La Vie au Grand Air*)の表紙すら飾っている【8】。

ところが、この一戦は極めて後味の悪い結末に終わった。荒れた試合展開が続いた揚げ句、故意か偶然か、下腹部を谷に痛打された東は床に伏して動けなくなり、そのまま病院へ搬送されたのである。この不透明な幕切れに観客たちは怒りだし、会場は暴動寸前となり、事態を重くみた当局は、以後、日本人柔術家同士の試合を禁止した。

このように不祥事が相次いだが、それも含めてフランスの柔術ブームの最盛期は、1905年度の後半期だったとみてよいだろう。この時点でアメリカの柔術ブームがかなり沈静化していたことに鑑みれば、米仏の流行には若干のタイム・ラグがあったといえる。そのことは、世界的な柔術の流行の先駆けがアメリカにあったことを物語るだろうし、また東勝熊が典型であるように、もともとアメリカを拠点としていた柔術家が新たな展開を求めて大西洋を越えたことにより、ヨーロッパで流行の第2波が生じたとも考えられる。

2　福岡庄太郎の快進撃

2―1　「サムライの柔術王者」

パリにおける柔術のブームは、年をまたいでも続いていた。『ラ・ヴィ・オ・グランデール』と人気を二分するスポーツ雑誌『ル・スポール・ユニヴェルセル・イリュストレ』（*Le Sport Universel illustré*）の1906年1月14日号は、東勝熊による実演を交えた柔術の特集記事を掲載したが、そこには次のような一文がある【9】。「『柔術一色だ』。新聞から街角、劇場、ミュージックホールに至るまで、まるでファンファーレのように『柔術マジック』が響き渡っている[6]」と。その音色は、1730年に創建されて以来、庶民の気軽な娯楽場兼社交場として親しまれてきたカジノ・ド・パリ（Casino de Paris）にまで届いていた【10】。パリ9区、クリシー通り沿いにあるこの大衆劇場の2月の目玉企画は、お馴染みのレビュー・ショーではなく、10日間に及ぶ柔術vs.レスリングの異種格闘技試合だった。

この劇場で連日メインイベンターを務めたのが、佐賀県唐津出身の福岡庄太郎（1878―1947）である[7]。福岡は、1902年に渡米し、その後世界各地を転戦していたが、当時はパリに滞在していた。上背が180センチに近い福岡はスタイルも良く、同地で画家のデッサンモデルの仕事もしていたという[8]。ちなみに、柔道家の前田光世（1878―1941）と行動をともにしていた、とい

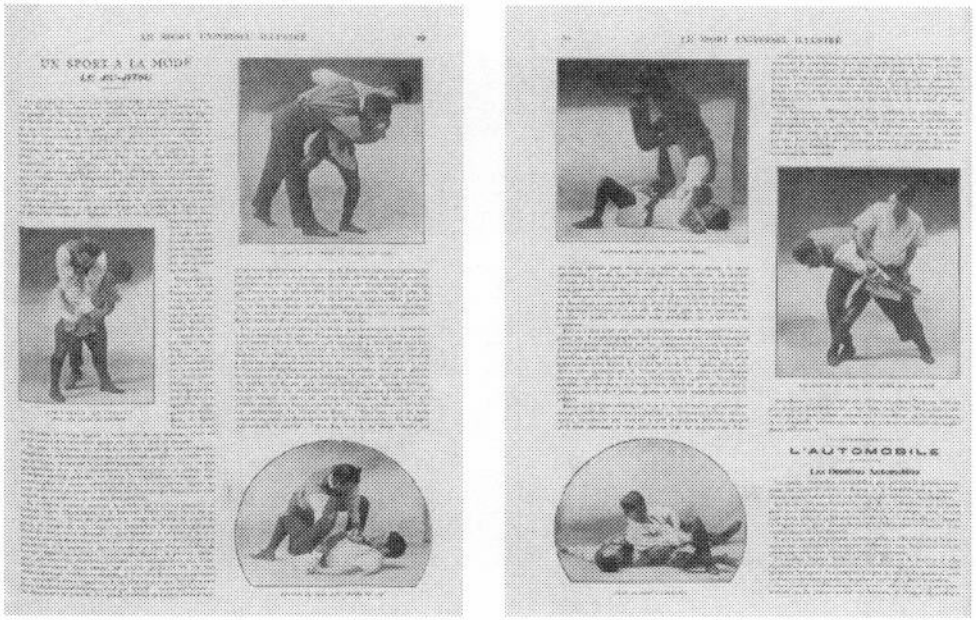
UN SPORT A LA MODE

L'AUTOMOBILE

9　『ル・スポール・ユニヴェルセル・イリュストレ』における柔術特集。被写体(掛け手)は東。

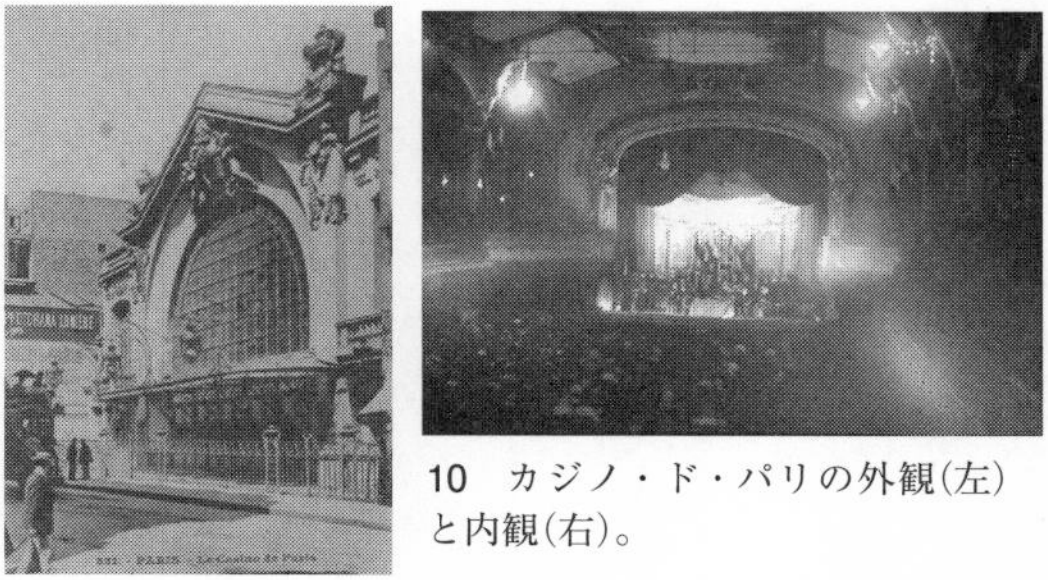

10　カジノ・ド・パリの外観(左)と内観(右)。

11　㊧福岡庄太郎(腕組みしている方)。もう一人の人物は不明(前田光世ではない)。㊥㊨ヨーロッパ巡業時代の福岡庄太郎。腰掛けているのが福岡。身長の高さが分かる。もう一人の柔術着の人物は福岡とブエノスアイレスまで行動をともにしていた角田利太郎と思われる。

う説もあるが、活動場所や時期に鑑みると、その可能性はほぼない【11】。福岡からの直接の聞き書きとして、「［福岡は］田舎柔術の初段だそうだが、日本人にして北米でヤンキーを相手に、柔道で取組をやったのは、よくもやよくもこの人が嚆矢だそうで、コンデコマこと前田五段などは、ズート《ママ》その後渡来したと云っていた」[9]という証言もある。

もっとも、だからといって福岡の箔《はく》が落ちるわけではない。なにせ福岡のあだ名は「サムライの柔術王者」[10]だったのだ。なお、19世紀末から20世紀初頭の西洋では美術や工芸、建築などを中心にジャポニズムがもてはやされていたが、ちょうど当時は、日本人のイメージが浮世絵に代表される女性性から「サムライ」的な男性性へと変化する時期にあたる[11]。福岡の凜々《りり》しい風貌《ふうぼう》は、こうした日本人イメージの変遷と合致していたのだろう。

2―2　パリの柔術花盛り

ここで、カジノ・ド・パリで開催された興行に向けられた現地の関心と反応をみてみよう。たとえば『ユマニテ』（*L'Humanité*）紙は、次のように報じている。「ここには、攻撃と防御の手段が正反対のふたつのスタイル、そしてふたつの人種が存在する。そこにこそ、この戦いに寄せられた一般民衆の多大な関心の所在がある」[12]。あるいは、『オーロール』（*L'Aurore*）紙に臨むと、「今夜こそ、カジノ・ド・パリの舞台で、日本の柔術王者の敗北が始まるだろう。『白人』が最終的に敵の鎧《よろい》の欠陥を発見する時が近づいている」[13]ともある。これらの記事は、柔術vs.レスリングが日本人vs.白人という人種間の競争に重ね合わされていたことを物語る。

ただし、たとえば東vs.ボスナーを巡って「我々〔アメリカ人〕はまさに黄禍（Yellow Peril）に遭遇した」[14]と報道されたように、アメリカではかなり露骨に差別意識が表面化していたが、福岡の試合を含めて、フランスでは人種主義的な主張は鳴りを潜めている。アメリカの場合、黄禍論は日露戦争を通じた帝国日本の伸長や日本人移民の大量移入に伴う労働問題の顕在化、という直接的で現実的な不安を伴って理解されたが、ヨーロッパにおける黄禍論はほとんど抽象的な次元での議論にとどまったことが関係しているのだろう。アメリカにとって太平洋を挟んで西の隣国は、フランスにとってユーラシア大陸の果てにある東の島国だった。

ともあれ福岡は、2月15日におけるオランダ人のヴァン・ローテンとの一戦を皮切りに、「ジュラベルノワのカルデ」[15]「サヴォワのレオン」[16]「バイヨンヌのピエトロ」[17]らと熱戦を繰広げ、その全てに勝利した。なお、ジュラベルノワはスイスのベルン州にあるフランス語圏の、サヴォワはフランス南東部の、そしてバイヨンヌはフランス領バスクの地名である。最後にはアメリカ人レスラーの「マスタービル」[18]をも一蹴し、もって「毎晩クリシー通りの大観衆を魅了し、拍手喝采を浴びた」[19]10日間の公演は全日程を終了した。

ここで再度、ヒッポドロームに目を向けてみよう。そこでは、カジノ・ド・パリでの興行と競うかのように、8日間にわたる柔術ショーが行われていた。[20]主役を張っていたのは谷幸雄の盟友、三宅多留次である。かたやパリの庶民に愛されてきた昔ながらのヴォードヴィル劇場で、かたや大衆消費時代の幕開けを飾るイギリス資本による新興歓楽施設で、ともに柔術の公演が開催されていたとは、なんとも興味深い。ベル・エポックのパリは、このとき確かに柔術熱に冒されていたのである。

第4章　柔道のファンタジーと日露戦争のリアリズム
——山下義韶と富田常次郎の奮戦

小説家のギルバート・パットン（William G. Patten: 1866-1945）は、19世紀末のアメリカ大衆文学界に、一人の若者を創り出した。青年の名はフランク・メリウェル。スポーツ万能で学業優秀、性格は快活にして聡明《そうめい》、抜群の勇気とユーモア精神、リーダーシップまでを兼ね備えるキャラクターとして描かれた、この愛すべき若者は、瞬く間に青少年読者のアイドルとなった。「僕らのフランク」は、革新主義時代のアメリカをさらなる栄光へと導く理想の若者像を体現する、オール・アメリカン・ボーイだったのである。[1]

ところで、総販売部数1億2千部、総作品数1千点に上るというメリウェル・シリーズの中には、フランク以外を主人公に据えた作品もある。フランクの異母弟という設定のディック・メリウェルもその一人だ。この少年の役割は、物語の設定上、ほぼアメリカ国内にとどまらざるを得ないフランクの代わりに世界を飛び回って、各国の様々な文化を体験することだった。ディックはいわば少年期のフランクであり、ドメスティックな舞台で活躍する青年フランクの代役として、少年外交官の役割を担っていたわけである。

そのディックが物語の中で日本を訪れたのは、１９０５年7月のことだった。タイトルは、「日本でのディック・メリウェル——柔道対柔術」（"Dick Meriwell in Japan: Judo art against Jiu-Jitsu"）[2]【１】。掲載誌は当時のダイム・ノヴェル業界で最も人気のあった『ティップ・トップ・ウィークリー』（*Tip*

Top Weekly）なので、相当数の青少年読者がこの連載を読み、遠く日本に想いをはせたことだろう。それにしても、ダイム・ノヴェルの世界にまで柔術の流行が押し寄せていたことにも驚かされるが、柔道と柔術の対決が誌上で実現していたことはさらに興味深い。実は、アメリカにおける柔術ブームの発生と同国への柔道の伝播はほぼ同時期に生じていた。アメリカは、柔術を十分に咀嚼する間もないままに、さらに柔道というさらなる異文化とも向き合うことになったのである。

　それでは、柔術と柔道の差異はどのように理解されたのだろうか。あるいは逆に理解されなかったのだろうか。本章のテーマは柔術狂時代における柔道の位相を確認することにあるが、まずは導入としてこの短編の粗筋をざっと紹介しよう。

　ある日、ディック一行は、相撲見物の際に、巨体の関取を軽々と投げ飛ばす少年柔道家と顔見知りになる。「気品にあふれていて、見ていて気持ちがいい笑顔[3]」の持ち主の名前はソノ・ボッチャン（Sono Bochan）。彼には親の代から続く宿敵がいた。「顔つきはやや凶暴で、小柄な体つき[4]」の柔術家、オジゴ・キツネ（Ojigo Kitsune）である。卑怯な手段でボッチャンの命を狙うキツネは、日本人の令嬢を巡ってディックの仲間と恋敵の関係にもなり、その縁でディックと敵対する。ディックらとボッチャンは互いの窮地を救う過程で友情を育んでいくが、キツネと令嬢の縁談を止めるには至らない。その結末は、婚約が決まった令嬢から〈自分のことは忘れるように〉と書かれた手紙がディックらのもとに届く、というビター・エンドである。

　耐え忍ぶ日本人女性を巡る悲恋というプロットは、『蝶々夫人』（*Madame Butterfly*）を例に取るまでもなく、ジャポニズム小説の典型例といえるが、ここでは柔道と柔術の描かれ方に着目しよう。勧善懲悪の図式で展開するこの物語において、柔道が善・正義を、柔術が悪・卑怯をそれぞれ象徴しているのは一目瞭然だ。たとえばボッチャンが、「柔術だけを知る者は、柔術に無知な相手を倒すことができるが、柔道に熟達する者は、柔術を完全に知る者をも打ち負かすことができる」[5]とディックに説明する場面があるが、そこでは〈柔術に優越する柔道〉が、〈悪に優越する正義〉と重ね合わされている。

紳士の柔道。あるいは正義の柔道。柔術ブームの変調に伴う柔術イメージの悪化を論じた前章の内容を改めて想起すれば、ここに描かれた柔道へのまなざしはずいぶんと好意的にみえる。それでは、果たして柔道は、柔術を巡って吹き荒ぶ熱狂という名の暴風から逃れることができたのだろうか。そうだとすれば、安全地帯はどこにあり、またそこは本当に安全だったのだろうか。柔術を経由して柔道に寄せられた大衆の好奇心は際限なく拡大し、柔道をネタにしようとするメディアの視線はどんな隙間にでも入り込む。果たして柔術狂の時代において、柔道はアメリカ社会でどのような運命をたどったのだろう。

1　柔道のアメリカ初上陸

1―1　「柔道の代表者」

講道館130年の歴史において、十段位を許されたのは15名しかおらず、さらに嘉納治五郎が存命中に十段を認めたのはわずかに3名である。一人は磯貝一《いそがいはじめ》。この寝技の達人がいなければ、講道館の全国拡大は西の壁に阻まれていたかもしれない。磯貝の研鑽あってこそ、柔道は寝技の巧みな関西の柔術家勢に対抗し得る技術を得た。もう一人は捨身技を極めた永岡秀一《ながおかひでいち》。磯貝とともに1937年に十段位を授けられたこの不世出の柔道家は、東京高等師範学校（現：筑波大学）など高等教育機関での柔道教師を歴任し、誰からも愛される人柄に嘉納の寵愛のほども深かった。

そして、講道館四天王のその一、山下義韶《よしつぐ》（1865―1935）こそ、講道館初の十段位授与者である。けた外れの強さから「鬼横山」と称された横山作次郎《さくじろう》や、幻の大技「山嵐」の使い手としておなじみの西郷四郎《さいごうしろう》を差し置いて、山下が四天王の筆頭に置かれるのは、山下ほど嘉納から信任を得た柔道家はいないからだ。その信頼と評価の度合いの高さは、師に先んじて没した山下を悼んで嘉納が認《したた》めた「永訣《えいけつ》の辞」によく表れている。

> 君は予の門下にあること五十余年、その間終始一貫講道館の事業を助けもって柔道の発展に貢献したり。…（中略）…、東京におけるほとんどすべての重なる道場の教授に任じその成績を上げたるのみならず、また遠く海外に出でて柔道を指導し柔道の世界的普及の端緒を開けり。今日講道館は国内においては柔道の内容の充実を図り、海外に対してはその宣伝普及を策するの大方針の下に館員一同の一致協力を要望せり。この時に当って君のごとき予が特に信頼せる講道館最高段の門下を失いたるは予の最も遺憾とするところなり。[6]

まさにこの弔文が示すとおり、山下こそは柔道の海外普及の先駆者だった。

1865年に小田原藩の武術家の家に生まれた山下が講道館に入門したのは1884年だが、山下と嘉納の関係は嘉納が開成学校生だった時分にまでさかのぼり、嘉納塾を通じてその薫陶を受けていた。[7]嘉納も山下に全幅の信頼を寄せ、1886年には早くも講道館幹事に抜擢している。もちろん柔道の技量も抜群で、1885年には横山とともに警視庁柔術世話係に就任し、1887年には江田島の海軍兵学校でも柔道を教授した。さらに1889年に慶應義塾で柔道部が創部されると師範として招かれ、以後15年にわたって数多の部員を育て上げた。その中には、山下とアメリカをつなげた柴田《しばた》一能《いちのう》（1873―1951）もいる。

1901年からイェール大学に留学していた柴田は、当時シアトルで最も成功していた実業家の一人である古屋《ふるや》政次《まさじ》郎《ろう》（1862―1938）から、日本人柔道教師を探すように依頼された。[8]その発端は、グレートノーザン鉄道のCEOジェームズ・ヒル（James J. Hill: 1838-1916）の義息サム（Samuel Hill: 1857-1931）が柔道に興味を示したことにある。サムは日本人移民の鉄道人足を斡旋《あっせん》していた古屋に適当な指導者を打診し、古屋は柴田に話を持ち掛けた。そして打診を受けた柴田が強く推薦したのが山下だった。慶應時代、自宅に招かれるほど山下と懇意だった柴田は、「一世一代の大事業として海外殊に米国に講道館柔道を広め、聊《いささ》か嘉納師範に対する師恩報謝の一端に供したい」[9]という山下の宿願を常々聞いていたのである。

こうした経緯からみて、柔道を初めてアメリカに持ち込んだのは山下ではなく、柴田のような日本人留学生たちだったといえるだろう。しかし彼らにとって柔道は余技であり、趣味であった。山下の場合は事情が異なる。山下は柔道の専門家であり、渡米の目的もまた柔道の指導と普及にあった。こうして1903年9月22日、要請を受諾した山下は、太平洋の彼方へと雄飛する。38歳での挑戦だった。

一方、見送る立場となった嘉納は、米国滞在中の山下宛てに、後に次のような手紙を送っている。

今日は日本の柔道を御地に植付くるには大切の時期に付、…（中略）…、山下の今日の地位は、其柔道の代表者として、大米国に現れ候次第ゆえ、世人の注目するところとなる勿論《もちろん》のこと、又世界柔道の将来に、山下の一挙一動が関係を及ぼすという次第ゆえ、品行を慎み、交際に注意し、…（中略）…、拙者は何とかして山下をして単に柔道の技術上、価値を米国に示すのみならず、柔道により修行したる高尚なる人物として、米国に地位を得しめ度熱心の希望を有しおり候あいだ、…（中略）…、場合によれば、一ヶ月三ヶ月位ならば［嘉納］自身にも御地に出掛け、加勢いたし度と存え居り候。…（中略）…。ともかくも山下の終生の大事業として十分の成功を希望いたし候。[10]

かくして山下は、誰ならぬ講道館の創始者が認めた「柔道の代表者」として、偉大な師から寄せられた絶大な信頼に応え、その師恩に報いるべく、異国の地で奮闘の日々を送ることになる。

1―2　ハイブラウな文化

1903年10月8日、山下は妻の筆子と助手の川口三郎を伴ってシアトルに上陸し、さらにサムの案内でグレートノーザン鉄道に乗り、首都ワシントンDCを目指した。そして12月2日、満を持して山下はアメリカの紳士淑女の前に姿を現す。会場は、同地きっての名門校、フレンズ・セレクト・スクール（現：シドウェル・フレンズ・スクール）。集ったのは政治家や外交官、軍人などの60名の名士たち。会場には畳が敷かれ、山下たちは日本から持参した道着を着用し、柔道の妙技を披露した。ちなみに、この一件を報じた『ワシントン・タイムズ』（*The Washington Times*）によれば、前述のヒルは「山下の訪米の目的は公開形式の柔道興行を目的とするものではないが、…（中略）…、柔道の技を疑う者たちといつでも実戦形式で戦う準備がある」[11]と述べたという。このとき挑戦者は現れなかったが、しかし柔道もまた、後述するように、やがては柔術と同じく西洋格闘技との戦いに否応なく巻き込まれていく。

1904年を迎えると、山下がメディアに露出する回数は漸増する。理由は単純で、3月からローズヴェルト大統領への柔道指南が始まったからだ。ただし、当時はまだ柔道ということばは社会に浸透しておらず、このニュースを報じた新聞各紙のいずれをみても、柔道ではなく柔術と記されている。なお、ローズヴェルトはそれなりに熱心に柔道を学んだようだが、日露戦争の開戦直後という時期的状況に鑑みれば、大統領の柔道実践は、自らを知日家として演出するための一種の政治的パフォーマンスとしての意味合いが強かったと考えられる。

こうして山下の知名度は、大統領のインストラクターという肩書とともに跳ね上がり、その活動が記事にされる機会も増えていった。たとえば『ニューヨーク・トリビューン』（*The New York Tribune*）によれば、ハーバード大学ではタギ（Tagi）とヨコヤマ（Yokoyama）という留学生が柔道サークルを開いていたが、山下を指導者として迎え入れるにあたり、新たに40名の受講希望者が現れた、といったことがニュースになっている。[12] また、同じくハーバードでは、松方乙彦《まつかたおとひこ》や小泉浩という慶應義塾時代の教え子とともに柔道教室を開催し、イェール大学では柴田や小柴三郎が開いていたサークルにも参加している【2】。

この点で、アメリカにおける柔道の受容は柔術のそれと基盤を異にしていた。大衆社会に立脚し、それゆえ流行現象となった柔術に比して、柔道は当初より大衆社会から隔絶された上層社会で受け入れられていた。それは、そもそも前世紀転換期の段階においては、日本国内ですら柔道はかなりハイブラウな文化だったことと無関係ではない。[13] 講道館の創設から発展の初期において、嘉納は高等教育機関を柔道普及の要としており、そこで柔道を学ぶ機会を得た学生が、今度は留学先の大学に柔道を伝えたのである。それは日米の若きエリート同士による文化交流であり、それゆえにある種の特権性と閉鎖性を帯びていた。柔道はクローズド・サークルの中の文化だったのである。

けれども、こうした環境もまた、山下の登場によって変化していく。柔術への熱狂が高潮へと達する過程で、メディアは大富豪サム・ヒルが日本からわざわざ招いた柔道家の一挙一動を追うようになり、その視線は高等教育機関の内部にまでも潜り込むようになる。こうして山下の意図とは別に、柔道もまた大衆社会との接点を持つようになった。

このように大衆社会を素通りして、鳴り物入りでやってきた柔道に関するニュースには、柔術を巡る報道にはないひとつの特徴がみられる。それは、ハーバード大学での柔道の講習料が一人につき半期で100ドルに上ることが話題になると、「山下は札束に埋もれるだろう」[14] といった報道に顕著にみられる。これは、柔道に向けられた敵意というより、柔道が象徴する特権性への僻《ひが》みや妬《ねた》みの表れといえるだろう。もっとも、１９０４年を通じてこうした論調はそれほど目立つわけでもない。柔道へのあからさまな敵意が向けられるのもまた、柔術ブームが退潮に転じる１９０５年からのことである。

1─3　海軍士官学校

山下による柔道普及の白眉《はくび》といえば、なんといっても１９０５年2月に始まる、海軍士官学校での1年強に及ぶ柔道指導だろう。やっかみ交じりにメディアが伝えた年俸は１６６６ドル。当時の日本円で換算すれば約３３００円となるが、単純比較でみてこの額は帝国日本海軍の少将クラスの年俸に相当する。なお、参考までに、この頃アメリカの西北部で働いていた日本人移民の鉄道労働者の日給をみると、１・５ドルに満たない[15]。また、やや時代が下るが、１９１１年のアメリカ白人男性の平均週給は14・４ドル弱、世帯全体の年収でも８６５ドルである[16]。いかに山下の待遇が破格だったかがうかがい知れる。

この一件は１９０４年の9月頃から少しずつ話題になり始めるが、沸騰したのは12月に入ってからである。「［海軍士官学校校長の］ブラウンソンは、柔術の達人が学校で教える契約に署名した[17]」と報じる記事から、「山下はもうすぐ帰国し、彼を迎え入れるための交渉は決裂する[18]」と伝えるニュースまで、情報は錯綜した。

とはいえ、水面下ではスムーズに柔道の受け入れ準備が進められていたものと思われる。アナポリスでの柔道指導計画を推したのはセオドア・ローズヴェルトだったが、山下はサム・ヒルを通じて早い段階でローズヴェルトに謁見していたし、なにより大統領の傍らには信任の厚い帝国海軍中佐の竹《たけ》下勇《したいさむ》（1870―1949）が控えていた。海軍兵学校時代に山下から柔道を学び、在外武官として派遣後は大統領に柔道を教えていた竹下は、政府高官やアメリカ海軍の上層部にも顔が利いた。[19]

12月27日、竹下に伴われて山下はアナポリスに赴き、関係者ならびに報道陣を前に柔道を披露した。そこでは、大統領の肝煎りで同月4日に海軍長官になったばかりの実業家、ポール・モートン（Paul Morton: 1857-1911）を投げ飛ばす、という一幕もあったという[20]【3】。記者を常駐させての毎日の記者懇談会、スポークス・パーソンたる大統領報道官の登用、大袈裟な身振りでの演説スタイル、積極的な写真広報、精力的な地方遊説を通じた露出など、ローズヴェルトが創始した政府のメディア戦略は枚挙に暇《いとま》がないが、この演出もまた、世論操作に長けた大統領の発案とみて間違いないだろう。

実際、アナポリスで日本人柔道家がアメリカ海軍の長を投げ飛ばす、というパフォーマンスを前にしては、ほぼ同じタイミングで生じた、東勝熊によるNY市警での一件もかすんでしまう。〈ニューヨークは柔術を学ぶ〉、というパブリック・メッセージが東の出来事にあったとすれば、山下のパフォーマンスは、〈アメリカは柔道を学ぶ〉という意味がこもった、ある種オフィシャルな儀式だったのである。

1―4 「男勝り」な柔道

ところで、柔術が女性にも人気があったことは第2章でも記した。柔道もまた女性の関心をさらったが、柔術と柔道ではその位相が異なる。というのも、市井の女性たちがアーヴィング・ハンコックの『女性のための日本式身体鍛錬法』を片手に怪しげな柔術レッスンに励んでいる頃、上流階級の女性たちは贅沢にも日本人の直接指導を仰ぐことができたからだ。その中心にいたのは山下筆子である。筆子はただ夫に従って随行しただけでなく、自ら率先して道着に袖を通し、ワシントンＤＣの社交界で淑女たちに柔道を教えていた。

筆子のサークルには、ローズヴェルトの娘アリス（Alice L. Roosevelt: 1884-1980）を始め、元陸軍長官のスティーヴン・エルキンズ（Stephen B. Elkins: 1841-1911）の娘キャサリン（Katharine H. Elkins: 1886-1936）ら、政財界の大物の子女が集い、日々柔道を楽しんだ【4】。それはホワイトハウスにちょっとした柔道の流行をもたらすほどであり、また新聞各紙は驚きと好奇心をもって筆子を取り上げた。おそらく、柔道をたしなむ日本人女性という像は、か細く繊細にして従順という従前のステレオタイプな日本人女性像をどこかで覆すものだったのだろう。

ちなみに、筆子の「男勝り」の程は定かではないが、アリスやキャサリンら、筆子の柔道サークルに集ったメンバーが総じて「男勝り」だったことは見逃せない。乗馬や狩猟といった男性的なスポーツ文化を好むことから、「ホース・レディ」（Horse Lady）とも呼ばれた彼女たちは、ヴィクトリアン・モラルに縛られた因習的な女性像からある程度自由であり、またメディアがその「男勝り」な振る舞いを揶揄することは、彼女らの特別なステータスの逆説的な保証でもあった。いうなれば、「女だてら」に柔道をたしなむこともまた、特権的な行為だったのである。

もっとも、少なくともメディアで取り扱われる限りにおいて、上流社会の女性たちの柔道受容と大

1 「柔道対柔術」が掲載された『ティップ・トップ・ウィークリー』の表紙。

2 山下のハーバード大学での柔道教室の取材写真。丸抜き写真の人物は筆子。

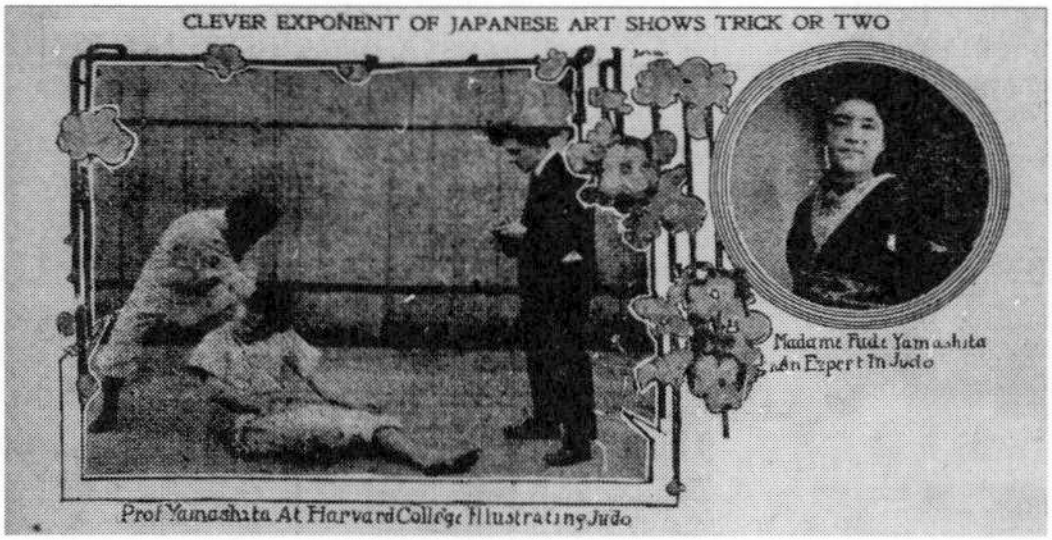

Jap Pigmy, Yamashita, Plays With a Giant

Secretary Morton's Six Feet of Manhood But Dough in Hands of Jiu-Jitsu Expert—Exhibit Causes Surprise.

A little yellow man, unimpressive in appearance, typical of his race, is the new Japanese instructor in the art of Jiu-jitsu at Annapolis. In this case appearances are deceptive.

In the presence of the President and a number of distinguished men the other day, Prof. Yamashita gave an exhibition of his powers. The lay subject with which he experimented was Paul Morton, Secretary of the Navy.

Secretary Morton is no small man, be it known. He is six feet high, if an inch, and broad and strong in a generous proportion. Beside the little man from Japan he towered like a giant.

But he was as tractable as a lamb. Yamashita handled him as he liked, with a mere pressure of the hand putting Mr. Morton at his mercy. The Secretary of the Navy yielded in smiling, but amazed astonishment.

Senator Lodge was one of the spectators of this remarkable exhibition, which took place in the President's office at the White House. With an astonishment that surpassed even that of the other spectators, he saw the Secretary of the Navy a helpless child in the hands of a pigmy.

"I was thinking of coming to your assistance, Mr. Secretary," he said, when the ordeal was over.

"Well, why didn't you?" the Secretary of the Navy retorted.

There was no good answer to this question.

PROF. Y. YAMASHITA.
He Will Initiate the Middies in the Mysteries of the Japanese Art Jiu-Jitsu.

3 ㊧海軍長官のポール・モートン。身長は190センチに近かったが、格闘技に秀でていたわけではなかった。㊨「『小柄』な山下が巨人(モートン)を弄ぶ」と題された記事。写真の人物は山下。

衆社会の女性たちの柔術受容に本質的な差はなかった。柔術が女性らしいプロポーションを作り出すためのはやりのフィットネスに過ぎなかったように、柔道は「男勝り」の女性像を演出するための小道具に過ぎず、つまり格闘技あるいは護身術としての要素は皆無だった【5】。別の言い方をすれば、20世紀初頭のアメリカにおいては、女性たちが格闘技や護身術を学ぶ喫緊の必要性自体が、そもそも僅少だった。

このような言い方をするのは、アメリカにおける女性と柔術・柔道の結びつきが、同時期のイギリスにおける女性の柔術受容と好対照をなすからだ。当時のイギリスでは、サフラジェット（Suffragette）と呼ばれた、ときに暴力をともなう直接行動に訴えることすら辞さない女性参政権運動家たちによって、柔術は盛んに摂取されていた。[21] サフラジェットの多くはアッパーミドルに属していたが、彼女たちは、「女らしい」身体を手に入れるためのエクササイズでもなければ、上流社会の女性に許された「男らしさ」の装いでもなく、武器を持たざる女性の武器として柔術を身に着けようとした。たとえば中心的指導者のエメリン・パンクハースト（Emmeline Pankhurst: 1858-1928）の側近、エディス・ガラッド（Edith Garrud: 1872-1971）は、谷幸雄や上西貞一《うえにしさだかず》らに学んだのち、自ら女性たちに柔術を指導している。その実戦的性格については、同じく上西の弟子だったエミリー・ワッツ（Emily Watts: 1867-1968）の柔術教本に一目瞭然だろう【6】。

翻って、アメリカにも前時代的な男性の庇護／支配から抜け出して活動する女性たちが全くいなかったわけではない。また、大西洋を挟んだ隣国におけるサフラジェットの活動に無関心というわけでもなかった【7】。しかし、当時のアメリカにおける女性参政権運動は組織力や政治性に乏しく、総

4　㊧ワシントンの社交界における女性の柔道ブームを報じた記事。㊨アリスが柔道に興じる様子を報じた記事。ただし、記事の見出しには柔術とある。

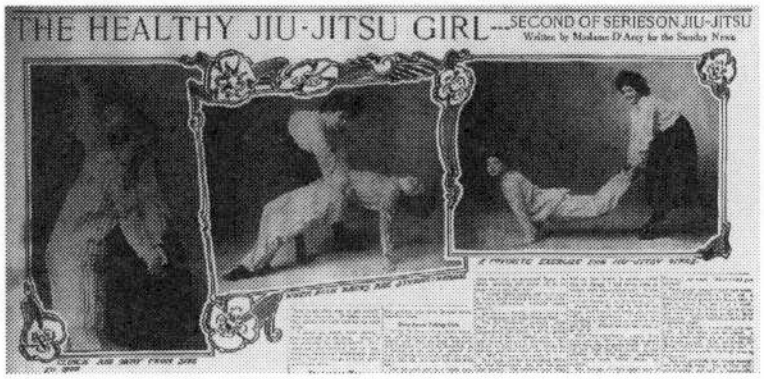

5　アメリカにおける女性と柔術の結びつきは、総じて健康法や美容体操という位相にとどまった。

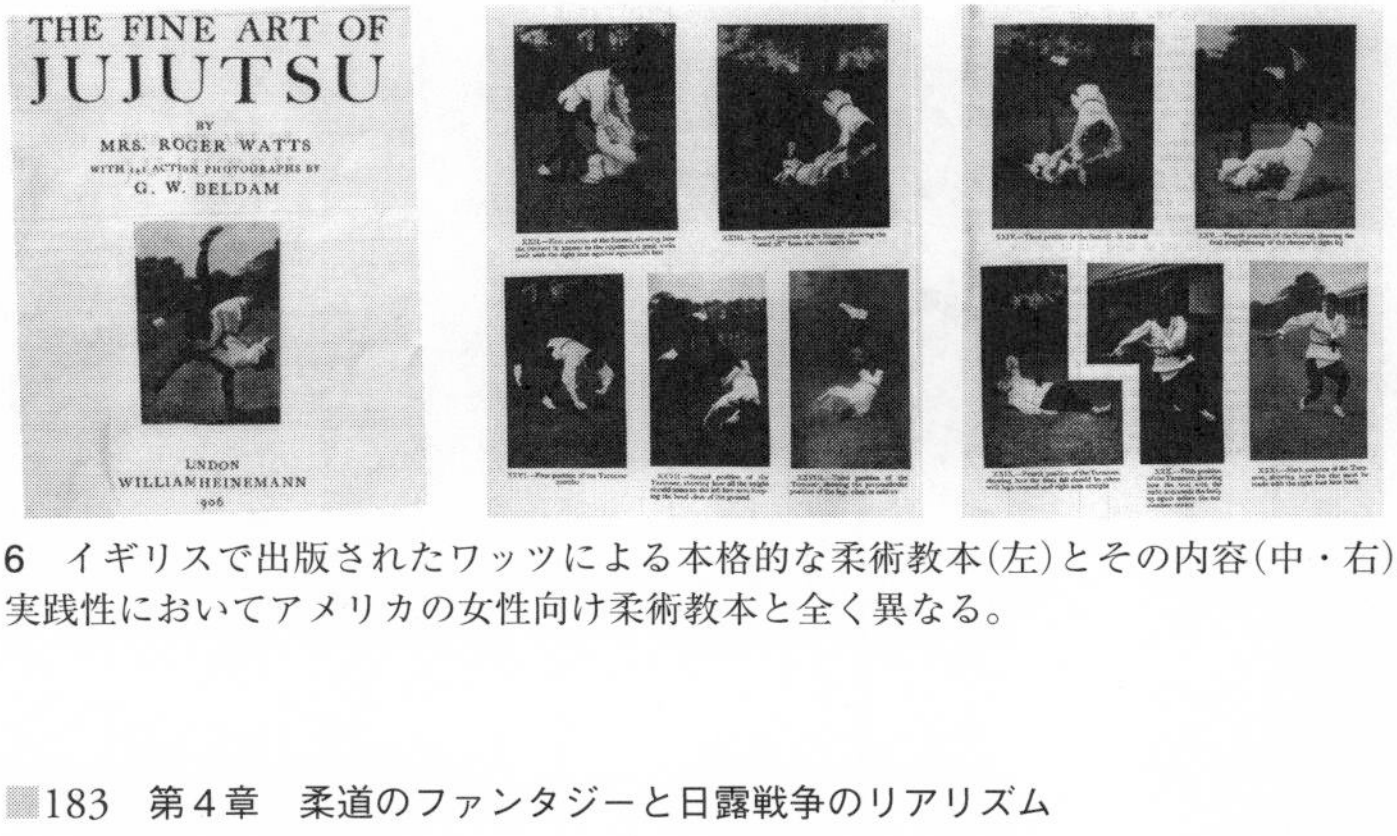

6　イギリスで出版されたワッツによる本格的な柔術教本(左)とその内容(中・右)。実践性においてアメリカの女性向け柔術教本と全く異なる。

じて不調あるいは低調だったのも事実だ。[22]「テロリスト」とさえ難じられたイギリスのサフラジェットたちが柔術に武器としての役割を求めるほどの急進性は、このときアメリカ側にはなかったのである。

あるいは、次のようにいってもよい。柔術が象徴する「男勝り」は、アメリカにおいては余暇空間としての舞台上にのみ存在していた。１９０４年7月から3カ月にわたって42回公演された、劇作家リチャード・カール（Richard Carle: 1871-1941）の脚本演出による『メイドとミイラ』（*The Maid and The Mummy*）、そして当時のアメリカを代表するベストセラー作家、ウィンストン・チャーチル（Winston Churchill: 1871-1947）が１９０５年に書き下ろしたコメディ劇『ザ・タイトル・マート』（*The Title Mart*）、これらの作品のハイライトは、勝気で陽気なアメリカ娘が柔術を駆使して男性を手玉に取るシーンだったのである【8】。

翻って筆子はどうだったか。彼女もまた舞台女優のように社交界を彩る華だったが、もの珍しさの対象以上にはなり得なかった。とはいえ、日本国内ですら女子が柔道をたしなむことがなかった時代性に鑑みれば、[23]筆子の業績をここに記さずにはいられない。ごく限られたクローズド・サークルの内部の出来事ではあったが、男子柔道と女子柔道は同時にアメリカに伝わったのである。

2　「柔道式柔術」という理解

2—1　第2陣の出撃

顔は浅黒く、小柄で気立ての良い日本人の紳士たちが今夜まで［ニューヨーク］市内にいるので気を付けたまえ。彼らを怒らせたら、あなたは背骨にヒビを入れられて雪の降りしきる路上に放り出されてしまうだろう。山下先生は柔術の達人で、大統領に小指を曲げるだけで骨を折る方法を教えている。富田先生は眉毛を使って鳩尾《みぞおち》に一撃を繰り出すことができるという。前田先生は足の親指だけであなたの腕を折ることができる。

彼らはいずれもコードーカン（Kodokwan）の出身だとか。日本人記者によれば、「そこでは多くのオカルト科学が教えられている。人を一時的に仮死状態にしたり、落下その他の原因で意識を失った人を回復させる技術は、そこでの生理学的指導の最も独特な特徴だ」そうである。[24]

いかにもの誇張に満ちたこの記事が、イエロー・ペーパーの『サン』（*The Sun*）に掲載されたのは、1904年12月22日のことである。それでは、「富田先生」と「前田先生」とは誰だろうか。

「富田先生」とは、山下と並ぶ講道館四天王の一人、富田常次郎（1865—1937）を指す。嘉納は富田を嘉納塾の舎監に任命するなど全幅の信頼を寄せており、富田はその期待によく応えた。[25]また、『講道館修行者誓文帳』の先頭に名前が記されていることから、富田こそを最初の講道館の門人とみなすこともできるだろう。さらに、実力は四天王の中では見劣りするものの、確かな学理と見識を備えていた富田は、郷里である静岡県の韮山《にらやま》に設置された講道館の分場を任されたほか、1891年から足掛け13年にわたって学習院でも柔道を教授していた。いわば、富田は山下に並ぶもう一人の

「柔道の代表者」であり、またこの両名をアメリカに送り出した嘉納は、講道館初の柔道の海外進出を成功させるために、自らの両腕を捧げたに等しい。

そして、だからこそ嘉納は万難を排すべく、山下と同い年で不惑に近い富田に補佐役を付けた。それが「前田先生」、つまり前田光世（当時は栄世《ひでよ》）である。[26] 青森県中津軽郡の船沢村《ふなざわ》（現：弘前市《ひろさき》）に生まれた前田は、１８９６年に上京して早稲田中学（現：早稲田高校）に入学、さらに翌年には講道館に入門した。もともと郷里で本覚克己流《ほんがくこっきりゅう》柔術を学んでおり、相撲も強かった前田は、柔道でもその才能をいかんなく発揮し、１８９７年の入門からわずか1年半の１８９９年の1月には初段となり、さらに同年中に二段へと昇段する快挙を達成している。

ちなみに、山下は１９０４年10月に当時の最高段位だった七段に昇段したが、富田は五段、前田は三段だった。しかし嘉納は、渡米に先立って富田と前田をそれぞれ六段、四段に昇段させている。それでもなお彼らの段位は山下には及ばないが、そこには富田と前田を合わせて十段にするという思惑があったようだ。いかにも嘉納らしい采配というべきだろう。

ともあれ、山下に続く柔道普及の第2陣がシアトルに着いたのは１９０４年11月16日のことである。その後、アナポリスでのお披露目会を控えていた山下と合流して彼らがニューヨークを訪れたのが、冒頭に記した記事の日付、12月22日だった。この日付に運命めいたものを感ぜずにはいられない。なぜなら、くしくも同日、ニューヨーク市警で東勝熊が警察官を投げ飛ばしていたからである。富田と前田、さらに山下は、全米随一のメトロポリスで柔術への熱狂が沸点に達する、まさにその瞬間に立ち会っていたわけだ。

のようになる。柔道については日露戦争の終結した1905年にまで遡って考えるとわかりやすいので、

2―2　紳士・受身・活法

年が明けて1905年になると、柔道への関心の度合いは俄然勢いを増す。その要因は大きくふたつあるだろう。

ひとつは海軍士官学校での柔道指導というニュースのインパクトである。ローズヴェルトが柔道を学ぶというニュースは、知日派の大統領を印象付けるためのイメージ戦略の次元にとどまるものだったが、海軍の直轄機関で士官候補生が柔道を学ぶというニュースは、より直接的に日露戦争のリアリズムに支えられていた。そのことは、旅順包囲戦において「白兵戦が生じる可能性が戦前の想定よりもはるかに高い」[27]ことが分かったいま、「武器の扱いに関する優れた知識と特筆すべき俊敏性によって敵を打ち負かす」[28]日本軍に倣って、「個人的な遭遇戦においてその有効性を証明するような［柔道の］練習を士官候補生に施す」[29]べきだ、などと報じられたことからもわかるだろう。「アメリカは日露戦争に学ぶことがある」[30]、という表現は、決して大仰ではなかった。

もうひとつは柔道の新奇性である。柔術にまつわる情報は1904年を通じて言説空間を席巻し、新年を迎える頃には既に飽和状態に達しつつあった。翻って柔道は、いささか食傷気味になった大衆の柔術への興味を再び活性化させ、ひいては柔術ブームを延命させるためのスパイスともなったのである。1月4日付の『タイムズ』には、「柔術の後に柔道が来る」[31]と題した記事が掲載されたが、まさに言い得て妙だろう。

ところで、柔道はどのような文化として報道されたのだろう。典型例を幾つか挙げてみたい。まず

は1905年1月2日付の『タイムズ』に掲載された、山下の談話記事である。

山下師範は語る。柔術しか知らない者は、不本意であれ柔術を残酷に利用し、被害者を回復させる方法を知らないだろう。柔道は身体についてより高度に考究する。全ての筋肉と靭帯《じんたい》は極めて微に入り細を穿《うが》って研究されており、その科学によって、相手を「廃業に追い込み」、かつ相手を「復元する」ことができる。[32]

続いて、少し時期がずれるが、4月に掲載された富田の談話を紹介しよう。

昨日［1905年4月5日］、富田師範が報道関係者のために公演会を開催した。冒頭の挨拶《あいさつ》で、彼は、この国には柔術に対する誤った印象が存在すると語った。［日本において］柔術はほぼ絶滅しており、また野蛮である。［翻って］本物の護身術は柔道だ。柔道とは「紳士の技」という意味である。師範によれば、柔術は350年前、日本で部族間の争いがあった時代に開発されたという。…（中略）…。

師範によれば、柔道で最初に学ぶべきは「柔らかく落ちる」ことである。このことを、富田師範は、助手の一人を空中で回転させ、マットの上に投げつけるという方法で説明した。師範はいう。「何でもないことだ。非常に恐ろしいようにみえるが、彼は何も［痛みを］感じていない」と。[33]

どちらの記事でも、柔術と柔道の差異が論の焦点となっている。それも単なる差異の提示にはとどまらず、明らかな柔道の優位が説かれている。その根拠となったのは、技術的な優位性、特に活法および受身の技法の優劣と、紳士的性格の有無だった。つまり、野蛮で残酷な柔術に高貴で安全な柔道を対置させることで、〈柔術に優越する柔道〉という理解が導かれたことになる。これは、「日本でのディック・メリウェル――柔道対柔術」で描写された柔術と柔道の関係と同じだ。

2―3　怪しげな柔道言説

〈柔道は柔術よりも紳士的であり、技術的にも洗練されている〉。こうした柔道理解は、あたかも正しいようにみえる。当時はまだ柔道がアメリカでほとんど知られていなかったことに鑑みればなおさらだ。けれども、情報の発信源をたどると見方は大きく変わる。前節に引き続き、幾つかの記事を取り上げてこの点を探ろう。

まずは、西海岸から1905年2月に『サンフランシスコ・コール』(*The San Francisco Call*) 紙に掲載された記事を取り上げたい。

数多ある柔術の中で唯一の公式の柔術は、日本の高等教育機関の長である嘉納治五郎が最近編み出したシステムである。日本では柔術は紳士のもので、賭け試合に出場するような身分には所属していない。従って、柔術の権威として認められた人物〔嘉納〕がかの国で主導的な教育者だというのも、もっともなことだ。…（中略）…。

アメリカ人の初学者に教えられている〔アメリカの〕柔術学校での柔術は、一見して知的にみえるが、嘉納のシステムに比べればどうしようもなく見劣りする。劣った柔術が300もの技を持つのに比べて嘉納のそれにはたった160の技しかないが、嘉納はアングロサクソンのボクサーやレスラーだけでなく、自国の古式の柔術使いにも十分太刀打ちできると考えている。[34]

前半を読むと正しいようにみえるが、後半になると怪しげな主張も垣間見える。また、柔道という表記も見当たらない。どうやらこの記事は、巷《ちまた》にあふれる真偽不明の情報を寄せ集めて構成されたもののようだ。そして実際には、このような怪しいニュースが言説空間の大半を占めていた。

さらに厄介な事態も生じていた。それは、柔道を語る柔術家の出現だ。一例を上げよう。以下は、スポーツ紙『ガゼット』におけるK・サイトウの連載からの引用である。

柔道とは、あなたたち〔アメリカ人〕が柔術とみなす、日本で何百年も前から続く様々な「身体文化」のシステムを組み合わせて発展させたものだ。そのうち幾つかは護身用であり、また別の幾つかは攻撃用だが、多くは健康と頑健さの維持のための鍛錬を目的とする。

領地同士の交流が少なかった昔の日本では、地方ごとに特定の柔術のフォームがあった。嘉納治五郎は、より近代的な状況が到来するに従って、地域ごとの様々なアイデアを検討し、組み合わせる機会を得た。彼は幾年も研究に励み、その結果、どこよりも優れたシステムが出来上がったと自負している。…（中略）…。

不幸なことに、一部のアメリカ人が、一級や二級程度の人物を幾人か景気よく取り上げて、彼らを専門家のように祀《まつ》り上げているが、実際のところ彼らはアマチュアや初心者と呼ばれる程度の連中ばかりだ。彼らは私たちのシステムに関する知識を少しは知っているかもしれないが、独立して教える資格を得る段階にはまだ達していない。[35]

この記事でもまた、それなりに説得力のある議論が展開されている。しかし、最も読者の目を引くのは、「柔道、壊し屋の勝負」('Judo, A Bone Breaking Game') という記事のタイトルである。しばしば柔術家が「壊し屋」(Bone Breaker)、柔術が「壊し屋の技術」(Art of Bone Breaking) と呼称されていたことは第1章で論じたが、柔道は柔術家の語りに回収され、そして彼らが説く柔道は、確かに〈柔術に優越する柔道〉でありつつも、どこかしら違和感を拭えないものだった。

2―4 『カノウ柔術(柔道)大全』

ここで、柔術家が語る柔道の中でも極め付きの1冊の教本を紹介したい。それこそ、本書の序論に登場した『カノウ柔術(柔道)大全』(*The Complete Kano Jiu-Jitsu(Jiudo)*) である。作者はアーヴィング・ハンコックと東勝熊だが、内容に臨む限り、実質的には東の単著である【9】。それでは、一躍話題となったこの教本において、希代の「雄弁家」はいかに柔道を語った、否、騙《かた》ったのだろうか【10】。

まずは序文をみてみよう。「柔術もしくは柔道は、日本では紳士の技である。従って、嘉納治五郎先生の努力によって最高に進化した日本古来の戦闘スタイルが今日に至ることは驚くに値しない」[36]。「柔術もしくは柔道」というそっけない表現こそ、欺瞞《ぎまん》の核心だ。序文を読む限り、読者は柔道を柔術の一種としか理解できない。別の言い方をすると、〈柔術に優越する柔道〉は、〈無印の柔術に優越する柔道式柔術〉として理解される。

　意図的に読者をミスリードする記述は他にもある。「現在アナポリスで士官候補生に教えている私の『同輩』（confrère）のそれと同様のあらゆる技術を、［読者はこの教本の中に］見つけることができるだろう」[37]、という一文がそれだ。巧妙にも東は、わざわざ「同輩」と強調することで山下と知己の間柄にあるかのように装いながら、しかし決して山下の山下という個人名を明かさない。ちなみに、東が山下ら柔道家たちとの間に親交があった可能性は極めて低く、たとえそうだとしても両者は決して「同輩」と呼べる間柄にはなかった。

　続いて同書の核となる図解の項をみてみよう。そこでは、嘉納が選定したという１６０の技が約５３０頁にわたって紹介されている。特筆すべきは受身と活法の解説で、それぞれ巻頭と巻末を飾った【11】。こうしたあざとい演出は、先に述べた通俗的な柔道理解を反映してのことだろう。とはいえ、こうした演出もまた、所詮《しょせん》は付け焼刃でしかない。それは、一本背負投の図解に一目瞭然だ【12】。写真から分かるように、投げられる側の手の平を上に返してつかむ危険な投技は、修行上の安全を目指した講道館の柔道ではあり得ない。

　『カノウ柔術（柔道）大全』は真っ赤な「ニセモノ」だった。東らは、柔術や柔道を取り巻く幻想を巧みにすくい取り、適当なコラージュとパッチワークを施し、それらしく見せかけたに過ぎない。け

7　㊧「奇妙で滑稽なロンドンのサフラジェット」と題された記事。当時のアメリカにおいてサフラジェットの活動は対岸の火事だった。㊥㊨アメリカでも柔術とサフラジェットとの結びつきは盛んに紹介された。

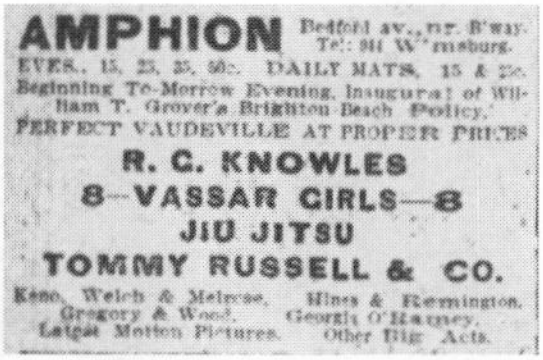

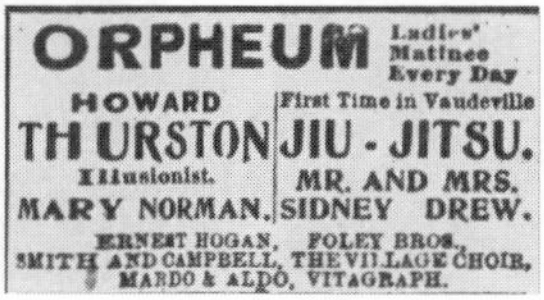

8　㊧『メイドとミイラ』、㊥『ザ・タイトル・マート』の主演女優のスナップ。㊨新聞広告(上下２枚)。女性の柔術ショーはヴォードヴィルのポピュラーな演目のひとつだった。

9　㊧『カノウ柔術(柔道)大全』中の東とハンコック。

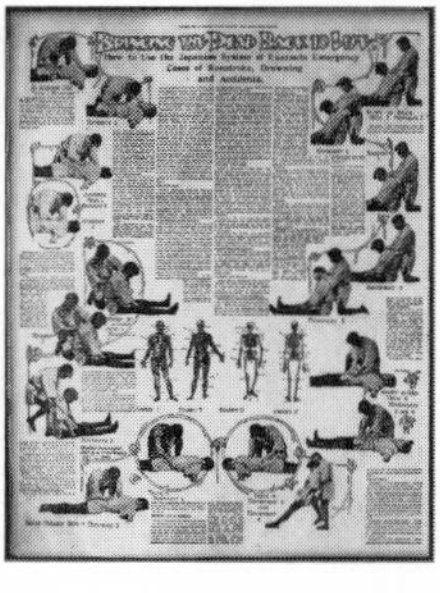

10　㊨『カノウ柔術(柔術)大全』は話題書となり、幾度も新聞紙上で紹介された。この記事は、教本中の「活法」の特集。

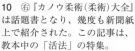

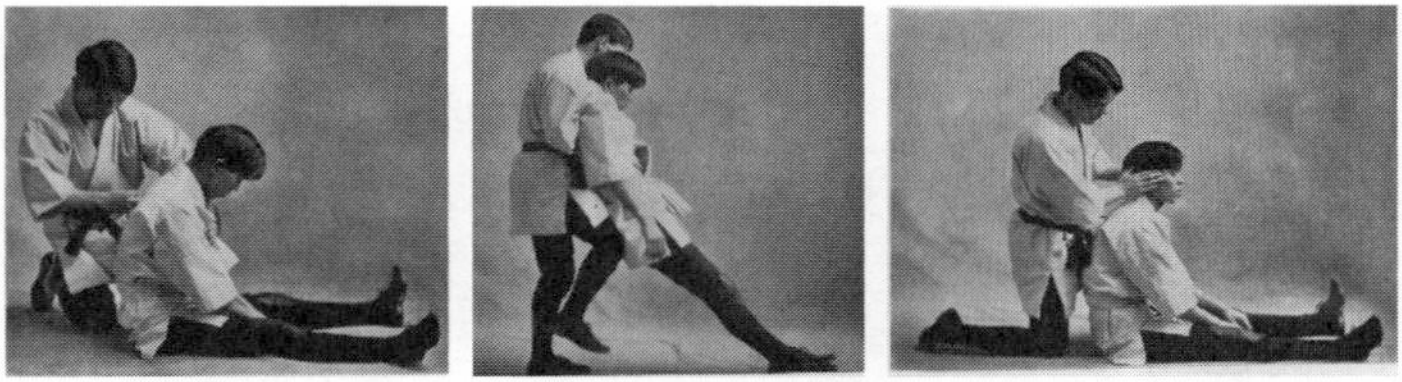

11　㊤活法の図解写真。施術者は東勝熊。㊦受身の図解写真。向かって左が東勝熊。

12　一本背負投の図解写真。投げられる側の手の平が上向きになっており、肩と肘の関節が極まっている。

JIU JITSU EASY
TO WEST POINTERS

JAPANESE CHAMPIONS COME
OUT SECOND BEST

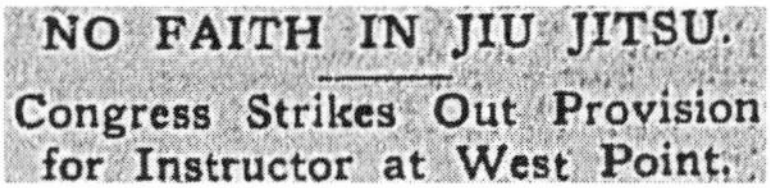
NO FAITH IN JIU JITSU.

Congress Strikes Out Provision
for Instructor at West Point.

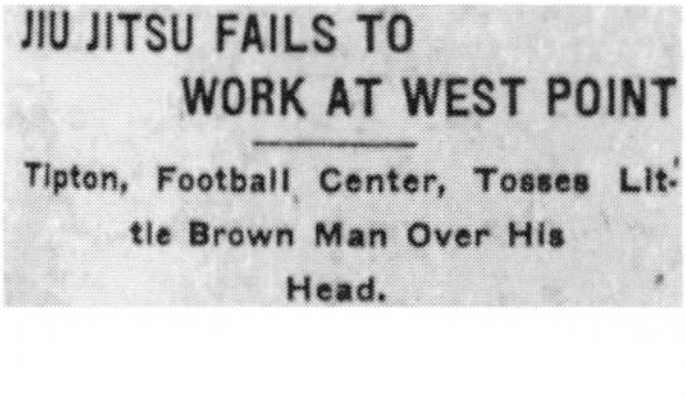
JIU JITSU FAILS TO
WORK AT WEST POINT

Tipton, Football Center, Tosses Little Brown Man Over His Head.

13　富田の敗北を報じた新聞各紙(見出し)。確認できただけでも、全米で40紙以上の新聞がこの一件を報じた。

れども、そのメッキをこれ以上はがすことはやめておこう。なぜなら、ここで大事なことは、虚偽をあれこれ暴露することではなく、「ニセモノ」が生み出されたという事実そのものだからだ。

柔術ブームの熱狂の源泉のひとつは、〈柔術という驚異をみたい〉、という大衆の欲望にある。そうである以上、『カノウ柔術（柔道）大全』はある意味で大衆の欲望の凝集物だ。別言すれば、同書の真の作者はハンコックでも東でもない。どれほど商売が巧みだろうと、彼らは欲望の依《よ》り代《しろ》に過ぎない。流行下で生み出された柔術への幻想は際限なく膨らみ、膨張した幻想は柔道という接ぎ木を得て、遂に柔道式柔術として結実する。夢の整合性を追及することに意味がなく、しかし夢そのものが無意味ではないように、『カノウ柔術（柔道）大全』の真贋を見極めることにも意味がなく、しかし「ニセモノ」に込められた幻想には意味がある。

3　富田の無念・山下の奮闘

3―1　ふたつの幻想

柔術幻想の果てにある柔道式柔術。妥当性は別として、そこには〈柔術に優越する柔道〉という理解があった。しかし、柔道式柔術は、あくまで既存の柔術理解の延長線上にしかない。そうである以上、柔術狂の時代を巡る変調の大波に、柔道もまたさらされることになる。あるいはこうもいえるだろう。大衆の欲望はふたつの幻想の狭間を揺れ動いていた。〈驚異の柔術〉の究極形たる柔道式柔術という幻想は、その一方の極に過ぎない。それではもうひとつの極は何か。それは、柔術も柔道も一《ひと》絡《から》げにして〈柔術の脅威〉とみなし、その脅威をアメリカの正義と対置させることである。前章の内容を引き継ぐならば、〈レスリング（アメリカ）は柔術（日本）に勝る〉という言説のうちに、柔道もからめ捕られていく。

ここで再び、１９０５年の初頭に戻ろう。この時期から柔術とレスリングの対決の機運が急速に盛り上がったことも前の章で述べたが、それと平仄《ひょうそく》を合わせて、たとえば1月29日付の『ニューヨーク・トリビューン』では、士官候補生が「山下を倒すべく、よく練られた戦術で立ち向かった」[38]と伝えられ、あるいは2月3日には、富田が「誰の挑戦でも受ける用意がある」[39]と公言していると報じられた。なお、こうしたニュースは東海岸だけにとどまらず、『サンフランシスコ・コール』でも、２月17日のプリンストン大学で「１千人の学生が見守る中で前田が体操教師に戦いを挑まれた」と記事になっている。[40]とはいえ、これらのニュースはいずれも散発的なもので、それほど話題になったわけでもなかった。

しかし、2月21日に起きた出来事で様相は一変する。全国各紙がこぞって、そしてかなりの悪意をもって取り上げたその出来事とは、ウェストポイントにおける富田常次郎の敗北だった【13】。

1月28日付の『タイムズ』によると、大統領からモーガンおよび陸軍大臣のウィリアム・タフト（William H. Taft: 1857-1930）に、陸軍士官学校で柔道の受け入れの準備をするよう通達がなされたという。[41]この記事に基づく限り、アナポリスにおける柔道指導の計画とウェストポイントにおけるそれはほぼ同時に進行していたようだ。しかし、陸軍士官学校における柔道の受け入れはこの時点ではまだ確定していなかった。２月21日に富田と前田がウェストポイントに招請されたのは、「この日本式の方法〔柔道〕を学校のカリキュラムに組み込むことの適否を判断[42]」するべく参集していた陸海軍両士官学校の調査委員会の面々に柔道の妙技を披露するためであり、その場にはニューヨーク総領事の内田定槌《さだつち》（１８６５―１９４２）が臨席したほか、大勢の取材陣も入っていた。

ここで富田は、学生フットボールで鳴らす若く屈強な士官候補生たちと戦い、敗北した【14】。なお、前田の述懐によると、それは現場で唐突に組まれたとされるが、とはいえ状況に鑑みれば予想外の出来事だったとはとても思えない。ともあれ同日付の『タイムズ』によれば、「〔士官候補生は〕瞬間にフットボールの技で柔術を打ち負かした。この巨漢〔の士官候補生〕は一度も投げられることなく、針金のような日本人〔富田〕の肩を３回マットに付けた[43]」という。

３―２　「オフィシャル」なテスト

この一戦が報道どおりの展開に終わったのかは分からない。たとえば、補論１で紹介した柔術家の矢部八重吉は、取材に応じて次のように述べ、富田を擁護している。やや長いが引用しよう。

富田氏の明らかな敗北は、しかし柔術家の観点からみて敗北では無かった。…（中略）…。総がかりで日本人〔富田〕を打ち負かそうとしたうちの最初の男は、足首をねん挫した。二人目は少しましだったが〔攻撃は〕失敗した。そして、３番手に登場した「ブル」ことティプトン、ウェストポイントが誇る体重２００ポンドのクォーターバックは、１０５ポンドの日本人をマットに押し付け、観客とマスコミは拍手喝さいした。実は、40歳を過ぎたわずか105ポンドの日本人は自ら床に倒れ、相手の体を頭と肩に乗せて絞め、相手に服従を迫っていた。その試みに彼〔富田〕は失敗したが、そのことを不思議がるべきだろうか？　護身術の科学的知を利用して、怪我を負わせることなく体重と体力が2倍の相手を倒すことができる105ポンドの男性を、どこで見つけることができるだろう？　富田が「死の接触」（death touch: 致命傷を与える打撃技）の使用を許可していたら結果は違っていただろうが、もしそれを敢行すれば、友好的なコンテストで彼に嫌悪感と不名誉を与えてしまっただろう。[44]

矢部の主張のとおりだとしたら、試合を巡る報道にはかなりの偏向があったことになるが、それはともかくとして、「私たちの未来の将軍たちは柔術など恐れない」[45]「柔術家にとってフットボーラーは荷が重すぎた」[46]「陸軍士官候補生にとって柔術など楽勝」[47]「柔術は信頼を失った」[48]といった各紙の記事が、〈レスリング（アメリカ）は柔術（日本）に勝る〉という言説に掉さすものだったことは間違いない。しかも、富田の敗戦は、陸軍士官学校というオフィシャルな場所で起きた出来事であるがゆえに、こうした言説に相当の説得力を付与することとなった。たとえば、フィラデルフィア在住の20代のアスリートが柔術家に殺された、というゴシップ記事を前章で紹介したが、そこには、わざわざ次のような一文が添えられている。

先日、ウェストポイントのフットボールのチャンピオンが、まるで捕まえられたばかりのセブ島の猿のように引っかいて腕をつかんで蹴る、日本の技術の使い手［富田］を追いやったとき、柔術の誇りは激しく揺さぶられた。この一件で、東洋式の技術から、新米兵士に講習を提供するための政府算出予算が奪われたのだ。[49]

〈レスリング（アメリカ）は柔術（日本）に勝る〉という言説の大半は、真偽や出所不明の怪情報や場末の見世物試合の模様をかき集めて構成されていた。つまり、それ自体が幻想のようなものだ。翻って富田の敗戦は、その幻想が現実に基づくという裏付けを与える役割を負ったことになる。柔術ブームの終焉の決定打となったのは東vs.ボスナーだったが、その前奏曲となったのが富田の一戦だったといえるだろう。それは、「公的＝パブリックなテスト」に先んじて行われた、〈公的＝オフィシャルなテスト〉だったのだ。

3―3　敗戦の後に

ウェストポイントでの衝撃がもたらした余韻の冷めやらぬ3月8日、今度は前田光世がニューヨーク・アスレティック・クラブで一敗地にまみれた。対戦相手は地元レスラーのジョン・ネーシング（John Naething: 生没年不詳）である。なお、当時のスポーツクラブは、自らの権勢を誇示するために、有名なアスリートを広告塔として囲うことが多く、ジョージ・ボスナーもその一人だったが、ネーシングはそのような立場ではなかったようだ。[50]スポーツクラブは、やはり示威を目的にスポーツのイベントやショーを頻繁に開催しており、おそらくこの試合も、そうした類の見世物として行われたのだろう。

試合は、例によって両者が柔術着を着用しつつ、レスリングのフォールも認めるという形式で行われたが、その模様は次のように報じられた。まず、前田は序盤を有利に進めたが、「それは、ネーシングが日本の着物を着用するというハンディキャップを負っていた」[51]からであり、また「ネーシングは日本人の驚くべき足運びを知らない点でも不利だった」[52]。そして、ついにネーシングが前田を「マットに這《は》いつくばらせ」ると、「体育館に詰め掛けた観衆から大歓声の嵐」[53]が巻き起こった。こうした〈不利を乗り越えて勝利をつかむレスラー〉、というこの論調は、東とボスナーの一戦を巡る報道と瓜ふたつだ。前田vs.ネーシングは、東vs.ボスナーの前哨戦《ぜんしょうせん》とみなすことができるばかりでなく、試合を巡る報道姿勢の雛形《ひながた》がこの時点で既に完成していた、ともいえるだろう。

こうして、1904年の年末に意気揚々とアメリカに乗り込んだ富田と前田は、渡米からわずか3カ月足らずで窮地に陥った。プリンストン大学やコロンビア大学などで定期的に行われていた講習会や公演会は相変わらず盛況であり、また二人は道場も経営していたようだが[54]、肝心の陸軍士官学校での柔道指導計画は白紙撤回となり、また柔術や柔道への関心の低下とともに、彼らはだんだんとじり貧に追い込まれていく。そんな彼らのニューヨーク最後の舞台は、1906年2月7日に開催された、コロンビア大学での興行だった。実業家のエドワード・ハリマン（Edward H. Harriman: 1848-1909）主催のこのイベントは、柔道の単独公演ではなく、柔術家や力士団の日本人一座と一緒になって行われた一種のサーカスであり、富田らも600名の観衆の前で剣劇のパフォーマンスを披露したりしている。[55]

それからひと月ほどのち、富田と前田は拠点をイリノイ州のシカゴに移し[56]、この地から二人は別々の道を歩むことを決めた。詳細は第5章で述べるが、1905年を通じて異種格闘技試合に活路を見出すようになった前田は、さらなる新天地を求めてヨーロッパを目指した。補論3でも示したように、日露戦争が終結してなお、ヨーロッパでは柔術狂時代が続いていた。一方の富田は、日本人移民の多い西海岸に移動し、ワシントン州のシアトルでさらに5年を過ごしている。再び日本の土を踏んだのは、1911年の末頃のようだ。

その後、富田は赤坂溜池《ためいけ》に東京体育倶楽部を設けた【15】。建坪300坪を誇ったこのクラブでは、柔道場はもとより、ボクシング、重量挙げ、射撃などの練習施設も併設されていたという。しかし、当時の日本では珍しかったこの巨大な室内複合スポーツ施設を後世に伝える史料はほとんど残存していない。1923年の関東大震災で建物が焼失したからだ。従って、いささか臆測めいた話になるが、もしかしたら富田はこのユニークな施設の発想をアメリカ時代の経験から得たのかもしれない。この点を含めて、在米当時の富田の活動には、まだまだ多くの謎が残されている。

3―4 「パブリック」なエキシビション？

ところで、陸軍士官学校における富田の敗戦は、海軍士官学校で地歩を固めていた山下には影響を及ぼさなかったのだろうか。奇妙なことに山下は、富田の一件から10日後の3月2日、急遽《きゅうきょ》ホワイトハウスに呼び出されている。用件は、「［柔道とレスリングの］どちらが優れているか心配になった大統領の画策[57]」で、ワシントンDC界隈を根城にする地元レスラーのジョー・グラント（Joe Grant）と一戦を交えることだった。つまり、1904年末に〈オフィシャルな儀式〉を済ませていたはずの山下をして、改めて「公的（オフィシャル）なテスト」をクリアする必要に迫られたわけである。なお、この試合を山下は引き分けで乗り切ったが、もし山下がこのとき失態を犯していれば、富田の敗戦とは比較にならないほどメディアは騒いだことだろうし、ひいてはその時点で海軍士官学校での柔道指導が打ち切りとなる可能性すらあったろう。

1903年の秋から活動を始めていた山下は、流行の正体を熟知していたのだろう。クローズド・サークルの外に身をさらす危険をほとんど冒さなかった。「柔道の代表者」は、「一挙一動が関係を及ぼすという次第ゆえ、品行を慎み、交際に注意し」、という嘉納の教えに忠実だったのである。そんな山下だが、1905年6月30日に、ワシントンDCのラファイエット劇場で一度だけ大掛かりな一般向けの柔道公演を行っている【16】。現地新聞の告知広告によると、見物料は最も高い席でも1ドル、以下、75セント、50セント、25セントだった。この価格帯はボードヴィル・ショーの平均的な見物料であり、決して高額ではない。山下は、弟子の川口三郎、留学生の小柴三郎、妻の筆子、さらに1905年4月に渡米していた講道館の大野秋太郎（1876―1942）を交えて妙技をみせ、その模様は「初の公的なエキシビション」（First Public Exhibition）として大々的に報じられた。

しかし、このエキシビションには別の側面もあった。来賓席に顔をみせたのは、別用で欠席した駐米公使の高平小五郎を除く日本公館の職員たちであり、アメリカ側の賓客は「全員が親日家」[58]だった。また、実演に先立っては日露戦争における日本の戦勝を記録した写真の幻灯会が開催された。この点で、1905年6月は、セオドア・ローズヴェルトの勧告のもとで日露両国が講和に向けて動き出す

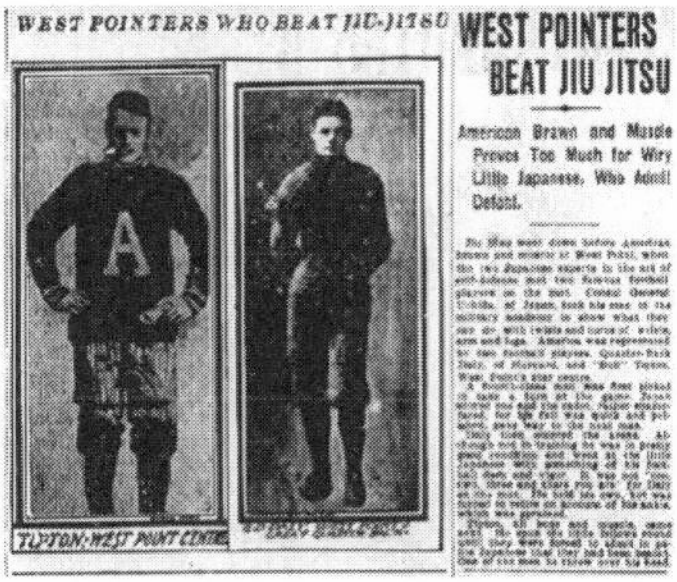

WEST POINTERS BEAT JIU JITSU

American Brawn and Muscle Proves Too Much for Wiry Little Japanese, Who Admit Defeat.

14　わざわざ富田を倒した2名の士官候補生の写真を添えた『イブニング』の記事。向かって左側がティプトン。チームの花形クォーターバックだった。

15　東京体育倶楽部での乱取稽古の様子。

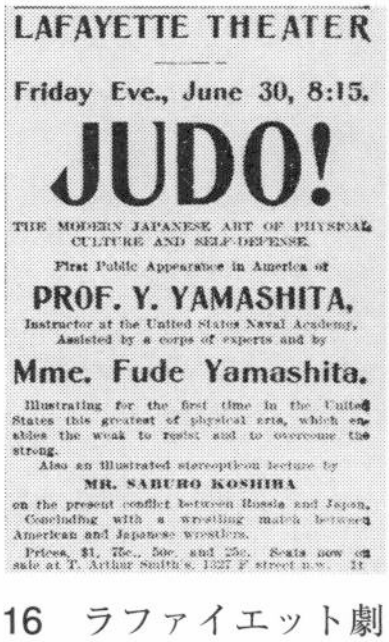

Exhibition of Judo.

Prof. Y. Yamashita, instructor in the Japanese art of judo at the United States Naval Academy, will give his first public exhibition in America at the Lafayette Theater next Friday evening. Prof. Yamashita has been importuned on numerous occasions to give a public performance of this modern system of physical culture and self-defense, but has always declined. He has given several private exhibitions in Washington under the direction of Mr. Samuel

PROF. Y. YAMASHITA.

Hill, and numbers among his pupils President Roosevelt, his two sons, Theodore, jr., and Archibald, and numerous other persons prominent socially in the city.

The performance at the Lafayette will be a practical demonstration of what can be accomplished from the study of judo, illustrating, as it will, the various formulas for attack and defense. Assisting Prof. Yamashita will be Mme. Fude Yamashita and a corps of skillful Japanese assistants. In conjunction with the judo exhibition, Mr. Saburo Koshiba will give an illustrated lecture on the Japanese-Russian war.

Prof. Yamashita is five feet two inches in height and weighs 135 pounds. Among his pupils in Japan before he came to America were two sons of the mikado, who are now commanders in the Japanese navy.

16　ラファイエット劇場での公演広告(左)と告知記事(右)。

時期であり、従って山下によるこの公演が、単なる一般向けの柔道のお披露目会だったと考えるほうが不自然だろう。「公的（パブリック）なエキシビション」は、実際のところ相当に政治色の濃い、ある意味でオフィシャルに近い公演だったのだ。

ちなみに山下夫妻は、ポーツマス講和会議のただ中の8月24日に開催されたチャリティ・イベントにも招聘《しょうへい》されている。[59] この企画もまた、地元の病院への支援事業という名目とは裏腹に、日米露の要人を招いての交歓接待を目的とするオフィシャル・イベントであり、山下は日本側の出し物として柔道を披露した。山下のもとにある限り、柔道はハイブラウな文化であり続け、だからこそ、そこには常に独特の政治臭が付きまとっていたのである。

3—5　凱旋《がいせん》か、撤退か

1906年7月に控える京都の大日本武徳会本部での柔術型制定委員会に講道館の代表として臨むため、山下は5月にアナポリスを去った。このとき既にアメリカはブームの夢から覚めており、柔術や柔道が話題になる機会もすっかり減っていたが、さすがにこの一件はニュースになっている。けれども、どの新聞をみても、そこに惜別や感謝の意は一切表明されていない。むしろ、各紙面はネガティブで悪意すら込めた記事であふれた。ここでは、東海岸と西海岸からひとつずつを紹介しよう。まずは『ニューヨーク・トリビューン』である。

柔術は男らしくない。…（中略）…。海軍士官学校の役員たちは、年間2千ドル近い金額を費やしてまで、これ以上の延長を望んでいない。…（中略）…。役員たちは、柔術は普通のレスリングより危険で、策謀を助長する傾向を持つうえに、練習を通じて相手を怪我させると公言する。…（中略）…。柔術はスポーツマンシップの反対物だ。[60]

続いて『サンフランシスコ・コール』である。

アナポリスにおける専門家〔山下〕の契約は更新されない。…（中略）…。海軍士官学校での柔術は惨憺《さんたん》たる失敗に終わった。…（中略）…。今から1年前、この護身術を学ぼうとする熱気は最高潮にあったが、ここ半年間の試合を通じて、アメリカのレスラーは我が国の技術が柔術より優れていることを示し、士官たちは柔術を過大評価していたと気づいた。…（中略）…。彼〔山下〕の技術への興味は消え、彼は日本に帰るだろう。[61]

まるで1年前の状況をよみがえらせるかのようなこれらの記事は、しかし単なる過去の再現にはとどまらなかった。というのも、日露戦争の終結後、アメリカの対日感情は悪化していったからである。そもそもアメリカが日露戦争の調停に乗り出したのは、植民地抜きで自国の勢力圏の拡大を目指す米国の門戸開放政策の一環であり、具体的には満州での利権、特に鉄道の敷設と経営の権利の獲得を通じて北東アジアに橋頭堡《きょうとうほ》を確保することを目的としていた。しかし、日露戦後、満州における特殊権益を主張する日本は、むしろロシアと組んで排他的政策を採ることを選び、結果的に日米は対立する。また日本の戦勝は、結果的にアメリカにおける黄禍論の高まりに火を注ぎ、侵略国家としての帝国日本というイメージとともに、西海岸を中心に排日運動が急激に高まっていく。[62]

そして、山下がアナポリスで柔道指導にいそしんでいるまさにそのとき、アメリカ海軍では、日本を仮想敵国とみなす対日戦争プラン、「オレンジ計画」の策定が着々と進行していた。[63] さらに同じ時期、ローズヴェルト子飼いの海軍長官モートンは、自身が社長を務める鉄鋼業者の不正をマスコミに追及されて辞任に追い込まれ、その後を継いだチャールズ・ボナパルト（Charles J. Bonaparte: 1851-1921）は、フランス貴族の家柄という出自もあって親露派を自認していた。そして山下のお膝元たる海軍士官学校でも人事替えがあり、ブラウンソン校長の後任に就いたのは、対日強硬派のジェームズ・サンズ（James H. Sands: 1845-1911）だった。ローズヴェルトは依然として柔道指導の継続を望んだが、大統領の新たな取り巻きにとって、もはや柔道に用はなかったのである。

日露戦争の終結とともに流行は去り、そして日米の関係も変わっていく。山下の帰国は、「柔道の代表者」の凱旋だったのか、それともお払い箱の撤退だったのか。歴史の見方は様々である。

補論4
日本発祥か中国由来か――「日本伝」柔術を巡って

嘉納治五郎の目的は、柔道を通じて「国士」としての国民の創出を図ることにあった。そうである以上、柔道は「国士」が学ぶに足る文化、つまり、誰か特定の個人や集団のみではなく、国民全体を射程に収めた文化でなくてはならない。嘉納がわざわざ「日本伝」講道館柔道と命名した理由の一端もそこにある。「日本伝」という名乗りは嘉納のオリジナルではなく、たとえば1883年に師匠の飯久保恒年《いいくぼつねとし》から授かった免状にも「日本伝起倒柔道《きとうじゅうどう》」とあるが[1]、そうした先達の想いをくみ取りつつ、嘉納は講道館柔道が「日本伝」柔術の伝統を受け継ぐ文化であるとアピールしたのである。

ところが江戸時代において、柔術の始祖はしばしば陳元贇《ちんげんぴん》（1587―1671）という中国（明）からの渡来人に求められていた【1】。その説の真偽はさておき、中国を尊崇する当時の国風において、柔術を中国由来の文化とすることはむしろ誇りですらあった[2]。けれども、柔術の中国由来説は「日本伝」説とは全く相いれない。とりわけ柔道をナショナルな権威に裏付けられた文化としたい嘉納にとって、柔道の親たる柔術の起源は中国でなく日本でなくてはならなかった。かくして嘉納は、あらゆる機会を通じて柔術の日本起源論を主張していく。その中には、国外への発信も含まれる。嘉納はインターナショナルな視野を持っていたが、だからこそ外国人に侮られないために、柔道という優れてナショナルで高尚な文化が日本にあることを諸外国に示す必要があり、そのためにはまず柔術の起源からさかのぼって説明する必要があったのである。

けれどもこの試みは、政治的な意図をもって文化とナショナリズムが接合することの危うさを抱えてもいた。この点で、「日本伝」の政治性を最も鋭く突いたのは、近代日本医学の黎明期を支えたドイツ人医師、エルヴィン・ベルツ（Erwin von Bälz: 1849-1913）である。しかも面白いことに、ベルツの警告は、『カノウ柔術（柔道）大全』のドイツ語版の序文に記されているのだ。これはいったいどういうことだろう。そもそも嘉納は、この「ニセモノ」を知っていたのだろうか。

〈武道は日本固有の伝統文化である〉。この言説の妥当性を本書では問わない。しかし、そこに潜むイデオロギーまでは無視できない。嘉納の主張とベルツの主張を読み比べることは、「日本伝」と名乗りたいという誘惑と、その誘惑の背後にある「創られた伝統」を知ることでもある。

1　柔術の日本起源論

1888年7月、嘉納はトーマス・リンゼイ（Thomas Lindsay: 生没年不詳）というイギリス人宣教師と共著で「柔術——かつての侍たちの武器なき格闘技術」（"*Jiu-Jitsu: The Old Samurai Art of Fighting Without Weapons*"）を日本アジア協会（The Asiatic Society of Japan）の紀要に発表した[3]【2】。なお、日本アジア協会とは、1882年に創立された学術団体で、駐日外交官やジャパノロジスト、お雇い外国人教師など、知日派の外国人エリートが集まる学術サロンだった。

この論文で嘉納は、陳元贇に始祖を求める柔術の中国由来論を明確に退ける。その根拠は、第1に柔術の歴史的起源に関わる史料の量的質的な不足、第2に中国における柔術に近似した技術体系の不在、第3に陳元贇の来日以前から日本にある柔術的武術の存在、である。嘉納は「陳元贇が、拳法を日本に紹介したかも知れないことは認めるけれども、拳法を発展させたものが柔術であるとみなすのは極めて難しく」[4]、と述べ、さらに「柔術が中国のいかなる助けもなしで、現在の完成に至った日本の武術である、と信じる」[5]、あるいは「［中国に柔術の起源を帰することは、「我が国の恥である」という意見に］同意する」[6]、と結論した。

それから4年後、1892年のロンドン日本協会の創立記念公演の席で、「柔術――身体的早業によるいにしえの護身術」('Ju-Jitsu: The Ancient Art of Self-defence by Sleight of Body')[7]と題した講演が行われた。演者は、講道館の門人で、後に日本興業銀行の総裁となった志《し》立《だち》鉄次郎（1867―1946）である[8]【3】。この講演内容と先の嘉納論文は内容的に酷似している。おそらく嘉納が元原稿を書いたか、少なくとも志立が嘉納論文を参考にしたのだろう。ともあれ志立は聴衆に向けて、次のように語った。「［柔術は］純粋に日本の武芸であり、またどなたかが信じるように、中国から伝来したものではないということも疑う余地がありません…（中略）…。陳元贇が柔術の技術を日本に初めて紹介したなどというのは、まったく信じられないことです」[9]と。

実際のところ、嘉納にとって柔術の扱いは難しかった。なぜなら柔術は柔道の祖であると同時に、明治に至って少なくない数の柔術家が見世物興行に活路を見出していたからである。この点は次章で詳しく述べるが、嘉納にとって柔術は、一面において文明開化の波に乗り遅れた時代の遺物であり、武術界の堕落の象徴だった。従って嘉納は、国内に向けて情報発信する際には、柔術に最大限の配慮を払いながらも、柔道と柔術の差異を説いている。けれども、国外向けに発信されたこれらの言説において、両者の区別はさほど重視されていない。それは、国内の事情を知らない外国人を想定しての措置だったのだろうが、たとえそうであれ、柔術の中国由来論を躍起になって否定する嘉納の姿に、並々ならぬ「日本伝」への拘泥を読み解くことができる。柔術の起源を日本に求めることは、かように柔道の根幹に関わる大事だった。

2 「伝統」の政治性

1906年に出版された『カノウ柔術（柔道）大全』の独訳版（*Das Kano jiu-jitsu (Judo)*）[10] に嘉納が出くわしたのは、1920—21年にかけての欧米視察中のことである【4】。下記の引用はそのときを振り返った談話だ。

この学校「ベルリンの警察学校」【5】に行って見ると、校長がいきなり『嘉納柔道』というかなり部厚な図解までした本を取り出して示し、この学校ではこの本を土台として柔道を研究しているという。見るとその本の扉に自分の肖像も出してある。さらにベルツ博士が序文を書いている。然《しか》るにその内容は自分のかつて見も聞きもせぬ所で、いわんや本当の教えとと《ママ》しては許されぬものである[11]。

嘉納が立腹するのも当然だが、なにより１９２０年代に至ってなお、東とハンコックの教本が底本として流通していたことに驚かされる。嘉納の肖像写真やベルツの序文は１９０５年の英語の初版にはなく、従って独語版のオリジナルの仕様だが、嘉納とベルツという二重の権威を借用することで、『カノウ柔術（柔道）大全』の「ホンモノ」らしさはさらに高まったといえるだろう【6】。余談だが、同書中の記述を真に受けて、誤ってベルツを嘉納の師と理解してしまった論稿もある。その論文は１９９９年にドイツで出版された学術書に収められているが[12]、20世紀初頭に出版された「ニセモノ」には、20世紀末のスポーツ史家すらまんまとだまされたわけだ。

さて、日本では温泉療法の提唱者として有名なドイツ人医師ベルツは、１８７６年に東京医学校（現：東京大学医学部）にお雇い外国人として招聘されて以来、１９０５年に妻のハナとともに帰国するまで、足掛け30年にわたって日本に滞在した【7】。同時代には、『ミカドの帝国』（*The Mikado's Empire*）の著者である米国人のウィリアム・グリフィスや『日本事物誌』（*Things Japanese*）を著した英国人のバジル・チェンバレン（Basil H. Chamberlain: 1850-1935）など、優れた日本論を物したお雇い外国人が少なくないが、深い洞察力を持って明治日本を見つめ続けたベルツもその一人といえるだろう[13]。

もちろんベルツは嘉納の師だったわけではない。けれども柔術に関心を抱いていたのは事実である。

その度合いは、弟子兼通訳の三浦謹之助《きんのすけ》（1864―1950）が修めていた天神真楊流《てんじんしんようりゅう》柔術に興味を示し、[14]1898年の「ドイツ東亜自然科学民族学協会」創立25周年記念大会において、三浦に柔術の公演を依頼したという一事からもうかがい知ることができるだろう[15]【8】。

一方で、日本初の体育の教育研究機関である体操伝習所が1883年に実施した、剣術と柔術の学校体育への正課採用調査に際して、ベルツは否定的な立場を採った。その理由はよく分かっていないが、青少年の体位体力の向上という当時の国家的急務に照合して、柔術は不適当と考えたのかもしれない。[16]いずれにせよ、ベルツは日本文化の伝統や固有性に深い愛着を抱きつつも、決して日本文化を「古き良き」などの常套句《じょうとうく》をもって無批判に言祝《ことほ》ぐことはなかった。この姿勢は、『カノウ柔術（柔道）大全』の序文にも貫かれている。

それでは、ベルツの意見はどのように嘉納の主張と対立するのだろうか。まずは序文の一節をピックアップしてみよう。

柔術の起源に関してであるが、嘉納柔術が英国で紹介されたときに「この技術は日本において実に二千五百年以来行われてきたものである」という事がもし言われたとすれば可笑しな話である。この柔術も実は日本における殆んどすべてのものと同様、支那《ママ》人から伝えられて始まったものであり、しかもそれが比較的新しい最近の事柄なのである。[17]

ベルツは、明らかに柔術の日本起源論を退け、中国由来説を支持する。それは、柔術や柔道、嘉納

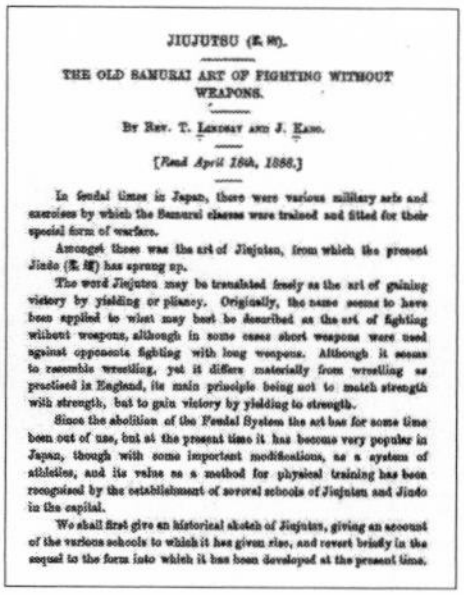

JIUJUTSU (柔術).

THE OLD SAMURAI ART OF FIGHTING WITHOUT WEAPONS.

BY REV. T. LINDSAY AND J. KANO.

[Read April 18th, 1888.]

In feudal times in Japan, there were various military arts and exercises by which the Samurai classes were trained and fitted for their special form of warfare.

Amongst these was the art of Jiujutsu, from which the present Jiudo (柔道) has sprung up.

The word Jiujutsu may be translated freely as the art of gaining victory by yielding or pliancy. Originally, the name seems to have been applied to what may best be described as the art of fighting without weapons, although in some cases short weapons were used against opponents fighting with long weapons. Although it seems to resemble wrestling, yet it differs materially from wrestling as practised in England, its main principle being not to match strength with strength, but to gain victory by yielding to strength.

Since the abolition of the Feudal System the art has for some time been out of use, but at the present time it has become very popular in Japan, though with some important modifications, as a system of athletics, and its value as a method for physical training has been recognised by the establishment of several schools of Jiujutsu and Jiudo in the capital.

We shall first give an historical sketch of Jiujutsu, giving an account of the various schools to which it has given rise, and revert briefly in the sequel to the form into which it has been developed at the present time.

1　㊧栗原信充画の陳元贇。陳は1610年代に来日し、最終的に尾張藩に仕えたという。

2　㊨嘉納の英語論文(冒頭)。

3　㊧志立鉄次郎(60歳頃)。

4　㊥ドイツ語版『カノウ柔術(柔道)大全』の表紙。

5　㊨ベルリン警察学校での柔術指導の様子(1913年)。

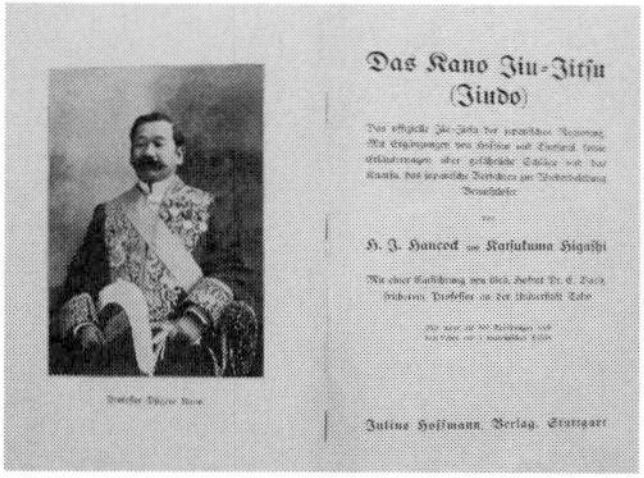

6　㊧教本の巻頭に掲載された嘉納の肖像写真。中表紙(右手)にはベルツが序文を書いた旨が記されている。

7　㊥エルヴィン・ベルツ。

8　㊨東京帝国大学の内科学教授を務めていた三浦謹之助(1900年頃)。

の価値を否定するためではない。そのことは、「この柔術こそが我が〔ドイツの〕大学の学生たちに施すべき理想的な体育である[18]」、「柔術があるいは学校において、あるいは成長期にある若き青年層において普及されてきた事は、一に嘉納治五郎教授の功績に負うている[19]」といった文言からも分かるだろう。さらには「ただ日本人のみがこの柔術を今日の如《ごと》き水準にまで高揚させてきた[20]」と日本人を称賛することも忘れてはいない。それにもかかわらずベルツが中国由来説を譲らないのは、「柔術は純粋に日本で編み出されたものでなければ、また普通に信じられている程そんなに古くから伝わってきたものでもない[21]」と考えたためである。

ここで重要なことは、その理解の正しさではなく、根底にあるベルツの問題意識だ。次の一文にはそのことが凝縮されている。

〔柔術の中国由来論という〕この事実は、当初においては別段疑われもしなかった。しかるに最近になると、柔術がそもそも外来のものであるという事実は、多くの日本人の国民的自尊心にとっては都合が悪くなってきたので、彼等はこの事実を簡単に無視したり、あるいは全く留意せざるにさえ至った[22]。

ベルツの関心は、「日本伝」の文化が要請される帝国日本の時代状況にあった。国粋主義が高揚し、文化に偽りの歴史と伝統、そして国籍が与えられることにこそ、ベルツは危機感を覚えたのである。

１９８０年代になって、古くから継承されてきたと思われてきた伝統が、実際には少なからず近代に創造・捏造《ねつぞう》された発明品であり、それは国民というフィクショナルな共同体に仮初めのリアリティを与えるための政治的なイデオロギーの産物だったことが明らかにされたが、ベルツの炯眼《けいがん》は、こうした「創られた伝統[23]」の思想を先取りしていたといえるだろう。[24]

本章の最後にベルツに拠る序文の結びを紹介しておきたい。

とにかくその時期〔ドイツで柔術を日本人に学ぶ機会〕がくるまでは、書物による研究のみを唯一の頼りとする他はないのである。そしてその際、柔術が少なくとも、かかる書物による方法でドイツのスポーツ界に普及化されて行き、柔術に対する関心が我が祖国全ドイツの広範囲に亘って喚起される様になれば、それも又〔同書の〕一つの大きな功績であると言わねばならない。[25]

『カノウ柔術（柔道）大全』はドイツ国内に広く普及した。それでは、「ニセモノ」にだまされて序文を書いたベルツはその経歴に汚点を残したのだろうか。そうではなかろう。考えようによっては、この優れた日本文化論が多くの読者の目に触れる役割を、図らずも「ニセモノ」は果たしたのだ。あるいはそれこそが、真に「大きな功績」なのかもしれない。

第5章　「破戒」なくして創造なし

――前田光世と大野秋太郎の挑戦

東勝熊とジョージ・ボスナーとの一戦が終わってから間もない1905年4月10日、『イブニング』の主筆、ロバート・エドグレンは皮肉たっぷりのコラムを書いた。

柔術と柔道の代表者が論争している。少し前にボスナーと戦った東は、かつてレポーターに、「柔道は柔術のいち要素に過ぎない」と言った。彼が述べるには柔道家は物まねである。「柔術こそが優れており、柔道は子どもじみた不完全な柔術のコピーに過ぎない」と。

しかし柔道のエキスパートの話によれば、「柔術の代わりに柔道を使えば東はボスナーを投げることができた」。彼は「柔道こそが柔術を改良したものだ」と述べている。

結局のところ、柔術と柔道を戦わせる必要があるだろう。…ところで、ボクシングの試合のほうをみたい人は挙手してください。[1]

第1章でも述べたように、誰よりも先んじて柔術の商品価値に気付いたエドグレンは、柔術ブームの火付け役とすらいってよい。だからこそ彼は、流行の終わりもまた敏感に悟っていたのだろう。大衆は柔術に倦《あ》き、柔道に飽き、なによりいずれにも厭《あ》いていた。

とはいえ、ニューヨークにおける柔術ブームの終焉をもって、流行の一切が終了したわけではない。

ここで特に着目すべきは、柔術を巡るネットワークの地域差だ。この時代、メトロポリスと各地方都市を結ぶ電信線は縦横無尽に張り巡らされており、情報としての柔術はあっという間に全米を駆け巡った。アメリカ全土を巻き込む流行の発生は、こうした情報伝達網抜きにはあり得ない。しかし、人の移動はそう簡単ではない。確かに各州の主要都市を結ぶ鉄道交通網もまた十分に敷設されていたが、とはいえ柔術家や柔道家がニューヨークやボストンといった拠点を離れる積極的な理由がない以上、地方都市で柔術や柔道を実見する機会などほとんどなかった。言い換えれば、大都市と同様に地方都市もまた柔術幻想に浸りつつ、しかし地方都市には柔術家も柔道家もほとんど不在であるがゆえに、幻想を実体化させるリアリティに乏しかったのである。

柔術・柔道の流行を巡るメトロポリスと地方都市との速度差、地域差、温度差。大都市での柔術ブームが斜陽に差し掛かる中、ニューヨークを飛び出して地方に活路を見出した二人の柔道家がいる。一人は前章にも登場した前田光世であり、もう一人は、前田の早稲田中学時代からの悪友、大野秋太郎（1876―1942）だ。本章では、のちに猛者を求めて世界中を行脚することになるこの二人の、在米時代の日々を繙《ひもと》いてみたい。

1　教えに背く・禁を破る

1—1 『世界横行柔道武者修業』

前世紀転換期のアメリカの児童文学に愛国的な若者が活躍する冒険譚があったように、同時期の日本でもまた、帝国主義の伸張や日清・日露戦争を背景として、日本男児が世界を股に掛けて活躍する活劇の物語が人気を博していた。それは、『武侠《ぶきょう》世界』や『日本少年』といった当時の児童向け大衆雑誌のタイトルによく表れている。ときの流行作家、押川春浪《おしかわしゅんろう》（1876—1914）を編集長に迎えて1908年に創刊された『冒険世界』も例外ではない。「『英雄主義、冒険主義、武侠主義』を基調にした国権主義的ナショナリズムを高唱する」[2]という編集方針に支えられた同誌の中では、いつも大和魂みなぎる忠勇義烈な侠《おとこ》たちが所せましと暴れまわっていた。

薄田斬雲《うすだざんうん》（1877—1956）は、この『冒険世界』で健筆を揮《ふる》った作家の一人であり、同郷の前田光世と親交があった。渡米後、前田は薄田に私信を送り、薄田はそれを編集して『冒険世界』に掲載し、さらには書籍化を図る。[3] 1912年に出版された『世界横行柔道武者修業』（以下、『武者修業』）がそれである。その正確な発行部数は分からないが、同年中に続編の『新柔道武者修業——世界横行第二』が刊行されるなど、相当の人気を博したことは間違いない。ちなみに、『武者修業』の広告は、海外の邦字新聞にも掲載されている【1】。世界中の猛者を相手取った前田の「活ける武勇伝」[4]は、日本人移民が移住先で味わった不遇や無聊を慰める1冊ともなったのだろう。
そんな『武者修業』には、若き前田ならではの視点で捉えた柔術狂時代の実相が活き活きと描き出されている。ここでは、巷に跋扈していたという自称柔術家の様子を論じた一節をみてみよう。

一方には無茶な冒険を試みようと云う浮浪者が有って、その者共が「我こそは真の日本柔道家だ、拳闘家宜しい米国角力宜しい、勝負をしようと思う者は来たれ」といった、傍若無人な大風呂敷を広げて、いざ勝負となると、実際の腕がないのだからひと堪《たま》りもなく米人の強力者に捩《ね》じ伏せられて大恥を掻《か》く。これは前田氏等の進路にとって第一の妨害だ。かような形勢で、米国人間に、日本柔道熱が高まると共に、我が同胞の亜米利加《アメリカ》破落連《ごろれん》が、我こそは真の日本柔道家であると大風呂敷を広げては大味噌を付けることがしばしばなので、こちらこそは真物の日本柔道家、前田氏らは手を束ねて見ては居られぬ…（後略）…。[5]

薄田の手によって講談仕立てにされてはいるものの、ニューヨークで前田が実際に目の当たりにした光景として、ここに活写された内容はおそらく総じて正しい。中でも、ある「偽柔道家大先生」[6]の巧妙な立ち回りは際立っていたようだ。なお、『武者修業』には明記されていないが、この人物が『カノウ柔術（柔道）大全』の出版直後の東勝熊を指すことは、引用文の前後の文章から判断してほぼ間違いないだろうが、ここでは断定を避けておこう。ともあれ、この一件を知った前田は直情径行ぶりを発揮した。「偽柔道家大先生」の元に乗り込み、直談判を試みたのである。

1―2　「偽柔道家大先生」の教え

ところが、「偽柔道家大先生」は、「真物の日本柔道家」と対峙してなお、余裕の態度を崩さない。真相を問い詰める前田に、この「大先生」は「私は野暮くさい柔道など稽古したことはありませんよ」[7]と受け流し、「あんな冊子［『カノウ柔術（柔道）大全』］くらいは訳なくできるじゃありませんか」[8]とうそぶいた。さらに「貴方がたのご精神は立派だ。敬服します。［しかし］ここは米国です。日本ではないのです。こっちの事情習慣を呑《の》み込んでかからなくては駄目です」[9]と反駁《はんばく》さえしたのである。

『武者修業』の痛快さは、こうした柔術家をかたる山師たちに傷つけられた日本の誇りを取り戻すべく、「真物の日本柔道家」がレスラーやボクサーらを片端から投げ飛ばしていく展開に求められる。[10]いうなれば、『武者修業』は〈柔道（日本）は世界最強である〉というストーリーによって日本人読者の愛国心をくすぐる冒険譚であり、それは〈レスリング（アメリカ）は柔術（日本）に勝る〉という言説の積み重ねによって形成されたアメリカン・パトリオティズムと表裏の関係にある。

しかし、その冒険譚が紡がれるためには、ひとつの禁を破る必要があった。異種格闘技試合への進出である。もし前田が「真物の日本柔道家」ならば、この選択肢はあり得ない。詳細は後述するが、興行としての他流試合は嘉納治五郎の教えに背くからだ。嘉納の示す理想と束が説く現実の狭間で、前田の心は相当揺れ動いたことだろう。その様子は、『武者修業』には次のように描写されている。

とにかく斯様《かよう》なありさまだから、日本柔道の評判は大したもので、実際柔道の仕方を見た者はごく少ないが、柔道ということを口にせぬ者はない位だ。されば斯様な山師連の金儲《もう》け手段は、前田氏等の方へは不利なようだが、しかしとにかく日本柔道と云う事を米国人一般に知らしめた結果になって、一方から見ると、前田氏ら真の柔道家のために草分けをしたことになる。前田氏らもこの機を利用して巧く乗り出せば好いのだが、惜しいことには前田氏らには其《そ》の手順が付かない。[11]

葛藤の末、ついに前田は「どうしてもひとつ大袈裟な挑戦広告をして、米国の相撲者かボクシングのチャンピオンと公に勝負してここに真の柔道先生あることを公衆の眼前に示さなければならない[12]」と決意する。逆説的な言い方をすれば、前田は「真の柔道先生」たらんとするために、「偽柔道家大先生」の教えに従ったのだ。もちろん、これら全ては『武者修業』中の「物語」に過ぎない。けれども、「偽柔道家大先生」なくして、前田光世の「活ける武勇伝」は生まれなかっただろう。「偽柔道家大先生」は、教師と反面教師の二面性、つまりは遵守と逸脱の二重性を帯びており、そしてその二重性は前田自身にもまた投影されるのである。

1―3 「トンパチ」柔道家

前田光世は相当なバンカラ気質で、早稲田中学時代には相当やんちゃをしていたようだが、当時からの前田の悪友だった大野秋太郎は、バンカラを超えて破天荒、俗にいう「トンパチ」と形容すべき性格の持ち主だった。

その大野が身長180センチ弱、体重90キロ超の巨体を震わせてアメリカの地に降り立ったのは、

1905年4月21日のことである【2】。その目的は判然としないが、現地報道によるとアナポリスで山下義韶のアシスタントをするためだったようだ[13]。もしかしたら、陸軍士官学校での富田の一件を受けて山下が大野の派遣を講道館に要請したのかもしれない。もっとも、こうした現地の危機感などどこ吹く風といわんばかりに、大野は経由地のハワイでは観客を集めて「大兵小兵の聞こえあるもの［飛び入りの腕自慢］と立ち合い手毬の如くに取り扱[14]」う、という大立ち回りを演じるなど、本土に上陸する以前から、持ち前の「トンパチ」ぶりを存分に発揮していた。ちなみに、「前田は英語が話せるが大野はできない[15]」との現地報道もある。実際には前田も英会話は不得意だったようだが、大野の語学力がそれ以下とすれば、まさしく大野は度胸ひとつで渡米した、という他ない。

豪放磊落《らいらく》を絵にかいたような大野は、サンフランシスコに到着後、すぐに東海岸に移動したが、その勢いは止まらない。さらにアナポリスもニューヨークも越えて突き進み、気が付けば、ハーバード大学に留学していた小泉浩ら4名とともに、大野はニューヨークから南東に1千キロ離れたノース・カロライナ州のアッシュビルまで足を延ばしていた[16]。7月中旬のことである。この地で大野はすぐに柔道公演を開催していることから、実際には事前の根回しがあったのだろうが、少なくとも表面上、勢いそのままに突貫したようにしかみえない。また、7月20日に開催された柔道公演に際しては、公演の広告に「誰でもレスリングで大野と戦い投げ飛ばした者に100ドルを払う用意がある[17]」と掲げるなど、大野は早くも臨戦態勢に入っていた。

それにしても、広告に掲載された演出過多なブロマイド写真一枚取ってみても、あふれんばかりの大野の個性が表れている【3】。きっと大野は、講道館の大義のためというよりは、新天地でひと旗揚げ、その名を世界に売るためにこそ渡米しただろう。その様は、『冒険世界』中の活劇の主人公が現実世界に飛び出してきたかのようである。

1―4　巨漢vs.巨人

月が明けての8月4日、大野は初の異種格闘技試合に臨む【4】。試合のルールは3本勝負の2本先取であり、双方ともに道着の着用が求められた。入場料は75セントから2ドル。この価格は、最低25セント、最高1ドルだった前月20日の柔道ショーより高い設定だったが、それにもかかわらず当日会場となったグランド・オペラハウスに詰め掛けた観客は2千人を超えた。なお、試合は賭けの対象となり、観客の間で「かなりの大金が動いた[18]」という。また、試合自体にも50ドルの賞金が懸けられ、勝者が全額を総取りできた。つまり大野は、おそらくは史上初のプロ柔道家ということになる。

ここで大野が対峙したのは、「ビッグ・トム」の愛称どおり、身長198センチ、体重138キロを誇る巨人レスラー、トム・フリスビー（Tom Frisbee）だった。あたかも巨漢vs.巨人の様相を呈した一戦だが、蓋を開けてみれば試合は大野の快勝で幕を閉じる。1本目は1時間12分、続く2本目は電光石火の35秒での勝利だった。決まり手はどちらも締技だったというが、具体的な技法は記されていない。

大野の勝利よりもさらに注目すべきは、試合後の報道姿勢である。それは「大勢の観客がフリスビーに肩入れしており、またフリスビーの友人も多かったにもかかわらず、日本人がリングとマットに上がった瞬間から、会場は大野への拍手に包まれた[19]」などと評された。また、後日談として〈不慣れな道着のせいで負けた〉というフリスビーの言い訳や、試合を裁いたレフェリーの「フリスビーにはトレーニングが足りない。…（中略）…。フリスビーには〔敢闘〕精神がない[20]」という談話も掲載された。当時、柔術や柔道へのまなざしがほぼ悪意に染まっていた状況下で、こうした好意的論調は相当に特異である。実は、同様のことはのちの前田光世による異種格闘技試合を巡っても生じるのだが、大野の場合、「アッシュビルには〔大野の〕ファンが大勢いる[21]」と書かれたほど、地元民に愛されていたことが、その背景にあると思われる。柔術や柔道云々ではなく、大野の破天荒なキャラクターそのものが魅力的に受け入れられたのだろう。

その後大野は、小泉浩とともに大野に帯同していたヒラノ（Hirano）というイェール大学の留学生をマネジャー役にして、アッシュビル市内のＹＭＣＡの一角でにわか仕立ての柔道教室を開いた。広告によれば、「彼〔大野〕は2カ月の受講料でたったの30ドルしか請求しない[22]」とあるが、ボクシングやレスリングの受講料がせいぜい月額数ドルだったことに比べれば、ずいぶん高額だ。もっとも、柔道がハイブラウな文化として認知されていたことに鑑みれば、アナポリスで年俸１６６６ドルを稼ぐ山下が教えるのと同じ柔道を学ぶ費用としては、むしろ良心的だったともいえるだろう。

2　興行試合へのまなざし

2―1　流血試合

ところで、大野vs.フリスビーの一戦の模様は、地元紙を除いて報道されていない。しかし、それをニュースヴァリューの乏しさに求めるのは早計だ。なぜなら大野が当地で行ったもうひとつの試合は、遠くニューヨークの『タイムズ』にすら掲載されたからである。[23]理由はもちろん、大野が負けたからだ。柔術・柔道の勝利には無関心で、敗北には食い付いた『タイムズ』は、次のように試合を評する。

大野とオルソンの戦いは1時間にわたり、10分近くも続いたオルソンの絞めに大野はギブアップした。大野の要求によりオルソンは柔術着を着ており、そのことは［かえってオルソンが］この柔術の達人を打ち負かしたことを特徴づけた。[24]

ここには、前田vs.ネーシング、あるいは東vs.ボスナーを巡る語り口と同様に、〈ハンディキャップを覆して勝利を掌中に収めたレスラー〉という言説が繰り返されている。しかし、この試合には『タイムズ』が、おそらくは故意に報じなかった、つまりは隠された重大な側面がある。それは、対戦相手のオルソンの反則疑惑である。この疑惑は、フェアなレスラーとアンフェアな柔術という、これまでのストーリーラインを根底から揺るがしかねない問題だった。以下、まずは事のあらましを概観したい。

8月30日、大野は、イリノイ州レスリング選手権者の肩書を名乗る「恐怖のスウェーデン人」ことチャールズ・オルソン（Charles Olson: 生没年不詳）と向き合った【5】。会場やチケット代、観客数、あるいは試合が観客の賭けの対象だったことは初戦と同じである。ただ、前回とはふたつほど異なる点があった。ひとつは、この試合の賞金が勝者の総取り方式ではなく、勝者には500ドル、敗者にも300ドルが支払われたことである。もうひとつは、オルソンが大野より18キロも軽かったことだ。小さな日本人が大きなアメリカ人に挑む、という構図が大半を占める状況下で、こうしたマッチアップは珍しい。

この一戦もまた、事前から盛んに宣伝され、「流血試合」（Blood Match）と銘打たれた大きな告知広告も掲載された【6】。果たして大野vs.オルソンは、そのうたい文句どおりの凄惨な試合となる。ここでは、地元紙『モーニング・ポスト』（*The Morning Post*）の記事を引用しよう。

この試合は、未曽有なまでに残酷だった。指を捻《ひね》ったり、折ったりすることだけが禁じ手とされた中で、オルソンは頭突きという戦術で大野の右顔をボコボコにしてしまった。

1時間9分ののち、大野は試合を放棄した。右目を閉じ、顔から血を流していた彼は、ドレッシングルームに運ばれた。試合終了の15分前、大野の日本人の友人二人が壇上に上がって［オルソンの凶行を］阻止しようとした。［しかし］彼らは警察官に制止され、引き止められた。

オルソンの指が大野の襟に食い込み、大野の頭と顔の右側は、「恐怖のスウェーデン人」から受けた仕打ちで傷つき、真っ黒になっていた。［レフェリーの］ショーンフェルドは、大野のマネジャーであるヒラノに、［英語のできない］この日本人に降参する気があるかどうかを尋ねることを許可した。大野は止《や》めずにレスリングを続けた。

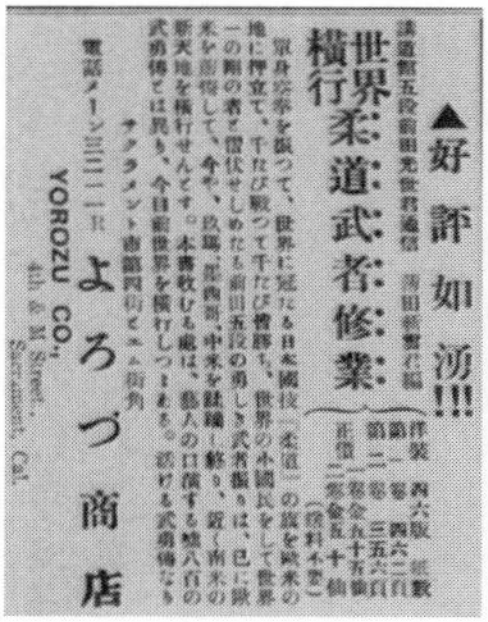

1　㊧カリフォルニア州の邦字新聞に掲載された『武者修業』の広告。
2　㊥大野の来訪を伝える記事。
3　㊨大野の公演の告知と広告。

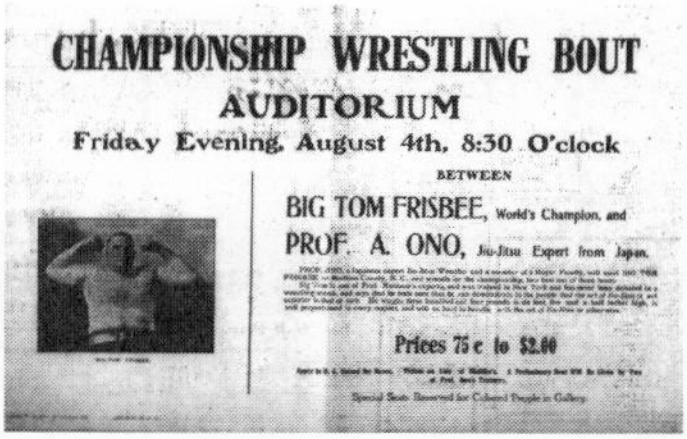

4　連日にわたって掲載された大野 vs. フリスビーの告知広告。「背中で語る」式の大野(左)とフリスビーの筋肉ポーズの対比(右)も興味深い。

5　㊧チャールズ・オルソン。中北西部を主戦場とするレスラーで敏捷さが売りだった。

6　㊨「流血試合」をうたう広告。凄惨な一戦になることは事前に告知されていた。

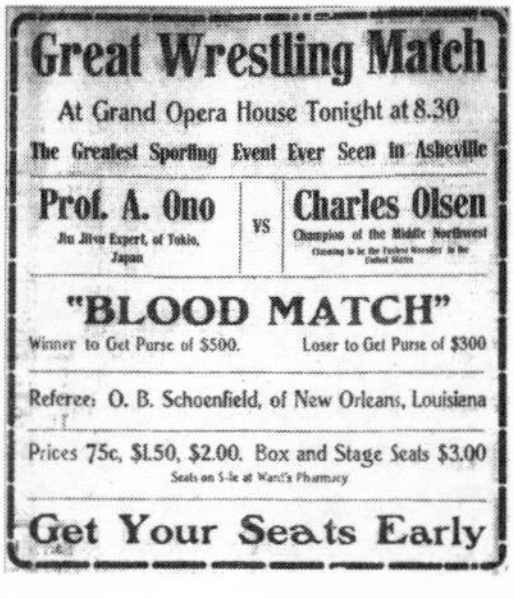

試合中、会場は大いに盛り上がり、「大野」「オルソン」という歓声が鳴り止まなかった。オルソンは試合を通じて冷静だった。一度は立ち止まり、観客に向かって笑顔で顔を拭いていた。…（中略）…。試合終了直前、頭突きを反則だと主張していたヒラノがあわててマットに上がってきた。大野からヒラノに目を移したオルソンは、彼に強烈なキックをお見舞いしてマットから数フィート蹴り飛ばした。この時、観客は総立ちになっていた。[25]

この一戦で顎の骨を折られ、右目は腫れ上がり、指を3本脱臼した大野は病院に直行し、さらに静養のためいったんアッシュビルを離れてニューヨークに戻った。またヒラノはこの一戦の非人道性を訴えると息巻き、ワシントンDCに向かった。ちなみに、別の報道によると、ヒラノらがリングに近づけなかったのは、オルソンの友人で7月に大野に敗れたトム・フリスビーとその仲間160人がリングサイドを陣取っていたからだという。[26]

2―2　ある「正論」

地元紙をみてみると、オルソンの凶行に眉をひそめつつも、試合そのものは中立的に論じている。中には「大野は柔術の達人であり、勝っていればそれでよかった。しかし、自分よりも悪い獣と出会って負けてしまい、泣き言を言った。それを彼は恥じるべきだ[27]」といった記事もあるが、とはいえ大野とオルソンのいずれかに肩入れしているわけではない。

一方で大野を擁護したのは、ノース・カロライナ州の南部に隣接するジョージア州の新聞、『アトランタ・コンスティテューション』（*Atlanta Constitution*）である。同紙では、「オルソンの頭突き戦術は黒人の間で流行している方法だ[28]」などと、人種主義的な主張をちりばめながらオルソンを強く非難しつつ、「もしオルソンが素早く賞金を持って試合場を去っていなかったら、地元の紳士たちが彼を捕まえていただろう[29]」「もし裁判沙汰になってもこの試合には大勢の目撃者がいる[30]」、といったように、あたかもアッシュビルが総意として大野の正義を認めているかのように論じた。

他方で、辛辣《しんらつ》に大野を非難したのは、ニューヨークに次ぐ第2位の人口を誇る巨大都市シカゴの大新聞『シカゴ・トリビューン』（*Chicago Tribune*）である。以下、長い記事のため意訳で紹介したい。なお、文中の柔術ということばには、当然柔道も含まれている。

かつてサミュエル・ヒルがワシントンＤＣに柔術家［山下義韶］を紹介したとき、本物の柔術家はいかなる場合でも金銭を目的とした興行は行わないとヒルは語った。実際、山下の実演は本物のように見えた。それ以来、多くの柔術家が登場し、皆、自分こそが本物だと主張している。しかし彼らは本物ではない。そうでなければ、最近の富田常次郎や東勝熊が犯した失態は起きないはずだ。柔術の全てがうそとまでは言わないが、柔術家の大半は単なる金銭目当てのイカサマ師に過ぎない。

そして今度は大野が登場し、オルソンは彼を病院送りにした。大野はマネジャーを通じて、「試合は完全に上品で紳士的な試合になると思っていた」、あるいは「無邪気で信用しやすい自分の性格が利用された」などと周囲に吹聴している。「シカゴ人」のオルソンは冷酷で攻撃的な紳士的でない人物であり、大野が被害を受けたのは、彼がその品位と礼儀正しさのあまり、オルソンに報復できなかったからだというのだ。

しかし、かつてヒルは、相手の攻撃が激しければ激しいほど、また攻撃手段が自由であればあるほど、それに柔術家が対処することは単純である、と語っていた。さらに柔術家は、いかなる場合でも金銭を目的とした興行は行わないと確信を持って述べていた。そうであれば、大野とその仲間の地位に疑いの余地はない。オルソンのシカゴの住所を知っていたら私は彼にアメリカン・ビューティー・ローズの花束を送りたい。彼にはそれがふさわしい。[31]

記事の要点を2点に整理しよう。ひとつは、山下義韶以外の柔術家や柔道家は偽物、という見解である。もうひとつは、本物と偽物を区別する指標が興行への参加に求められていることだ。興行に参加した時点で彼らはもはや本物ではなく、しかも試合に敗北したとあれば、〈野蛮を制する紳士の技術〉という主張の説得力も失われる、というわけだ。

オルソンの凶行に潜むフェアネスの問題を巧みに回避するこの主張は、ある意味で論理のすり替えを図ったものだ。しかしそれ以上に、この論説は、柔道の「ご精神」に関わる急所を的確に突く「正論」だった。この点を検討するために、嘉納治五郎の見世物試合へのまなざしを確認しておこう。

2―3　見世物試合ヲ禁ズ

1921年、アド・サンテルが来日して講道館に挑戦状をたたきつけたとき、嘉納は当初柔軟に対応しようとした。それは、挑戦受諾の是非を巡って意見が対立していた岡部平太に宛てた『読売新聞』紙上の談話にも明らかだ。

岡部君にも会って篤《とく》と話も聞いたが、岡部君の云うところは少し狭小な思想ではないかと思う。もちろん講道館の主義精神としては商売人と角技を競うと云うことは排するかも知れぬ。しかし講道館長としての私は決してかくまで限定的に講道館の精神を縮めたくはない。講道館には今二万幾千人かの会員がある。その中には拳闘家と競った人もあれば力士と技を争った人もあった。この狭小な精神からいけば之等《これら》の凡《すべ》ての人々を破門しなければならないし——それは出来ないことではありませんか。[32]

とはいえ、嘉納が講道館の立ち上げの時点から「商売人と角技を競う」ようなことを認めていたわけではない。それどころか、嘉納は明確に見世物試合を否定していた。それは柔道の行く末を案じてのことである。1882年、「世間の大体からいうと、武術などはほとんど省みられない状態で[33]」講道館を創始した嘉納にとって、他の武術、特に柔術と柔道との差異化を図ることは喫緊の課題だった。柔道は柔術を元にしつつも、しかし柔術より高尚で教育的な近代文化たらんとするからこそ、当時、商業的な見世物に活路を見出していた柔術との違いを嘉納は強調せねばならなかったのである。一例として1898年に嘉納が著した一文を引こう。

自分が柔道を講じ始めた時分は、世間では柔術がごく廃っておった時であったから、多数の柔術の先生の中には、従来の見識を失い、門人等を引き連れ、いろいろ組合せを作り、木戸銭を取って興行する人も出来、力士と組合せをして見世物同様に、銭を取って人に見せるというような人も出来た。西洋などでは、入場料を取って公衆に講義を聴かせることなどは多くあることだが、そのような精神でなすならば、決して世人は賤《いや》しめはしなかったろうが、銭をもって娯楽を買うつもりで見にくる公衆のために、娯楽の目的物となって芸を演ずるというようなふうであったから、自然他人の軽侮を受けるようになってきた。[34]

なお、「多数の柔術の先生の中には」、嘉納の柔術の師である磯正智や福田八之助らも含まれていた。[35]こうした状況は、若き日の嘉納にいっそうの危機感を与えたものと思われる。その嘉納が条件付きで柔道の娯楽性を認めるようになるのは1910年以降のことだ。[36]

あるいは、一面において嘉納は「西洋などでは、入場料を取って公衆に講義を聴かせること」を認めていた、とはいえるかもしれない。しかし、そうだとしても、それは山下義韶が1905年6月に実施した柔道公演のようなイベントを指すのであり、たとえ国外であれ「銭をもって娯楽を買うつもりで見にくる公衆のために、［柔道家が］娯楽の目的物となって芸を演ずる」ことを許しはしなかったはずである。[37]つまり、当時の嘉納が興行としての異種格闘技試合への柔道家の参戦を認めていたとは考えられない。翻って『シカゴ・トリビューン』の社説は、〈見世物試合に出ることで柔道家の品性が疑われ、ひいては柔道の価値がおとしめられてしまう〉、という嘉納の危惧が的中したことを図らずも証明するものだったのである。

けれども一方で、次のような見方もできるだろう。大野や前田が嘉納の「ご精神」に背き、その禁を破ることで、柔道にもまた文化変容のダイナミズムが生まれる。それは必ずしも悲嘆すべきことではない。嘉納は柔道の生みの親だが、嘉納一人の柔道ではないからだ。親の心配をよそに子が育つように、柔道も嘉納の与《あずか》り知らぬ場所で変化していく。その意味で、1921年に懐の深さを見せたときの嘉納の心境は、自らの掌中を離れた我が子の成長を親が認める心持ちと、どこか似通っていたようにすら思える。

3　ニューヨークからアッシュビルへ

3―1　大衆娯楽の殿堂

日露戦争の最中、1905年1月にロシア帝国の首都サンクトペテルブルクで生じた「血の日曜日事件」は、のちにロシア第一革命と呼ばれる全国規模の反政府運動へとつながっていく。その際、革命で主導的役割を果たしたロシア社会民主労働党に資金を提供するため、欧米各地を回って精力的に活動していたのが、日本では社会主義リアリズム作家として有名なマクシム・ゴーリキー（Maxim Gorky: 1868-1936）である。

1906年4月にニューヨークを訪問した当初、ゴーリキーはロシアからの賓客としてもてなされた。ところが、正妻という触れ込みで帯同していた女性が実は愛人だったというスキャンダルが暴露され、アメリカにおけるゴーリキーのモラルと名声は地に落ちる。政府要人との会談はキャンセルとなり、アメリカの同志はそっぽを向き、それまで滞在していたホテルにすら宿泊を拒否された。

こうしてゴーリキーはアメリカに拒絶され、ゴーリキーもまたアメリカを拒絶する。かつて東のエッセイも掲載された雑誌『インディペンデント』の1907年8月号で発表された「退屈の王国」(*Boredom*)にもまた、米国への怨嗟《えんさ》と呪詛《じゅそ》があふれている[38]【7】。ゴーリキーにとってアメリカ大衆社会は欺瞞と倦怠《けんたい》に満ちており、流行への熱狂は絶望的な空疎さの証左に他ならなかった。その象徴としてゴーリキーが描くのが、マンハッタンの外れにあるコニー・アイランドである。同地を訪れた際の印象は、次のように語られる。

かくして、人間がこの火の都［コニー・アイランド］の入り口に立つや否や、眩惑されてしまう。…（中略）…、彼は燦爛たる火の粉の中で暫くの間何ものも識別することが出来ない。人間を一度に昏迷させ、この燦然たる光で意識を圧倒し、彼から思想を追い出す、そして個人というものを群集の切れ端しとする。

…（中略）…。喜びも楽しみも含んでいない驚駭に圧倒された群集の中で、自分を見出そうとするには、大なる努力を人間がしなければならぬ。…（中略）…、遠方から見て幻想的なおとぎ話の都は、今は木の直線から出来上がっている馬鹿げた錯綜であり、子どもの娯楽を目的とした急造作の安価な建物であり、子どもの悪戯に気を病んだ古くさい教育家の節約的な仕事である。…（中略）…、数十件の白い建物は、奇形的に種々雑多であって、そのうちの一にも、美の片影さえない。

彼らは木製で、剝げかかった白い塗料で塗られているが、いずれも同じような皮膚病に苦しんでいるようである。

……（中略）……、周囲にある全てのものは、その退屈な醜悪さを発露しながら白々しく輝いている……[39]。

南北戦争以降、表向きの道徳心や正義とは裏腹に、虚栄心と顕示欲にまみれていくアメリカを、国民作家マーク・トウェイン（Mark Twain: 1835-1910）はかつて「金メッキ」と表現した。ゴーリキーは同様のことを「剝げかかった白い塗料」と表したのだろう。

そもそも18世紀の半ばまではマンハッタン島の突端に位置する小さな半島に過ぎなかったコニー・アイランドが、ニューヨーカーの逃避の空間として形成されていくのは、19世紀半ば以降のことである。以後、急速なリゾート開発を通じて、スペクタクルに満ちあふれた施設が次々と設置されていく。とりわけ、月世界旅行をモチーフにしたルナ・パークと世界の驚異を再現するドリーム・ランドがそれぞれ１９０３年とその翌年に開園すると、同地の盛況ぶりは圧倒的なものとなった。当然過当競争も激しく、たとえばドリーム・ランドに開園当初設けられた「日本茶室」は、わずか1年足らずで「飛行船」に変貌していた。まさしく「白いペンキ」によって時代遅れの流行は塗りつぶされ、すぐさま別の絵が上描《が》きされていくのである。

けれども、こうした目まぐるしい流行の回転力のみをもってコニー・アイランドの全貌を語り尽くすことはできない。大資本が繰り出す最新のアトラクションから一歩出れば、昔ながらの大道芸人が道端を埋め尽くし、路地に入れば怪しげな見世物小屋が立ち並んでいた。この不夜城は、最先端の流行の発信基地であると同時に、そのおこぼれに与《あずか》らんとするモノとヒトの集積場、あるいは廃れかかった流行の漂着場でもあったのだ【8】。

さて、長々とコニー・アイランドの説明に紙幅を割いたのにはわけがある。それは、ついに興行に乗り出した前田光世が、1905年8月19日に初めて異種格闘技試合を行った場所こそ、この消費と娯楽の殿堂だったからだ。それは前田にとって記念すべき第一歩、あるいは『武者修業』中の記述を借りれば「前田氏の一生の運命を決する天下分け目の勝負[40]」だったが、試合の日付が如実に物語るように、そこには柔術の流行の落日が既に刻印されてもいたのである。

3—2　試合前の舌戦、試合後の沈黙

半年前ならば大きな話題になっていただろう、前田の試合を報じたのは、わずかに地元紙の『ブルックリン・デイリー・イーグル』(*The Brooklyn Daily Eagle*)ただ一紙だけだ。そこには、「有名なアメリカ人レスリング王者が、『日本人の天国』ことマンハッタン・ビーチで、高名な柔術の専門家と、次の土曜の夕方に3千ドルを懸けて戦う[41]」とある。ちなみにマンハッタン・ビーチとは、コニー・アイランドの一角を占める大衆向け海水浴場で、近辺には日本人村があった。また、「有名なアメリカ人レスリング王者」の正体は「ヤング」パイニング、本名オスカー・ドレソダーフ(Oscar Dresodarf: 生没年不詳)というレスラーである。ジョン・パイニング(John Piening: 1878-1913)という当時の強豪レスラーを彷彿させる「ヤング」パイニングは、実際にはほぼ全くの無名の選手だった。もちろ

ん、前田の知名度は皆無である。
それゆえ、少しでも戦いを盛り上げようとしたのだろうか、この記事では派手な舌戦が繰り広げられている。試みに引用してみよう。

私［パイニング］はこのミクスト・マッチで日本人の柔術家を空高く放り投げ、そのライスケーキのような体をボールのように丸め、15分以内に勝利し、最後にこの黄色いブルドッグに勝利した暁には、彼は3千ドルを手放すことに同意するだろう。おそらく日本人は愚かなロシア人よりは強いだろう。しかし、みてみろ。私はアメリカ人であり、そしていかなる日本人も我々には並び立たない。[42]

気炎を上げるパイニングに対して、「コードーカンという日本で有名な柔道組織の指導員」の前田は、次のように反論した。

どちらが勝つのか私［前田］にも分からない。私はいつも、戦いの結末は運次第だと信じている。しかし、偉大なる東郷元帥が、一切おごることなく、あのとてつもない海戦［日本海海戦］に勝利したことを、もしあなたたちが覚えているならば、土曜日に行われる私とドレソダーフの一戦の結果もイメージできるだろう。あいにく私は自慢屋でも大ぼら吹きでもないのだ。[43]

こうした対決の構造も、もはやおなじみだろう。つまり全く新奇性に乏しい。ただひとつ異なっていたのは、試合が前田の勝利に終わったことだ。『武者修業』によれば、試合は3本勝負制で行われ、1本目は前田のフォール勝ち、2本目は腕関節を極《き》めた前田のギブアップ勝ち。3本目は腕を負傷したパイニングの試合放棄に終わっている。一方で試合後、『ブルックリン・デイリー・イーグル』は沈黙したままだった。そのことは、前田の勝利の逆説的な裏付けとも思われるが、そもそも報道価値が失われていたことの証左ともいえる。いずれにせよ前田の快勝の証しは、ニューヨークの新聞には刻まれていない[44]。

ただし、たとえアメリカ社会において異種格闘技試合とその勝敗への関心が希薄化したとしても、同地で暮らす日本人にとってこうした試合は特別な意味を持っていた。『武者修業』には、「ニューヨーク・ワシントン辺りからも我が同胞在留者が沢山集まって来る、同胞の来館者は過半以上であ[45]」り、試合後は「過半の同胞は大喜びで前田氏の休息室に押し掛けた。何《いず》れも狂喜して成功を感謝[46]」した、などとある。同様のことは、のちに前田が転戦する中南米でも生じ、また流行が去った後のアメリカでも起きていた。場所も年代も異なるこれらの試合を一緒にして論じることはできないが、現地社会との日常的な軋轢《あつれき》や抑圧に苦しむ日本人、特に労働移民にとって、異種格闘技試合の非日常は、ほんの束の間だけ地位や序列を逆転できる夢舞台だったのだろう。

3―3　レスリングを学ぶ柔道家

ところで、パイニング戦の1本目でフォールを奪ったということは、前田はレスリングの技術をあ

7　ゴーリキーの「退屈の王国」(冒頭)。

8　㊤立ち並ぶ見世物小屋。㊥日本茶室(左・写真向かって右手の建物)。コニーアイランドにあったルナ・パーク(中)。まさしく不夜城だった(右)。㊦マンハッタン・ビーチ。

9　『武者修業』に掲載された大野と前田によるキャッチ・レスリングの練習風景。

る程度身に着けていたことになる。この点で、いつ、どこで、誰から学んだのかは定かでないが、『武者修業』にはレスリングの練習をする前田と大野の写真も掲載されている【9】。もしかしたら前田は、去る同年3月のニューヨーク・アスレティック・クラブでの敗戦を機に、レスリングを学び始めたのかもしれない。あるいは大学での柔道指導を通じてその機会を得た可能性もあるだろう。いずれにせよ、レスラーが柔術を学んだように、柔道家がレスリングを学んだ、ということは、柔術ブームを読み解く際の見逃せない要素である。異種格闘技試合を巡っては、日米のナショナルな対決・対立が強調される傾向にあったが、しかしその傍らでは、技術的な交流も確かにあったのだ。

ちなみに、前田がレスリングにかなりの程度習熟していたことは、新聞報道にも表れている。たとえば『アッシュビル・シチズン・タイムズ』(*Asheville Citizen Times*)には、「前田は柔術家だが、アメリカのレスリングも熟知しており、同地ではこのスタイルで試合をするだろう。大野はこのスタイルを学ぶために前田と毎日練習している[47]」などとある。それでは、なぜこの記事がアッシュビルの新聞に載ったかといえば、このとき前田は大野とともに同地に滞在していたからである。

二人は10月13日にアッシュビルを来訪し、現地のＹＭＣＡや地元の社交団体「エルクス・クラブ」(Elks Club)で有料の柔道教室を開催した。その盛況ぶりを伝える記事の中に、ある興味深い情報が混じっている。

この秋、[アッシュビルの]公会堂が開催するレスリング大会の運営を請け負っているマネジャーのバートンは、一線級のレスリング試合を5、6回開催する予定だと語った。

ジョン・バートンとオスカー・バウアーが中量級で、アンディ・フォークナーとサム・マーバーガーが軽量級でそれぞれ試合をする。さらに、フォークナーとマーバーガーの試合の勝者が、ニューヨークから来た日本人の前田と対戦することになっており、バートンとバウアーの勝者と大野の間でも試合が行われることが期待されている。[48]

ここに掲出されたレスラーは、いずれもミシガン州やインディアナ州などの新聞で目にすることが多い。したがって、彼らの本来のテリトリーは中西部で、このときは南東部に遠征していたのだろう。また、別の記事には、大野に重傷を負わせたチャールズ・オルソンの名前も登場するので、彼もまたバートン一行の仲間だったと思われる。なお、前田や大野とこの一座との関連性は不明だが、少なくとも始終連れ立って巡業していたわけではない。おそらくは利害関係の一致から双方が一時的に手を組んだのだろう。

ともあれ、概ねこの記事の情報どおりに事は進む。当時前田たちは相当資金繰りに困っていたようで、次の遠征地への旅費が捻出できなかった大野は泣く泣く離脱したが、前田は「フォークナーとマーバーガーの試合の勝者」と対戦している。ただし、試合が行われた場所はアッシュビルではなく、隣州ジョージアのアトランタだった。

4　アトランタでの熱戦

4―1　柔術への期待と渇望

「流血試合」で大野を最も擁護したのが、『アトランタ・コンスティテューション』だったことは先に述べた。その同紙が、「アトランタ・アスレティック・クラブ（以下、ＡＡＣ）の役員が前田と大野のマネジャーから契約の打診を受け取った[49]」という一報を載せたのは、前田が大野と別れた直後の11月16日のことだった。なお、このときマネジャーだったのはヒラノではなく、小泉浩およびコムラ（Komura）という人物である。

12月1日に現地入りした前田一行は、６日にＡＡＣで開催されたアスレティック・イベントの目玉としてクラブ会員の前に登場し、そこで披露された柔道の妙技に観衆は喝采を浴びせた【10】。特に衆目を集めたのは受身だったようで、「その有効性に関する観客の疑念の一切を取り除くのに十分なものだった[50]」という。かくして一夜にして「柔道の技術は、クラブの会員を大いに喜ばせ[51]」、「彼らには1、２週間アトランタにとどまってもらい、その技術をクラブで指導して欲しいというオファーが出された[52]」。また、この頃から前田の異種格闘技試合に関する記事も散見されるようになり、以後、様々な情報が紙面を彩っていく【11】。

これらの記事をもとに、まずは対戦相手の力量をみてみよう。新聞には「サム・マーバーガー

(Sam Marburger: 1875-1944) はこの種の職業で最強の人物と目されている」[53]といった常套的なあおり文句が並んだが、実際にマーバーガーはそれなりの実力者だったようで、この試合の翌年には、アレックス・スワンソン (Alex Swanson: 生没年不詳) というウェルター級の強豪レスラーからも勝利を挙げている【12】。ただし、アッシュビルでは、「オルソンは大野より前田のほうが優れていると述べており、マーバーガーも〔前田には〕かなわないだろう」[54]と予想されるなど、戦前から前田の有利がささやかれていた。

次にルールをみてみよう。試合は3本勝負の変則マッチとされ、1本目は道着を着用しての柔術ルール、2本目は上半身裸のキャッチ・レスリングルールで戦うとされた。3本目のルールについては、コイン・トスで選ぶという報道も一部でされたが、実際には1本目と2本目のうち短時間で勝利したほうのルールを3本目で採用する形式で試合は行われた。

そして最も注目すべきは、試合に至る現地の盛り上がりである。チケットは発売直後から大売れし、試合の2日前には「この一戦は今シーズン最大のアスレティック・イベントだ。…(中略)…。月曜の晩のグランド・オペラハウスは超満員が見込まれ、混雑は避けられないだろう」[55]と報じられた。果たしてその予測は現実のものとなったが、こうした盛り上がりの背景に、「この12カ月間、柔術について膨大な量の著述がなされてきた」[56]こと、それに「アトランタの人びとがこの素晴らしいシステムの実演をみられるかという懸念があった」[57]ことは見逃せない。

本章の冒頭で述べたとおり、流行の波はメトロポリスから地方都市へと遅れて到来する。1905年の末、ロバート・エドグレンは『イブニング』で「もはや柔術など知る必要はない」[58]と声高に宣言していた。それと全く同じ時期、冬のアトランタでは、人々の柔術や柔道への渇望を満たす機会がついに巡ってきたのである。

4―2 試合後の賛辞

12月18日の試合の様子は現地紙で報道されただけでなく、1本目と2本目の試合順は逆だが『武者修業』にも載っている。[59] ここでは現地紙の報道に従って、1本目を柔術、2本目をレスリングの試合としたうえで、戦いの模様を追ってみよう。

まず1本目。『武者修業』によると、豪快な巴投を皮切りとして様々な腰技、足技を掛けた後、最後は釣込腰からの縦四方固でフォールを奪った。現地報道では詳細は省かれているが、やはり前田の独壇場だったことに間違いはないようだ。ただし、決着に要した時間は異なり、『武者修業』では試合時間は8分15秒とあるが、現地報道では20分とされている。

続く2本目はマーバーガーが攻勢に回った。『武者修業』によれば、前田はとにかく両肩がマットに付かないように心掛けながら、時間を稼ぐ戦術を採り、結果的にフォールを奪われたものの、25分20秒を稼いだ。現地新聞をみても、「前田はキャッチ式の戦いでは手も足も出ないことが明白になると28分［の試合時間］のうち25分を守備的に戦った[60]」とある。また前田の粘りよりもマーバーガーの拙い攻め方が目についたようで、「［マーバーガーは］技術より身体的な強さと体重を頼りにしていた。…（中略）…。彼が最終的にフォールを奪ったのは、小さな日本人に体重で勝ったからで、特別な技術の結果ではない[61]」と酷評されている。ともあれ、容易にフォールを許さなかったのは、前田のレスリング練習の成果といえるだろう【13】。

3本目は、規定により柔術ルールの戦いとなった。『武者修業』によると、このとき既にマーバーガーは試合放棄寸前だったようだ。結果は4分2秒で前田の抑え込み勝ち。現地の報道では8分で前田の勝利とだけあり、詳細は明かされていないが、この試合を通じて「生気がなく、及び腰で、投げられることばかりを心配しているマーバーガーの様子は観客の目にも明らかだった[62]」と伝えている。『武者修業』で語られたとおり、マーバーガーは戦意を喪失していたのだろう。

現地紙は、試合の総評を次のようにまとめている。「[マーバーガーより] 20ポンド [約9キロ] は重い、この東洋からやって来た小さなアスリートは、当夜全ての名誉をなし遂げ、そして3本勝負が終わる前には、観客の大半の共感を勝ち得ていた[63]」と。その反対に、敗北の言い訳をしたマーバーガーや彼のマネジャーには厳しい視線が送られている。先の大野とフリスビーの試合もそうだが、この論調は東vs.ボスナーを巡る報道姿勢のそっくり裏返しだ。

〈レスリング(アメリカ)は柔術(日本)に勝る〉と結論づけられたはずの柔術ブームの総括をも覆しかねない、柔道への賛辞が大野や前田に送られた決定的な理由は分からない。大野と同じく前田の個人的な魅力にその因を認めるべきなのか、柔道の文化性あるいは実戦性に根拠を求めるべきなのか。それともアメリカ南東部に特有の地政学が働いたのか、はたまた大都市と地方都市における流行の時間差によって生み出されたことなのか。おそらく背景となる複数のレイヤーが重なることによって、例外的とすらいえるこの一枚の絵が生み出されたのだろう[64]。

その後、前田は12月いっぱいをアトランタに逗留し、年明けの1906年1月3日にジョージア州の西端と接するアラバマ州のセルヌに移動する。同地で開催予定の異種格闘技試合に臨むためだった。ところがこの一戦は、告知広告まで掲載されているのに試合が行われた形跡がない【14】。『武者修業』では、〈挑戦者を募集したが名乗り出る者がいなかった〉とある。詳細はよく分からないが、どうも破談になったようだ。こうして、1905年の南東部の巡業の旅は終わり、前田は再びニューヨークへと戻る。

4—3 熱狂の終焉

ライマン・フランク・ボーム(Lyman Frank Baum: 1856-1919)の名前を知らずとも、『オズの魔法使い』(*The Wonderful Wizard of Oz*)を知らない者はいないだろう。1900年の初版から瞬く間にベストセラーとなったこの本で、竜巻に巻き込まれてオズの国へと飛ばされてしまう主人公ドロシーの自宅は、中西部の東端に位置するカンザス州の農場にあった。カンザス州といえば今も昔もアメリカを代表する「田舎」であり、従って『オズの魔法使い』を表層的に解釈すれば、目新しいことの何も起きない平凡な毎日を送る「田舎娘」が主人公だからこそ、異世界における刺激的な冒険が際立つ。いうなれば、カンザスは最新の流行を生み出す場所ではなく、流行が最後に行き着く場所なのである。

その「田舎」のまた「田舎」、ネブラスカ州との国境近くにあるメアリーズヴィルという町の小新聞『マーシャルカウンティ・ニュース』(*Marshall County News*)に、1906年12月に、小さな3面記事が載った。題して「柔術バブル」。そこにはこうある。「もはや柔術は忘れられた」[65]。流行の始まりと終わりを明確にすることは難しいが、20世紀初頭、日露戦争の前夜頃から高まった柔術ブームの真の終焉を、この記事に求めてもよいだろう。

もっとも前田は、1906年の初頭の時点でアメリカに見切りを付けていたようだ。『武者修業』には、前田が南東部に滞在している頃、ニューヨークにロンドンやパリの興行主からからオファーが届いていた。とある。しかし、前田が不在の間に大野がイギリスに赴くことが決まり、そして前田が帰還したとき、パリからの招待状は期限切れになっていた。あるいは、もしもこのとき前田が渡仏できていれば、前田は東勝熊に再会し、谷幸雄や福岡庄太郎とも出会っていたかもしれない。しかし、チャンスをつかみ損ねた前田は、富田とともにエドワード・ハリマン一行の興行に参加したり、シカゴで柔道教室を開いたり、あるいはボストン版コニー・アイランドたるワンダーランドで柔道ショーを開いたり、さらに再びニューヨークに戻ってきたりと、各地を転々としたが、総じて鳴かず飛ばずの1年を送った【15】。明らかに引き潮に向かう柔術ブームにおいて、ビッグ・ウェーブが押し寄せる機会はもはやなかったのだ。

1907年2月、前田光世はついに自費での渡英を敢行する。その後の活躍ぶりについては、『武者修業』のほか、多くの前田の伝記があるので、そちらに譲ろう【16】。その代わり本章の最後では、嘉納の禁を破って異種格闘技試合に乗り出した前田がいつしかたどり着いた、ひとつの柔道のありようについて論じたい。

5　前田が求めた柔道

5―1　コンデ・コマ流柔道

　何んでも海外に出たら、…（中略）…、堂々と其地の角力者強力者と公衆の前で勝負して己の力量を見せ、名声を揚げる《ママ》ことだ。それには外国の習慣に従って、我が旧式の武士道鼓吹者が呼んで以て商売的興行的なりと誤解する入場料制度の飛入勝手を標榜した講演をやるのだ。之が我が封建時代の道場破り、御前試合と同じものなのだ、自らが興行主となって、不法な悪銭を観客から取ると云うなら賤しむべき事だが、舞台へ出て勝負すると云う事は甚《はなは》だ結構な制度だ。[66]

この引用は、前田光世がイギリスで生活していた時分における『武者修業』中の一文である。その後、ヨーロッパからさらに中米へと活動の場を移した前田は、数多の異種格闘技試合の経験を通じて、柔道が別様であり得る可能性を追い求めていった。その構想のひとつが打撃を重視する柔道だ。以下に、前田自身の主張を抜き出してみよう。

僕［前田］は今、ゴム製の拳闘用手袋風にして指が一寸ばかり出る様なものを新案中だ。それから、軽い丈夫な面を之れもゴム製にして目と鼻腔《びこう》の呼吸をなし得る［ものを］新案中だ。胸は撃剣の胴のようなものを着けてもいい。これで当てる事と蹴る事の練習をやる。それから袖を取りに来る手の逆を取る事、以上の練習は柔道家には是非共必要と考える。

…（中略）…、僕も一つ日本柔道へ、拳闘と仏国流の蹴る事を加え［た］、一種の柔道を考え、コンデ・コマ流柔道の金看板を日比谷辺りへ掲げたいのだが、劣機鈍根、そんな重宝な訳には行かない。[67]

「ゴム製の拳闘用手袋風にして指が一寸ばかり出る様なもの」とは、今風にいえばオープンフィンガー・グローブである。また面や胴を着けた徒手格闘の方式は、現在の日本拳法のスタイルに近そうだ。さらに「仏国流の蹴る事」とは、蹴り技を主体に組み立てられたフランスの護身術であるサバットを指す。なお、「コンデ・コマ」とは前田に付けられた異名のひとつである。ともあれ「コンデ・コマ流柔道」は、まさに今日の総合格闘技を先取りするような、壮大な格闘体系だったといえるだろう。

さらに前田には、以下にみるように、明らかに嘉納柔道との対抗を意識して「コンデ・コマ流柔道」を構想した様子もうかがえる。

外国の相撲［レスリング］も確かに研究の価値があると信ずるから、帰朝したら此《この》相撲で一つ他流試合を申込む決心だ。講道館の連中に申して置くが、其時《その》になってそんな相撲は知らないから御免だなどと逃げられては困る。外国人はこんなことには感心で、オイソレと直ぐ試合を行う。帰朝の際は力士二人拳闘家一人を同道する予定だ。それまでに負けないように、充分研究して置いて貰《もら》いたいものだ。[68]

それでは、前田が夢想した新たな柔道の可能性は、どれほど嘉納の柔道と乖離《かいり》していたのだろうか。

5―2　嘉納と前田の距離

この問いに答えることは、それほど簡単ではない。というのも、そもそも講道館にもまた、「形」ではあれ当身技《あてみ》（打撃技）があったからである。しかも嘉納は、ゆくゆくは当身技を乱取りに組み込もうと考えており、また後年になると、合気道や空手の技術にも強い関心を示すようになった。第3章で述べた、アド・サンテルの挑戦に一度は応じようとした態度などもまた、そうした嘉納の進取の気性の表れといえるだろう。もしかしたら、前田と嘉納の目指す方向性は、意外なほど近かったのかもしれない。

けれども、嘉納が柔道の武術性を認め、それを追究していたとしても、やはり「コンデ・コマ流柔道」はあくまで前田オリジナルの柔道であり、仮にそれをも嘉納の掌上の出来事とみなしては、かえって柔道の文化変容のダイナミズムを喪失してしまうだろう。先にも述べたとおり、嘉納が柔道の創始者だからといって、柔道という文化が全て嘉納のうちに還元できるわけでも、あるいは嘉納によって柔道の全てを説明できるわけでもない。

重要なのは、嘉納柔道の根本が教育にあった、ということだ。それは思想のみならず技のありかたにも表れている。たとえば嘉納は寝技より投技を重視した。それは、投技の鍛錬が体育や精神修養の観点から最も有益と考えていたからである。しかし前田が夢想した柔道は徹底的に対異種格闘技用の柔道であり、そこに教育的な配慮はない。前田もまた「投げ業で負かすのが一番気持ちが良い」[69]としたが、しかし同時に投技は「一方の降参するまで」[70]の勝負において究極的には重要ではないとも考えていた。「投げられて［も］後の先《ごせん》に出るほうが真の勝」[71]とみなす前田にとって、投技の価値は寝技や当身技と同等である。前田のまなざしは、徹頭徹尾、異種格闘技試合での勝利にのみ向けられていた。

こうした前田の着眼に基づく「コンデ・コマ流柔道」は、いったんは柔術から離れた柔道を再び柔術へと近づける作業にも見える。けれども、それを近代から前近代への逆行や回帰と読み解くべきではない。前田は在りし日の柔術に戻ろうとしたのではなく、異種格闘技試合の枠組みに適合的な柔道を求め、西洋の格闘技の長所を取り入れた結果、一面で柔術ともみなしえる格闘体系の構築に至ったのだ。言い方を変えれば、嘉納が近代教育としての柔道を構想したように、前田は近代競技としての柔道を追い求めたのであり、ただそこで前提とされる競技の形態が、東西の異なる近代格闘技同士を戦わせる試合形式、すなわち異種格闘技試合だったのである。

さらに敷衍すれば、異種格闘技試合という発想自体が、人と人、文化と文化、技術と技術、その他ありとあらゆるモノが人類史上未曾有のグローバルなスケールで入り混じる、近代という時代の所産だった。この点で前田に先見性を認めるとすれば、異種格闘技試合が文化対決の場であり同時に文化混淆《こんこう》の場でもあることをその身をもって体験したうえで、流行が去った後もなお異種格闘技試合のニーズが消えることはないことを、半ば直観的に理解していたことにあるのではなかろうか。その意味で、「コンデ・コマ流柔道」は、異種混淆《こんこう》の時代としての近代を的確に反映していたのである。

5—3　異端児にして「国士」

前田光世の柔道観を知る手掛かりはもうひとつある。1913年に中央アメリカの小国エルサルバドルで出版された、前田が携わった生涯ただ1冊の教本、『護身術／柔道』（*Defensa Personal ó El Jiu-Jiutsu Al Alcance de Todos*）がそれだ【17】。当時前田は、新年を祝う格闘技興行に参加するために、他の数人の柔道家とともに首都サン・サルバドルに滞在していた。[72] その際、地元の名士で医師のアルベルト・G・デシェント（Alberto Garcia Dechent: 生没年不詳）から、出版を勧められたらしい。この教本は現地の学校や軍隊にも配布されたというが、その序文には次のような文言がある。

私［デシェント］は、肉体的、道徳的、知的な文化の発展に関わる全てを愛する者として、柔術という難しい芸術の無敗の世界チャンピオンとして有名なコンデ・コマことヤマト・マエダに出版を勧めた。マエダは、他の、特に護身術関連のスポーツに比べてそれ［柔術／柔道］が持つ多くの利点の幾つかを明らかにする。この本の主な目的は、熱心な若者たちが手軽に肉体を完璧に発達できる方法を提供し、かつ彼らを優れた健康状態に保ち、さらに誰もが免れることのできない真の危険にさらされたときに有効な、貴重な防御手段を提供することである。[73]

E. MAEDA,
Who Will Meet Sam Murbarge in a Wrestling Match at the Grand December 18.

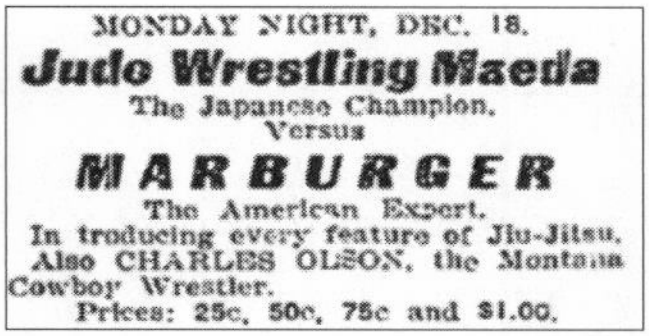
MONDAY NIGHT, DEC. 18.
Judo Wrestling Maeda
The Japanese Champion.
Versus
MARBURGER
The American Expert.
In troducing every feature of Jiu-Jitsu.
Also CHARLES OLSON, the Montana Cowboy Wrestler.
Prices: 25c, 50c, 75c and $1.00.

ONE OF PRINCIPALS IN WRESTLING MATCH EXPECTED TO REVIVE GAME

10　㊧アトランタ入りした前田光世の写真入り記事。
11　㊥前田 vs.マーバーガーの告知広告。前座試合としてオルソンの名前もある。
12　㊨サム・マーバーガー。

MAIDA.
Judo Master, Who Meets Marburg Tonight.

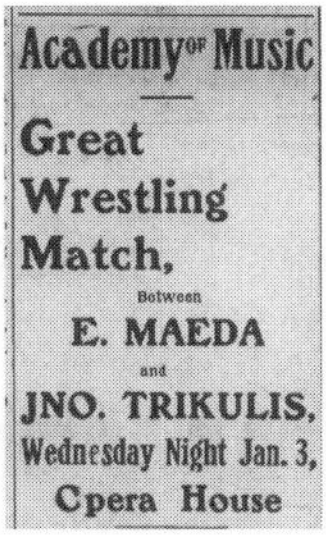
Academy of Music
Great Wrestling Match,
Between
E. MAEDA
and
JNO. TRIKULIS,
Wednesday Night Jan. 3,
Cpera House

Jujitsu and Kenjitsu
Marvelous Exhibition of Japanese Wrestling and Fencing by
Prof. Maeda and Two Assistants
AT JAPANESE VILLAGE,
WONDERLAND
Cut This Ad. Out
GOOD FOR ONE ADMISSION

JIUJ ITSU STU DIO.
Instruction by Professors Maeda and Kyono, $1 per lesson. Address 100 High st, Brooklyn.

13　㊧現地新聞に載ったレスリングタイツ姿の前田光世。「柔道マスター」と紹介されている。
14　㊥セルマの新聞に載った試合の告知広告。前田は「トリクリス」というレスラーと戦う予定だったようだ。
15　㊨ワンダーランドでの柔道ショーの広告(上)。ブルックリンの一角に構えた柔道教室の宣伝広告(下)。

16　㊧のちに大野(左端)と再会した前田(右端)は、他の柔道仲間と一座を組み、中南米を巡業した。

17　㊨教本の扉を飾った前田。写真上部に「柔術の世界王者」とスペイン語で白字で肩書が記されている。

この序文に続いて前田の解説があるのだが、残念ながら柔道に関しては何も語らず、代わりに身体管理の重要さを延々と説くだけだ。したがって読みようによっては、この教本も「身体文化」本の範疇に入るだろう。またその論調は、3部で構成された同書の第1部まで続いている。ここでは深呼吸に始まる12の運動が扱われているが、読み進めるにつれて、足払や背負といった柔道ないし柔術の動作をモチーフにした体操法も登場している【18】。

続く第2部が本書のメインで、様々な護身術が紹介された。中米らしくパナマ帽を使った自衛のテクニックのほか、紳士の必需品たるステッキを使った格闘術、それに素手でナイフや銃を持った相手に対処する術など、その種類は多彩だ。中には、仰向け気味に横たわった態勢から立った相手を蟹挟で倒す方法の解説などもある。なお、最近の研究によると、これらの技術の中には、かつて前田が修得した本覚克己流の技に類似した技も含まれているという[74]【19】。

そして第3部が柔道である。ここでは、まず受身の技法が紹介されたうえで、足払や払腰、背負投や巴投などの腰技や捨身技、袈裟固《けさがため》や襟絞《えりじめ》、腕拉《うでひしぎ》十字固などの寝技が羅列的に紹介された。1900年に制定された「講道館柔道乱捕《らんどり》試合審判規程」で、逆指（指への関節技）や小手挫《ひしぎ》（手首への関節技）などとともに禁止技に指定された、足挫（足首への関節技）とおぼしき危険な関節技も載っている。しかし、それを含めてここで登場する柔道はオーソドックスなもので、「コンデ・コマ流柔道」は、その片鱗すら顔をのぞかせていない。服装をみても、第2部では平服を着ているが第3部では道着を着用しており、その点を含めて第2部と第3部とは全く別個に扱われている。言い換えれば、柔道の本来性は維持されたままだ【20】。

18　柔道の技のフォームを前田は体操に取り入れた。

19　護身術として紹介された技術。左の写真の技が、本覚克己流の「違詰」に似ているという。

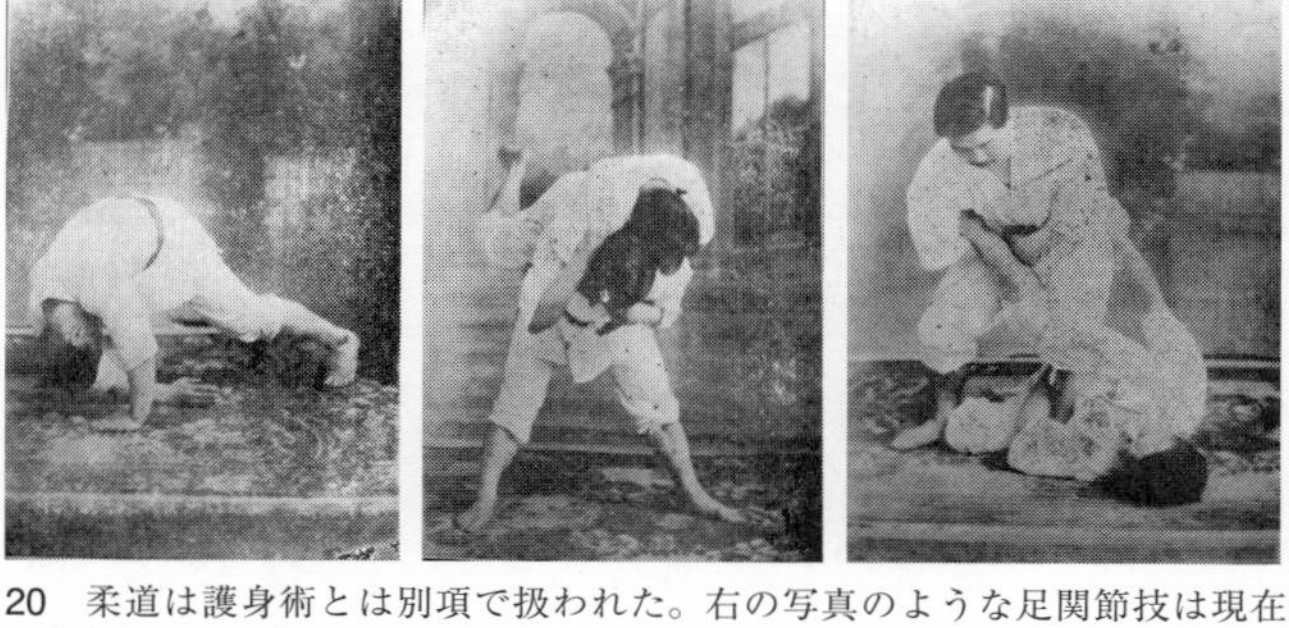

20　柔道は護身術とは別項で扱われた。右の写真のような足関節技は現在の柔道では禁止されている。

前田光世といえば、嘉納の禁、あるいは柔道の「ご精神」を破って異種格闘技試合に乗り出したことと、やがて従来の柔道の枠組みを超え出る格闘体系を創案したことに目が行きがちだ。それは極めて重要な一面であり、本章でもこの点を強調した。なぜなら前田の柔道、あるいは格闘人生そのものが、オルタナティヴな柔道のありかたを示すものであり、ひいては柔道という文化に活力をもたらすからである。けれどもその一方で、それのみをもって前田光世を語り尽くすことはできない[75]。異種格闘技試合に身を捧げ、「コンデ・コマ流柔道」を夢みた前田は、しかし遠い異国の地にあってすら、柔道の本義を伝えようともしていたのではないだろうか[76]。

そしてこのとき、前田の中にも、紛れもなく嘉納の遺伝子が受け継がれていたことが再確認される。コニー・アイランドでの初戦を含めて、日本人移民の期待を背に戦い続けた前田は、いつしか「僕は海外に居る日本柔道家を代表して柔道を傷《きず》つけず外国人と勝負するから、［リングネームを］日本《やまと》前田とする」[77]ようになり、そして最後にたどり着いたブラジルの地では、新たな日本人移住者の安住の地を設けるべく、アマゾン開拓事業に乗り出していく。異種混淆を通じて嘉納柔道を超越しようとする講道館の異端児は、紛れもなく嘉納が求めてやまない「国士」でもあったのだ。

補論5
「大将」と柔術・「決闘狂」と柔道——南米アルゼンチンにおける柔術や柔道の受容

１９１０年代、前田光世が中南米各国を転戦している頃、既にブラジルとアルゼンチンには定住して柔術や柔道を指導する日本人の姿があった【１】。アメリカ大陸の各地を訪ねて回った国際ジャーナリストの大庭《おおば》柯《か》公《こう》（景秋：１８７２―１９？？）は、自著『南北四万哩《マイル》』にこう記している。

日本の柔道が南米の二大国「ブラジルとアルゼンチン」を圧しつつあるは吾人に取りて最大なる愉快なり。亞爾然丁《アルゼンチン》なるベノ《ママ》スアイレスの緒方君は現に陸軍中尉格にして、同北方の市ロサリオの福岡君は陸軍大尉として、共に軍服を着し、その他工藤君の柔道兼撃剣師範としてラブ《ママ》ラタ市に少尉格たる。そしてブラジルに在って同じく一二柔道家の兵学校、士官学校に教員たる。南米に在って意外に尊敬せられつつあるは我柔道家なり。[1]

前田光世以前にブラジルに柔道を伝えた人物がいたことも驚きだが、ここでは補論３に続いて、福岡庄太郎に着目しよう。というのも、「ロサリオの福岡君」こそ、福岡庄太郎に他ならないからだ。

そしてもう一人、「ベノスアイレスの緒方君」こと、柔道家の緒方義雄（１８８５―１９６６）にも注目してみたい。果たして柔術と柔道は、日本から遠く1万8千キロ離れた南米の地でどのように受け入れられたのだろうか。

1　ロサリオの柔術

1―1　フランスとアルゼンチンをつなぐ回路

カジノ・ド・パリでの試合を終えた福岡庄太郎は、1906年3月にボルドーで数試合をこなした後、一路アルゼンチンに向かった。「カシーノ〔興行〕と契約して」[2]来亜したようなので、渡航の目的は興行試合だったのだろう。事実、同年10月にはサンタフェ州の州都ロサリオで、フランク・ブラウン（Frank Brown: 生没年不詳）と異種格闘技試合を戦った記録が残っている。[3]果たしてアルゼンチンにも流行の余波が押し寄せていたのだろうか【2】。ここで現地新聞に目をやると、福岡のロサリオ来訪の少し前、8月3日と9日に、柔術絡みの記事が載っている。タイトルはそれぞれ、「警察のためのアカデミー」[4]「柔術とパリの警察」[5]だ【3】。

最初の記事では、英仏の警察が柔術を警察官の訓練に取り入れたことが取り上げられている。ここでは「日本で『柔術』と呼ばれる攻撃と防御の技術はよく知られている」[6]とあり、アルゼンチンでも柔術が話題になっていた様子が伝わってくる。また、パリ市警では「イギリスで柔術を学んだフランス人」[7]、つまりエドモン・デボネが柔術を教えていること、さらに「パリとロンドンの警察での意見

Casino

1　ブエノスアイレスでの前田光世の興行試合の告知広告(1914年)。下段の枠の写真が前田。

EL JIU-JITSÚ. — MEDIOS DE DOMINAR LA FUERZA BRUTAL

Figura 1

Figura 2

Figura 3

EL JIU-JITSÚ. — MEDIOS DE DOMINAR LA FUERZA BRUTAL

Figura 4

Figura 5

Figura 6

2　現地の有力雑誌『カラス・イ・カレタス』での柔術の特集記事(1906年)。写真はレ＝ニエの教本から引用したものと思われる。

3　パリ市警での柔術の練習風景を写真入りで紹介したロサリオの新聞記事。

「柔術の訓練を通じた都市警察の機能強化と良質な警察官の育成」と同様の主張が、ニューヨークや世界中の多くの都市でもみられる」[8]ことが報じられた。

もうひとつの記事では、エルンスト・レ＝ニエとジョルジュ・デュボワの決闘試合の模様が取り上げられている。報道によれば、この試合を通じてボクシングに比べた柔術の優位が明らかになり、また警察官にとって「［ボクシングとは異なって］殴った相手に起訴されるような心配をする必要がない」[9]柔術は大変有益である、と論じられた。そのうえで、フランスやイギリスの警察の取り組みを他山の石として、自国の警察の奮起を促している。

ここで興味深いのは、どちらの記事でも日本に関する言及がほぼないことだ。あくまで主題は英仏、特にフランス人柔術家の活動とフランスにおける柔術評価の高まりなのである。本書を通じて繰り返し述べてきたように、柔術や柔道は日露戦争との連関で解釈されることも多かったが、日本を直接介さずにヨーロッパを経由する柔術理解の回路が既に形成されていたこともまた、見逃されるべきではないだろう。

さて、福岡は試合後しばらくして、ロサリオ市警の警察官となる【4】。待遇は准尉格で、騎馬警官として市中の巡回業務に当たる傍ら、ロサリオ市警の警察官やサンタフェ州立警察学校、さらにロサリオ市ほか各地のスポーツクラブで柔術を指導する日々を送った。この生活は、福岡が大病を患いパラグアイのアスンシオンに移住する1915年末まで続くが、同地で福岡が厚遇された背景には、福岡の後ろ盾となった一人の有力者の存在があった。名前をホアン・アロスピデガライ（Juan Bautista Arrospidegaray: 1876-1943）という【5】。

1―2　柔術の「ずる賢さ」

1909年、アルゼンチンの全国25の主要都市に、バタロン・エスコラーレ（Batallon Escolare）という青少年向けの身体鍛錬施設が設置された。軍人、軍人経験者、退役軍人が子どもたちを集めて軍隊式の身体教練と集団体操をたたき込むこの取り組みは、当時フランスで盛んだったバタイヨン・スコレール（bataillon scolaire）という徴兵前の予備教育システムをまねて創案されたものだ。[10] そして、このバタロン・エスコラーレの創設モデルとなり、1910年5月に挙行されたアルゼンチン独立100周年記念式典の体操祭で優勝を飾ったのが、「ソシエダ・スポルティーバ・ロサリーナ」（Sociadad Sportiva Rosarina、以下SSR）である【6】。このとき、3百名の幼き未来の兵士たちを束ねていた人物こそ、「大将」の異名で親しまれアロスピデガライだった。

1876年にロサリオで生まれたアロスピデガライは、ブエノスアイレス州立軍学校（Colegio Militar de Buenos Aires）で学んだ後、帰郷後は様々なスポーツ社交団体を指揮した。[11] 特に1897年から1903年にかけて全国に相次いで設置された、体操剣術クラブ（Club de Gymnasia y Esgrima、以下、CGE）のロサリオ支部では、理事として活動するだけでなく、得意の剣術の腕を活かして剣術師範を務めた【7】。その「大将」が国防体育団体というべきSSRの会長の座に収まった理由としては、陸軍大佐の義兄の支援があったことに加えて、アロスピデガライが秩序、規律、愛国心を柱とする母国の社会体育に強い関心を示していたことも大きい。かくて会長に就任して以降、アロスピデガライはロサリオの体育・スポーツ界の首領として確固たる地歩を確立していく。[12]

福岡とアロスピデガライが知り合った直接の経緯は定かではない。けれども「大将」が、福岡をＣＧＥのインストラクターに引き入れ、ＳＳＲの活動に帯同するように計らい、ときに遠征先にまで連れて行くなど、福岡に格別の寵愛を示したことは間違いない。こうして福岡は各地で柔術を教えたり披露するようになった【8】。また一方で、アロスピデガライから西洋式の剣術を学んでもいる【9】。

ところで、「大将」は柔術をどのように意義づけていたのだろう。ひとつは「護身術として非常に有効なこの日本の格闘技[13]」としての価値である。そもそもアロスピデガライは、様々な護身術に並々ならぬ興味を寄せていたが、「1対1だけでなく、2人または3人で向かってくる相手に対しても、練習を通じて習得できる機敏さや巧みさによって、護身の能力を発揮できる」[14]柔術については、「〔軍人や警察官といった〕職業によっては必ず会得しなければならない一連の技法[15]」とまで激賞した。

もうひとつ高く評されたのは、柔術の根本原理が「ビベサ」（vivesa: 狡猾さ）に通じるという点だ。一例を挙げてみよう。

> 〔柔術の〕インストラクターは、あなた〔受講生〕が筋肉を鍛えるべく努力するのを助けるというより、あなたがそれ〔身体鍛錬〕に護身術を付け足して攻撃する術を教える。あなたは、速度、容易さ、さらに狡猾さを得る方法を無意識に学ぶ。…（中略）…。あなたは、このクラスで説明される初歩の動作、身振り、ものの見方、そして狡猾さをあなた自身の中に内面化できる。[16]

しばしばラテンアメリカ諸国には、法や良心に従って清廉に行動する者を愚者とみなす一方で、社

4　㊧警官服姿の福岡庄太郎。
5　㊨「大将」と親しまれたホアン・アロスピデガライ。

6　体操祭で優勝した際のSSRの青少年団員。

7　CGEの剣術クラス（青少年部門）の集合写真（上）。中央の人物がアロスピデガライ。剣術クラスの練習風景（下）。奥に立つ背広の人物がアロスピデガライ。

会の他の成員を出し抜き巧みに立ち回ることを称賛する風潮がある。[17] こうした思考・行動様式自体の問題性はここでは問わない。それより重要なのは、アメリカにおいてしばしばアンフェアな反則技として否定された柔術が、この事例ではビベサと結びつくことで肯定的に評価されたことである。ところ変わればお国柄も変わる。それに応じて文化理解のされ方もまた変わるのだ。

2　ブエノスアイレスの柔道

2―1　緒方義雄の来亜

日本人として最初期のムスリムとしても有名な山岡光太《みつた》郎《ろう》（1880―1959）は、1920年頃のブエノスアイレスで緒方義雄と会ったときの随想を残している。

> 講道館二段の緒形《ママ》君などは、入国当時アルゼンチン国海軍兵学校の招聘という振れ込みであったので、入国後諸方に高官高位の知己ができ、…（中略）…、どこへ行っても警部格で、巡査教習所その他学校などへ師範に出て行って、チョイとの間に百や二百の金を握って帰って来て、一流所の料理屋で紳士扱にされて、…（後略）…。[18]

ずいぶんと羽振りの良い緒方の生活ぶりが浮かび上がるが、そもそも緒方はいつ、どのように海を渡ったのだろう。
愛知県岡崎市に生まれた緒方が、上京して講道館に入門したのは1896年のことである。[19] 緒方と同期でのちに9段を得る柔道家の半田《はんだ》義麿《よしまろ》(1881―1949)は、当時の緒方をこう評価している。

[緒方は] 敏捷にして実にいい素質の技をもっていた。現在 [1935年] まで修行を続けていれば、七段位になったことであろう。[講道館にいた] その時代既に初段の実力があり、非常に器用で、何の技でも自由にかけ、中でも大腰・背負投・巴投が得意だった。…(中略)…。緒方氏はその後ある事情から有段者とならずに [嘉納塾を] 退塾し、一時体操学校へ入っていたこともあったが、後横浜で柔道教師をしていた。この時には実力三段位であった。[20]

緒方が講道館を去った理由は今も不明だが、横浜に道場を構えていたことが、緒方の人生を決定づける契機となったことは間違いない。[21] なぜなら1906年にアルゼンチン海軍の練習艦サルミエント号が日露戦勝を祝すために横浜に寄港した折、8月3日に開催された記念式典上で柔道を披露したことがきっかけで、緒方は来亜を果たすからだ。[22] この演武をみて「小国日本がロシアを破った根本は柔道と結論し」[23] たサルミエント号の艦長は、緒方と弟子の渡辺孝徳(生没年不詳)を柔道師範として迎えることを即決し、かくて洋上の人となった彼らは、1906年12月にブエノスアイレスにやって来た。同地では、緒方が海軍、渡辺は陸軍の士官学校での柔道教師に任じられている。

その後、渡辺は任期満了に伴って１９０８年中に同地を去ったが、緒方はなおもとどまり、今度は警察官として働く傍ら、同僚たちに柔道を教え始めた【10】。１９１１年に一時帰国したものの、翌年には同国に戻り、１９１７年になってアルゼンチン人の女性と結婚し、永住権を獲得してブエノスアイレスで一生を送った。

ところで、山岡が思わずうらやんだ暮らしを、なぜ緒方は送ることができたのだろう。緒方自身の努力と奮闘は当然のこととして、それ以外の理由を探ると、現地の高名な弁護士であり有力政治家でもあったカルロス・デルカッセ（Carlos Delcasse: 1852-1941）という人物が浮かび上がる【11】。

地元の名士として鳴らすデルカッセは、ＣＧＥのブエノスアイレス本部の理事を務めるほど、熱心なスポーツの庇護者でもあった【12】。この点で、オリガルキア（oligarchia）と呼ばれる寡頭支配体制に基づく当時のアルゼンチンにおいて、政治家や資本家などがエリートの社交団体たるスポーツクラブのパトロンを務めること自体は珍しくない。[24] しかしデルカッセの場合は、やや事情が異なる。というのも、この人物は熱狂的な決闘崇拝者だったのである。

2―2　決闘狂は柔道狂

決闘。どこかノスタルジックな響きを持つこの果たし合いの文化は、実は20世紀に至ってなおついえていなかった。特にフランスでは、決闘は日常の延長にあったと述べて過言ではない。裁判所は総じて決闘には寛容な判決を下し、決闘を正当化する法学者すら少なくなかった。新聞や雑誌に決闘の模様が取り上げられる機会も多く、補論３で扱ったレ＝ニエとデュボワの一戦が決闘の色彩を帯びて

8 ㊧ CGEのインストラクターの集合写真。前列右から2人目が福岡。その背後に立つのがアロスピデガライ。㊦アルゼンチンで最も歴史ある社交クラブ「プログレッソ」で1907年に開催された柔術と剣術の実演会。最前列に立つ4人の日本人のうち、左から2人目(口ひげを生やした人物)が福岡。他の3名は不明。

9 CGEの剣術クラスのメンバー。左から3人目が福岡。1人置いて右隣がアロスピデガライ。

いたのも、その意味ではなんら不自然なことではなかったのである。

そしてアルゼンチンは、国家的な理想や目標を英仏に定めており、特に法整備に関してはかなりの部分をフランス民法典によっていた[25]。ブエノスアイレス大学で法学を学んだデルカッセも、当然その洗礼を受けている。また、そもそもデルカッセはフランスからの移民であり、祖国に強烈なシンパシーを抱いてもいた。決闘の習慣は移民と法とともに大西洋を渡り、アルゼンチンでも頻繁に行われていたが[26]、デルカッセはその最たる支持者だったのだ。

それにしても、デルカッセの決闘への信仰ぶりはいささか常軌を逸していた。自らが区長を務める市内屈指の高級住宅街、ベルグラーノ地区にあったデルカッセの邸宅は、シンボルとしてバルコニーに飾られた巨大な天使像から「天使の家」と呼ばれていたが、もうひとつ「決闘の家」という穏やかならぬ異名もあった。それもそのはず、デルカッセは自宅の庭を決闘の舞台として開放し、別に武器庫や格闘場、射撃場までをも豪邸内に備えていたのである【13】。

デルカッセが最も好んだ決闘法は、エペと呼ばれる細身の突剣を用いた戦いだった。剣術を紳士の嗜《たしな》みとする社会通念がそこにはあったのだろう。その一方、サバットやボクシングなどの徒手格闘技にもデルカッセは多大な関心を抱いており、趣味が高じて格闘技興行を主催することもあった【14】。これは単なる酔狂ではなく、娯楽を提供する見返りとしての民衆からの支持の獲得という意味合いもあったが、ともあれこの稀代の決闘狂は大の格闘技マニアでもあったわけだ。そのデルカッセが柔道に関心を示さないはずがない。本論の冒頭に登場した大庭柯公は、デルカッセの執心ぶりを次のように評している。

10　ブエノスアイレスの警察学校での柔道指導。

11　カルロス・デルカッセ。

12　ブエノスアイレスで開催された陸上競技会(下)とその勝者をねぎらうデルカッセ(左)。

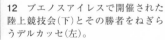

前代議士にしてしばしば内閣員の候補者たりしもの、齢《よわい》六十に近きも雄健壮者を凌《しの》ぐ。デルカッセ君は柔道狂なり。緑陰深き後庭に純日本流の道場を造り、師［緒方］を聘《へい》して技を習う。僕一日招きに応じて到り見る道場の壁には、欧洲古代戦士の剣を懸け、その最大のものは我大刀と交叉せられ拳闘の鉄面は撃剣の鉄面と相上下す。デ君乃ちち《ママ》柔術の稽古衣に身を固めて場の中央に立ち、家に客たる西班牙《スペイン》の旧侯爵某君を敵手として数番の技を闘わす。乃ち興到る時拍手すればデ君頗る得意の色あり。[27]

決闘狂は柔道狂でもあったのだ。緒方の妙技はデルカッセを虜《とりこ》にし、そしてデルカッセは緒方を庇護した。といっても、こうした厚遇は何も緒方に限ったことではない。デルカッセは自宅の格闘技サークルにお気に入りの格闘家を幾人も囲っていた。アルゼンチンは、ペルソナリスモ（personalismo）という、内密で個人的な信頼関係を極端に重視する傾向がある。この価値観もまた、縁故主義や権威主義の温床とみなされることが多いが、その功罪を問うのも今はやめておこう。いずれにせよ緒方はデルカッセに寵愛され、その庇護のもとで柔道は受け入れられた。

最後に余話をひとつ。１９４８年に再建されたヨーロッパ柔道連盟に、同年アルゼンチンから加盟の要請があった。その受理を契機として１９５１年に結成されたのが、今日において世界の柔道を統括する国際柔道連盟である。さらに初の柔道世界選手権は１９５６年に東京で開催されたが、実はその前年にアルゼンチンで第１回大会を行うプランがあったという。[28]

13 「天使の家」における決闘の様子(1935年)。この時期に至ってもなお決闘は半ば公然と行われていた。

14 1902年に迎賓館でデルカッセが主催したレスリング試合。

柔道の国際化における影の主役はアルゼンチンだった、とまでは言うまい。けれども同国が柔道の国際化において重要な役割を演じたのは確かだろう。そしてもっと重要なことは、この南米の大国が第2次世界大戦の余韻冷めやらぬ段階でヨーロッパ柔道連盟に加盟を申し出たことの歴史的背景である。それを知るためには遠く過去に目を向ける必要があり、その端緒はきっと福岡や緒方が活躍した時代にまでさかのぼるに違いない。[29]

あとがき

本書は、筆者の博士学位論文「武道の海外への伝播に関する社会史的研究――前世紀転換期の南北アメリカにおける柔術の普及／受容過程を中心に」（2010年3月、立命館大学）の一部、およびこれまで発表してきた幾つかの論文をベースにしながら、それを大幅に改稿したものである。博士論文で論じた日本と南米の事例の大半を割愛した代わりに、20世紀初頭のアメリカで生じた柔術ブームに焦点を絞り、博士論文では扱わなかった資料や博論の執筆後に得た資料を可能な限りたくさん盛り込んだつもりだ。もちろん、本書に登場する事例をもって柔術狂時代のアメリカを全て語り尽くせたわけではないが、百年以上も昔の太平洋の向こう側で生じた巨大な柔術の流行のうねりを紹介できただけで、筆者としては感無量である。

あわせて本書では、フランスやドイツ、アルゼンチン、そして日本を舞台とする話題を補論として設けた。そこではごく小さなトピックを論じたに過ぎないが、これらの事例を通じて、アメリカ一国に留まらない柔術ブームのグローバルな展開や、同時代の日本にもたらした影響にまで想いを馳せて頂ければ本当に嬉しい。柔術や柔道、あるいはそれらを含む武道の海外伝播の歴史は未だ十分に精査されていないが、本書がそうした領域への関心を呼び起こす契機のひとつともなれば、それはもう望外の喜びである。

本書で主に論じたのは、資本主義が高度化し、都市部を中心に大衆消費社会が形成されゆく時期のアメリカにおける柔術と柔道の受容の様態だった。そこでは柔術や柔道は商品となり消費の一大対象となる。それだけではない。流行を駆動させたのは愛憎入り混じる柔術や柔道への複雑な感情であり、その背景には帝国主義の時代性や日露戦争を介した日本へのまなざしがあった。いま少し詳しくいえば、アメリカの大衆の愛国心をくすぐる仕掛けが、商品化された柔術や柔道のうちに一緒にパッケージ化されていたのである。

こうした柔術や柔道の扱われ方は、今日的視点から、また日本人の視点からみて多く首肯できるものではないだろう。それどころか、都合よくデフォルメされた柔術・柔道像に眉を顰める向きもあるかもしれない。さらには「神聖」な武道が商業主義によって「穢された」と考える方もいるだろう。誤解を招かないように付言しておくと、筆者もまたこうした柔術や柔道のありようを是として言祝いでいるわけではない。その代わりにここで述べておきたいことは、今日の日本における武道の通説的な理解と、柔術狂時代のアメリカにおける柔術・柔道へのまなざしの相同性だ。

日本において、しばしば武道は〈日本固有の伝統文化〉とされる。その背景には、武道をもって日本のナショナリスティックな独自性や特殊性を示したい、という思惑がある。翻って柔術狂時代のアメリカで柔術や柔道に下された評価もまた、〈日本固有の伝統文化〉だった。問題はこの点にこそある。なぜなら、柔術や柔道は、そうした独自性や特殊性を前面に押し出すことで大流行りし、まただからこそ総じて流行の域を脱しなかったと考えられるためだ。いうなれば、柔術狂時代の事例は、愛国主義と資本主義が結合する大衆消費社会のアメリカで生み出された、もうひとつの〈日本固有の伝統文化〉論を巡る顚末なのである。

柔術や柔道を含めて、武道という文化の「本質」を探究する作業には意義があるだろうし、また武道にはそれに内在する独自の価値の体系性があるだろう。けれども一方で、そのような指向性が排他的な本質主義や純血主義を招来しやすいのも事実である。しかもそうしたイデオロギーは過度にナショナリスティックな政治性を帯びることがままある。自文化／自民族中心主義と訳されるエスノセントリズム（ethnocentrism）はその典型だ。この思想は愛国的な自尊感情を慰撫するだけではない。エスノセントリズムは文化を発信する側だけでなく、受け取る側においても創られる。本書の事例に即していえば、〈日本固有の伝統文化〉というアメリカでの評価は、だからこそ武道を拒絶する通牒にもなり得たのだ。翻って、現代日本においてはどうだろう。武道を〈日本固有の伝統文化〉とみる見解に固執することが、却って柔術狂時代のアメリカと同じ状況を生み出さないとも限らない。昨今の日本人の武道離れや武道人口の低下に臨むにつけ、そう思う。

本書で記述を試みたのは、固有の文化としての柔術や柔道のアメリカへの普及の歴史ではなく、アメリカにおける柔術や柔道の理解のありようについてである。柔術・柔道とは何かをあらかじめ定義して歴史を描くのではなく、現地史料を通じて柔術・柔道の語られ方を読み解く、といってもよいだろう。柔術や柔道を特別扱いせず、当時の様々な身体運動文化のひとつとみなし、かつそれらが語られる時代的・社会的な背景に注目することで、異国の地における柔術や柔道の位相が浮き彫りになると考えたわけだが、それが成功したかどうかは読者の皆様の判断に委ねるほかない。

ただ、総じて反発と拒絶をもって幕を閉じた柔術ブームにおいて、しかし子細を観察すれば、柔術が現地既存の文化と少なからず接合していたことだけは強調してよいだろう。たとえば、柔術の技術がキャッチ・レスリングやフィットネスに取り入れられたことなどがそうだ。そして、こうした興味深い文化変容と異種混淆の事例もまた、〈日本固有の伝統文化〉という既存の解釈枠組みの外側にある。そしておそらくは、今日の柔術や柔道を取り巻く新たなムーヴメント、たとえばいまやグローバルな次元で柔術といえば古流の柔術ではなくブラジリアン柔術を指すことや、日本の柔道が世界のJudoとなる過程で世界の様々な格闘技と相互に影響を与え合っていることの意味もまた、〈日本固有の伝統文化〉を超えた視点をもってこそ、初めて捉えることができるだろう。

＊＊＊

ここで少し私事語りに紙幅を費やすことをお許し願いたい。振り返るに、『柔術狂時代』の執筆に至るには、３つの体験が元を成しているように思う。第１は１９９３年、中学生の多感な頃に、アルティメット・ファイティング・チャンピオンシップ（Ultimate Fighting Championship）という現在の総合格闘技イベントの先駆け的大会に出合ったことである。とりわけ初期の数回にはまさしく「アルティメット」な暴力が溢れていたが、その暴力を技と理で制する格闘技があることに筆者は魅了された。それが先にも触れたブラジリアン柔術である。日本の裏側の地で独自の進化を遂げていた柔術に、当時は得もいえないほどのロマンを抱いたものだ。とはいえ、まさかそれが後に研究のモチーフになるとは、中学時分には知る由もない。

第２に、前世紀転換期アメリカへの興味である。どちらかといえば文学少年だったこともあり、大学では英米文学を専攻したが、正直授業やゼミには熱心ではなかった。というより、趣味としての文学と学問としての文学の区別が全くついていなかった。やる気を取り戻したのは、産業社会論の授業でアメリカの大衆消費社会の歴史に触れてからのことで、卒論ではマーク・トウェインの最晩年の作品『不思議な少年』（The Mysterious Stranger）を題材に、成長と繁栄を謳歌する当時のアメリカ社会に潜むペシミズムをテーマとした。もっとも、このとき抱いた興味もまた、それが向後に繋がるとは微塵も思っていなかった。

第3は、南米エクアドルで見た道場の看板だ。大学卒業後、1年足らずで社会人生活をギブアップし、モラトリアム的に大学院に進学した筆者は、父に連れられ2カ月ほど南米各地を旅した。修士（博士前期課程）1年の冬のことである。明確な目標も進路も持たずに進学した当然の報いとして、この時期は修士論文のテーマに悩んでおり、だからこそ無意識にアンテナを張り巡らせていたのかもしれない。首都キトの旧市街を歩いているとき、ある看板が突然目に飛び込んできた。見ると、「柔術・柔道・レスリング・空手・カンフーを教える」とある。ひとつの道場で複数の格闘種目を教えるなど、日本ではおよそ考えられず、それを含めて多分に怪しげな謳い文句だったが、どこか心に引っ掛かった。

この棘が中学時代の思い出と繋がり、次のような着想に至ったのは帰国後のことだ。「世界には日本を基準としては分からない武道・格闘技の世界がある。それをテーマにしてみよう！」。そうして調べていくと、次々と興味深い事例に出くわした。さらにそれらを繋ぎ合わせてみれば、柔術や柔道を取り巻く巨大なブームが前世紀転換期のアメリカを中心に発生していたことがぼんやりと分かってきたのである。まさか大学時代の関心がここで活きるとは思わなかった。かくして筆者は研究にのめり込むようになり、今度こそ意志をもって博士後期課程に進み、お金を貯めて現地に足を運んでは、せっせと史料を集める日々が続き、そして、こうした積み重ねの果てに今日がある。

史料集めで最も大変な思いをしたのはパラグアイで、というのも旅費をねん出するにも一苦労であるうえに、文書館で過去の新聞ひとつ探してもらうのにも袖の下を要求されたりしたからだが、同時に最も思い出深いのもパラグアイだ。特に現地の日系社会の方々の協力を抜きにして、博士論文を書き上げることはできなかった。けれども、そのことは機会を改めて示そう。構成の都合上、本書でパラグアイにまで視野を広げることは叶わず、なにより同国を含めた南米の柔術事情を紹介するには、別にもう1冊必要だ。チリに出没して詐欺師まがいの活動に勤しんでいたニセ前田光世の話や、ボクサーに撲殺されてボクシング界を揺るがす事件となった柔術家の話、南米のプロサッカーチームで「神の手」と称賛された整復の技術を持つ柔術家の話など、柔術狂時代にはまだ続きがある。

＊＊＊

筆者は院生時代、恩師の有賀《あるが》郁敏《いくとし》先生からずっと「お前は凧だ」と戒められ続けてきた。生来の性分なのか、好奇心をくすぐる史料にでくわすと、気流に乗って舞い上がってしまうのである。おそらく本書でもその癖は治っておらず、勇み足には厳しいご指摘を頂きたいが、ともあれ隙あらば勝手気ままに飛んでいこうとする凧の糸を巧みに手繰り、曲がりなりにも博士論文へと着地させて下さったのは、ひとえに恩師のお陰である。「『思考する資質』を絶えず研ぎ澄まさなければならない」という先生の金言は、歳を経るごとに重みを増すばかりだ。本書をもって僅かなりとも報恩となれば、これに勝る喜びはない。

井上俊先生には、博士論文の副査をご担当頂くまで面識を得る機会がなかったが、もしも先生の『武道の誕生』（吉川弘文館、２００４）が刊行されていなければ、エクアドルで心に刺さった棘は、単なる違和感のままで終わっていただろう。特に同書中の「海外への普及」とその前後の章は、何度読み返したか分からない。博士論文の公聴会が終わって数日後、京都のとある老舗の喫茶店で、温かく親身でありつつも正鵠を射た質問やアドバイスを頂戴した際には、頷くばかりでほとんど実のある返答ができなかった。それから10年以上の歳月が流れたが、本書の中にあの日の答えが幾ばくかでも詰まっていれば嬉しい。

同じく副査を担当して下さった山下高行先生にも、この場を借りて厚くお礼申し上げたい。先生との出会いがあってこそ、身体運動文化のグローバルな潮流における柔術・柔道、という視点を得ることができた。硬直的な支配／被支配の構造や西洋／東洋といった単純な二元論を超えた次元で文化が混淆し、その過程でヘゲモニックなせめぎ合いが絶えず生起し続けていることの意味と意義を、大学院の内外で先生から教わった。近所の定食屋で院生たちに囲まれて、常に和やかな雰囲気のもとで活発な議論を交わされる先生の姿は、ひとつの理想の大学教員像として、今なお筆者の脳裏に焼きついている。

個人的な好奇心を出発点とした以上、大学院に進学した当初、筆者には絶えず不安がつきまとっていた。「自分の研究の公的、社会的な意義とは何だろう」と。この不安を払しょくできたのは、アンドレアス・ニーハウス先生と岡田桂先生に巡り合えたからである。ニーハウス先生はドイツ、岡田先生はイギリスを対象として、前世紀転換期の柔術や柔道の受容の実相を考察しておられた。それこそまさしく、常識に囚われた武道観に再考を促し、武道が別様であり得る可能性を追究するものであり、両先生の論文を初めて読んだときは、一気に視界が晴れた気がした。さらに坂上康博先生は、筆者の細やかな研究成果を広く世に問う機会を与えて下さった。坂上先生が編者の労を取られた『海を渡った柔術と柔道』（青弓社、２０１０）なくして、本書もまたなかっただろう。そして、ありがたいことに、諸先生方とは今なお様々に研究交流する機会を頂いている。ここに改めて感謝申し上げたい。

＊＊＊

いざ本書を世に問う今になって過去を振り返ると、我ながらよく書き上げたものだと思う。というのも、わずか8カ月前の段階では、全14章立て、文字数は40万字超、という馬鹿げた分量にまで膨らんでしまっていたからだ。調子に乗ってあれもこれもと色々なエピソードを加筆した因果なのだが、これでは刊行は覚束ない。そこで方向性を見直し、論の主軸を20世紀初頭のアメリカの柔術・柔道ブームに据えつつ、周辺の面白いトピックは補論に留める、という本書のスタイルが改めて決まった。もっとも、学術書としての体裁をできるだけ維持しながら、一般書ならではの妙味をも具備する、という当初の目論見は変わっていない。その試みの成否もまた読者の皆様の判断に委ねたい。

単著の執筆が初体験の新人にとって、今回の試みは難度の高い挑戦だった。おかげで幾度か危うい場面に出くわしつつも、リタイアせずに完走できたのは、ひとえに朝日新聞出版書籍編集部の小柳暁子さんのおかげである。記してお礼を述べたい。さらに、『柔術狂時代』というタイトルからして、これ以上ないほどに素敵な装幀を手掛けて下さったデザイナーのＨＯＬＯＮさん、および都合上、煩雑になった校正作業を丁寧に仕上げて下さった、校閲担当の戸畑道男さんと麦秋アートセンターさんにもまた、感謝のことばしかない。なお、もちろん本書における一切の責任は筆者に帰する。

全ての書物がそうであるように、本書もまた様々な人々の織り成す関係性によって成り立っている。直接間接であれ、そのうち誰１人との出会いが欠けても、本書の刊行は成し得なかった。そのお名前を全て列記できないことを陳謝するとともに、この場を借りてお礼を申し上げる。そして、かけがえのない家族と友人の力添えがあってこそ、ここまで辿り着くことができた。なにより本書は、まずもって両親に捧げたい。本当にありがとう！

柔術狂時代の歴史探究は終わらない。いつの日か、再びその成果を世に問う機会があることを信じて、ひとたび筆を置くことにしよう。

藪　耕太郎

２０２１年12月

註

序論

1. H. Irving Hancock and Katsukuma Higashi, *The Complete Kano Jiu-Jitsu*, (New York and London: G. P. Putnam's Sons, 1905), middle cover.
2. Ibid.
3. Ibid.
4. 丸山三造『柔道世界をゆく』(東京：日本柔道研究会，1950) 57-58. なお、引用文中の「この本」とは正確にはドイツ語版の『カノウ柔術(柔道)大全』である。詳細は補論4を参照のこと。
5. Newspaper.com（最終閲覧日：2021年10月22日）
6. なお、アメリカ柔道史上において、20世紀初頭における同国での柔術・柔道の流行は、柔術フィーヴァー（jiu-jitsu fever）として歴史的に位置づけられている。詳細は下記を参照。Michel Brousse, and David Matsumoto(eds), *Judo in the U.S.: A Century of Dedication*, (California: North Atlantic Books, 2005), 28-32.
7. 児玉実英『アメリカのジャポニズム――美術・工芸を超えた日本志向』(東京：中公新書，1995).
8. O. Henry, "The Girl and The Habit", in *Maclean's Magazine*, (New York: Macmillan, vol.23, no.5, 1912), 468-470.
9. Jacques H. Futrelle, "The Problem of the Motor Boat", in *Associated Sunday Magazine*, (New York: The Associated Sunday Magazines Incorporated, Sep 9, 1906), 3-5.
10. 山室信一『日露戦争の世紀――連鎖視点から見る日本と世界』(東京：岩波新書，2005).
11. 1987年4月23日に日本武道協議会が定めた「武道憲章」などが典型例である。
12. Katsukuma Higashi, "Wonderful Jiu-Jitsu", in *The Independent*, (New York: S.W. Benedict, no. 2932, Feb 9, 1905), 319-322.

第1章

1. William E. Griffis, *The Mikado's Empire*, (New York: Harper & Brothers, 1976)（山下英一訳『明治日本体験記』東京：平凡社東洋文庫，1984, 131-132). またグリフィスは後年、「かつて私は1876年にこの錬成所［福井の藩校だった明新館］を紹介し、合わせて柔術とレスリングの違いを指摘した。これは、当時は知名度の低かったこの技［柔術］を西洋のことばで著した最初の記述だと思う」と回想している (William E. Griffis, *The Mikado: Institution and Person, a Study of The Political*

Forces of Japan, 〈Princeton: Princeton University Press, 1915〉 69)。このときグリフィスが見聞した柔術は、福井藩で盛んだった拍子流和儀と思われる。

2. 'Lafcadio Hearn in Japan Again', *The New York Times*, Mar 20, 1895. なお、『東の国から』における柔術の記述は、ハーンが熊本の第五高等学校に勤めていた1893年の秋頃に執筆されたものであり、さらに日清戦争の勃発とともに大幅に加筆されている。また、ハーンを五高に招いたのは当時同校の校長を務めていた嘉納治五郎であり、その嘉納は同校で「瑞邦館」という柔道場を設けて指導に励んでいた。従ってハーンが熊本で見聞したのは柔術ではなく柔道である可能性が高い。
3. 開国百年記念文化事業会編『日米文化交渉史』(東京：原書房，第5巻，1981) 218. 同書によれば、1895年に矢部八重吉という柔術家がサンフランシスコで柔術の通信教育業を営んでいた、ともあるが、現地史料に基づく限り、矢部の渡米は1905年と思われる。矢部については補論1を合わせて参照されたい。
4. 'About Japanese Who Live in New York', *The New York Times*, Jul 24, 1904. および丸山三造編『大日本柔道史』(東京:講道館，1939)(復刻版，東京:第一書房，1984) 352.
5. 外国人の外出や旅行は、居留地四方の十里(約40㎞)の範囲内でのみ認められていた。
6. 長崎外国人居留地の歴史や制度は下記を参照した。菱谷武平『長崎外国人居留地の研究』(福岡：九州大学出版会，1988).
7. オブライエンの経歴に関しては下記を参照した。長崎県警察史編集委員会編『長崎県警察史』上巻(長崎:長崎県警察本部，1976) 659-665. 長崎県立長崎図書館編『幕末・明治期における長崎居留地外国人名簿Ⅲ』(長崎：長崎県立長崎図書館，2004) 64-69, 208-213, 288. レイン・アーンズ(Lane R. Earns)(福多文子監訳)『長崎居留地の西洋人――幕末・明治・大正・昭和』(長崎：長崎文献社，2002) 172-173. Russ S. Hilaire, *Pioneers of American JuJitsu* (Connecticut: Kobukai, 2004), 45-56.
8. 勅令第169号「巡査俸給令」，1891年8月24日付.
9. 一例として1900年頃における居留地内における物価を挙げると、米1升が10銭前後、人力車を一日雇って70銭、日本劇場の観劇料が15銭から20銭、長崎パブリック・ホール(外人向け劇場)の観劇料が1円から2円、高級ホテルの長崎ホテルの宿泊料が一泊4円超である。詳細は下記を参照。浜崎国男『長崎異人街誌(新装版)』(福岡：葦書房，1994). なお、外国人ポリスの運営は国費ではなく長崎県下の酒造業者や酒類販売業者からの税金で賄われた。
10. John J. O'Brien, *Jiu-Jitsu. The Japanese Secret Science Demonstrated by the Ex. Supt. of Police at Nagasaki, Japan and Instructor of Pres. Roosevelt*, (Boston: The American College of Physical Culture, 1905), middle cover.
11. ソーンベリーの経歴に関しては、下記を特に参考にした。Alice P. Henderson, *The Ninety-First: The First at Camp Lewis*, (Tacoma: J. C. Barr, 1918), 307-309. Earns, 2002, 271. Hilaire, 2004, 57-59.
12. 日露戦争の日本軍の出兵に際しては、兵士の一時収容施設として、ソーンベリ

ーが「家宅」、つまりシーメンズ・ホームを臨時宿舎として提供する旨を申し出ている。詳細は下記を参照。葉川義太郎「在長崎米国人『シーメンス、ホーム』支配人同国人リシャーダブリュー、ソルンバリ氏家宅」『日露戦役ノ際在邦外国人家宅ヲ日本兵宿舎ニ充用セラレタキ旨申出雑件』(外務省, 1905)。

13. プロテスタント宣教師とアメリカ海軍の海員らの寄付金によって1896年に設けられたシーメンズ・ホームは、部屋数が12、ベッドが34、大食堂、大広間、執筆室、娯楽室、図書館を備え、非常時の最大宿泊可能人数90名超という、ホテル顔負けの機能を備えていた。なお1874年には海員のための休息所があり、また1879年にはイギリス国教会の宣教師たちによって、談話室や読書室を併設する建物が建てられていた。その後シーメンズ・ホームは幾度か閉鎖の危機に陥りつつも、太平洋戦争の開戦直前まで営業が続けられている。以上については下記を参照した。浜崎, 1994, 158-162.
14. ソーンベリーは、中国山東省の港湾都市である芝罘(現:烟台)に1906年5月頃まで滞在していた。帰国後の1907年6月にはローズヴェルト大統領に召喚され、芝罘の情勢を報告している('Oyster Bay Cuts It Out', *The Brooklyn Daily Eagle*, Jun 30, 1907)。報告の詳細は不明だが、1905年に成立した芝罘日本人居留民団と関係があるのかもしれない。
15. Risher W. Thornberry,『志゛ゅ志゛ゅつ』(Yokohama: Box of Curious, 1905).
16. 『志゛ゅ志゛ゅつ』に掲載された技法は次のとおり。なお、( )内はローマ字から推測される和名。'Nori'(乗り)、'Kotegayeshi'(小手返)、'Udeori'(腕折)、'Katakuruma'(肩車)、'Ushirozume'(後締)、'Mawariyari'(廻勝)、'Udenoma'(腕之間)、'Hogure'(ほぐれ)、'Yaeyar'(八重勝。技法からみれば袖締掛合にもみえる)、'Umeno Oriedo'(梅之枝折)、'Ohgoshi'(大腰)、'Katteori'(片手折)、'Oikake'(追掛)、'Takateori'(高手捕)、'Kusazurihiki'(草摺引)。また、同書の表紙には *Part One* とあるが、管見の限り2巻目以降が出版された形跡はない。
17. Ibid, 12.
18. 数少ない例外のひとつに下記が挙げられる。H. Irving Hancock and Katsukuma Higashi, *The Complete Kano Jiu-Jitsu*, (New York and London: G.P. Putnam's Sons, 1905). 詳細は本書第4章を参照。
19. Thornberry, 1905, 3.
20. 'Exhibition of Wrestling', *The Harvard Crimson*, Jun 15, 1900.
21. ボストン以外の警察からの依頼もあり、オブライエンはニューヨーク州に隣接するニュージャージー州の州都トレントンや、中西部に位置するイリノイ州のシカゴにまで柔術の指導に出向いている。
22. 'Knack in odd grips', *The Fort Wayne Evening Sentinel*, Oct 3, 1900. なお、同記事には「ときにバージツ(bar-jitsu)として知られる日本の技術たる柔術」という一文があるが、「バージツ」は、イギリス人のバートン=ライトが19世紀末のロンドンで創始した、「バーティツ」(Bartitsu)という柔術に棒術やサバット、ボクシングなどを組み合わせた護身用の格闘技を指すものと考えられる。

23. 'B.A.A. Finals', *The Boston Globe,* Nov 2, 1902.
24. 'At the Boston Y.M.C.U.', *The Boston Globe,* Mar 12, 1904.
25. 'Tackled O'Brien', *The Boston Globe*, Mar 3, 1903.
26. 'Japanese Self-Defense Exhibited', *The New York Times*, Oct 31, 1900.
27. イエロー・ジャーナリズムは、その性質上ポピュリズムに陥りやすく、購読者の獲得を巡る熾烈な過当競争によってマスメディア全体の質の低下を招くばかりか、世論の名のもとに大衆をときに特定のイデオロギーへと誘導した。ただし一方で、イエロー・ジャーナリズムは、客観報道の美名に隠れて政府や巨大資本の御用メディアと化していた高級紙や保守系各紙を批判する役割や、新聞読者の裾野をエリートから大衆へと押し広げる役割も担った。この点を含むアメリカのジャーナリズム史は下記を参照した。Michael Emery, Emery Edwin and Nancy L. Roberts, *The Press and America: An Interpretive History of the Mass Media*, (Boston: Allyn & Bacon, 9th ed. 2000).
28. Dennis Brian, *Pulitzer: A Life*, (Hoboken: Wiley, 2001), 152.
29. エドグレンは円盤投げと砲丸投げの選手として1906年のアテネ五輪に出場している。
30. エドグレンの報道姿勢は公平かつ誠実なことで有名であり、ピューリッツァー・グループと犬猿の仲の『タイムズ』ですらその姿勢には賛辞を贈っている。たとえば以下の記事を参照。'Bob Edgren Dead', *The New York Times*, Sep 11, 1939.
31. *'Jiu-Jitsu Lesson'* , *The Evening World'* , Jan 7-31, 1901.
32. ビゲロウとオブライエン、ローズヴェルトの関係については、下記を参考にした。Christopher Benfey, *The Great Wave: Gilded Age Misfits, Japanese Eccentrics, and the Opening of Old Japan* (New York: Random House, 2003)（大橋悦子訳『グレイト・ウェイブ――日本とアメリカの求めたもの』東京:小学館, 2007, 300-329). Akiko Murakata, "Theodore Roosevelt and William Sturgis Bigelow: The Story of Friendship", *Harvard Library Bulletin*, (Jan, 1975), 90-108.
33. ビゲロウは1903年に柔道着6着と柔術教本1冊、新渡戸稲造の『武士道』を大統領に進呈している。
34. 'Fearful Art, Prof. O'Brien Teaching Jujitsu to Roosevelt', *The Boston Globe*, Mar 20, 1902.
35. 'How the President is Taught Jiu Jitsu', *The Evening World*, Mar 20, 1902.
36. *Theodore Roosevelt Papers*, Library of Congress, Mar 19, 1902.
37. 'How the President is Taught Jiu Jitsu', *The Evening World*, Mar 20, 1902. 大統領が柔術を学んだ様子は複数の新聞が伝えている。たとえば、'Practicing jiu-jitsu', *The Times and Democrat*, Apr 6, 1902. これらの記事の内容は概ね『ワールド』の記事からの転載だが、不可解な文言も見出せる。それは、〈長崎の「エンボクカイ」(Embok Kwai)で秘密裏に継承されていた柔術をオブライエンが外国人として初めて学んだ〉、というものである。「エンボクカイ」に相当する和名は不明だが、オブライエンやソーンベリー、井上鬼喰が関係していた自剛天真流に関係する

組織という可能性もあるだろう。

38. O'Brien, 1905, 10-11.
39. 『家庭の医師』中の「身体文化」の項は全46頁であり、そのうち約3分の1が柔術に関する内容である。
40. O'Brien, 1905, 3.
41. オブライエンは翌年に出版差し止めの裁判を起こしている。詳細は下記を参照。'Seek to Restrain', *The Boston Globe*, May 12, 1906.
42. 'Corbett and Inoue', *Buffalo Evening News*, Nov 5, 1900.
43. 'Art of Bone Breaking', *Democrat and Chronicle*, Nov 1, 1900.
44. 'Corbett and Inoue', *Buffalo Evening News*, Nov 5, 1900.
45. Ibid.
46. 'Art of Bone Breaking', *Democrat and Chronicle*, Nov 1, 1900.
47. Ibid.
48. 厳密にいえば、近代初期のイギリスで発達したピュジリズムと19世紀末におけるアメリカンスタイルの拳闘とは一概に同一視できない部分もある。この点を含むボクシングの歴史は下記を参考にした。Kasia Boddy, *Boxing: A Cultural History*, (London: Reaktion Books, 2008)(稲垣正浩監訳『ボクシングの文化史』東京:東洋書林, 2011).
49. 'Jiu-Jitsu vs. Pugilism', *Democrat and Chronicle*, Jan 21, 1901.
50. 'Versus Jiu-Jitsu' *The National Police Gazette*, May 6, 1905.
51. ただし、ボクサーがピュジリストと形容されることは依然としてあった。たとえば井上とコーベットのエキシビションを報じた記事の副題は、「ピュジリストにとって日本人の技は手に余る」である('Corbett and Inoue', *Buffalo Evening News*, Nov 5, 1900)。また逆に、ピュジリストがボクサーと表記されることもあった。このように、前世紀転換期におけるピュジリズムとボクシングの用語や用法はときに混交的、あるいは未分化だったといえるだろう。

補論1

1. 'Army Transport Sheridan Makes Speedy Voyage from Honolulu', *The San Francisco Call*, Jun 18, 1906.
2. 91st Division Publication Committee (ed.), *The Story of the 91st Division*, (San Mateo: 91st Division Publication Committee, 1919), 135. ちなみに妻のルス(Ruth)もまた、同駐屯地の従軍看護婦養成施設で働いていた。詳細は下記を参照。Alice P. Henderson, *The Ninety-First: The First at Camp Lewis*, (Tacoma: J. C. Barr, 1918), 70-71.
3. Ibid, 306.
4. Ibid.

5. Ibid, 309-312. およびRuss S. Hilaire, *Pioneers of American JuJitsu*, (Connecticut: Kobukai, 2004), 61-63. なお、嘉納治五郎は1920年の第7回アントワープ五輪に向かう途中でニューヨークに立ち寄った際、スミスと偶然再会している。嘉納治五郎講述(落合寅平筆録)「柔道家としての嘉納治五郎(二十回)」『作興』(東京：講道館文化会，第7巻第12号，1928)(再録：講道館監修『嘉納治五郎大系』第10巻，東京：本の友社，1989)，192.
6. Allan C. Smith, *The Secret of Jujitsu: A Complete Course in Self Defense*, (Columbus: Stahara Publishing Company, vol.1-7, 1920).
7. ただし、それは前近代への回帰ではない。近代化の過程で失われた要素を復元しようとする試み自体がしばしば近代的欲望の反映であることを見逃すべきではない。
8. Ibid，374.
9. 在米日本人会自蹟保存部編『在米日本人史』(サンフランシスコ：在米日本人会，1940) 560-561.
10. 'Sports at Camp Kerney, Fort Bosecrans, Balboa Park, Rockwell Field, Camp Talliferro', *The Los Angeles Times*, Nov 11, 1918.
11. Arthur E. Marriott, *Hand-to-Hand Fighting: A System of Personal Defense for The Soldier*, (New York: Macmillan, 1918).
12. Hilaire, 2004, 53.
13. 1967年のディズニー映画『最高に幸せな億万長者』(*The Happiest Millionaire*)の主人公としても有名なビドルは、フィラデルフィアの大資産家に生まれ、若い頃から熱狂的な格闘技愛好家だった。第1次大戦終結後は、フィラデルフィアの近郊に私財を投じて軍事教練学校を開設し、延べ4000人もの軍人が輩出された。さらにビドルは柔術にレスリングや銃剣術をミックスした格闘技を考案し、その普及に努めている。その内容は1937年に刊行された白兵戦マニュアル『やるか殺られるか』(*Do or Die*)に詳しい。以上については、下記を参照した。Anthony J. D. Biddle, *Do or Die: A Supplementary Manual on Individual Combat*, (Arlington: U.S. Marine Corps, 1937). Cordelia D. Biddle, *My Philadelphia Father*, (New York: Doubleday & Company, 1955). Hilaire, 2004, 71-72. なお、ビドルはオブライエンの他に2名の人物に師事している。最初の師は在ハワイの日本人柔術家だが、詳細は分からない。オブライエンに続く3人目は元イギリス海兵隊員のウィリアム・フェアバーン(William E. Fairbairn)である。フェアバーンは、上海で柔術と柔道を学んだ後、ディフェンドゥ (Defendu)なる格闘技を創始した。1941年に米 CIAの前身であるOSS(Office of Strategic Services)に招聘されて格闘技術を指導し、第2次世界大戦後は各国の軍隊や警察組織で指導に携わっている。フェアバーンについては下記を参照した。Shanghai Municipal Police (ed.), *SMP Manual of Self Defense*, (Shanghai: China Publishing & Printing, 1915). William E. Fairbairn, *Defendu*, (Shanghai: North China Daily News & Herald, 1926). William E. Fairbairn and Eric A. Sykes, *Shooting to Live, with the one-hand Gun*, (Edinburgh: Oliver and

Boyd, 1942).

14. 19世紀後半のアメリカの軍隊において、スポーツには厳しい軍隊生活のストレスを緩和する効果が期待されており、黙認あるいはときに積極的に実施されていた。20世紀の初頭になると、スポーツは下士官が上官からの命令を迅速かつ的確に実行する能力を養うための教育手段として奨励されるようになり、またスポーツを通じた下士官と上官との団結心の向上や愛国心の涵養も期待されるようになった。詳細は下記を参照。Steven W. Pope, "An Army of Athletes: Playing Fields, Battlefields, and the American Military Sporting Experience, 1890 - 1920", *The Journal of Military History*, (vol. 59, no.3, 1995), 435 - 456.

15. ルーウィス駐屯地にはロイド・アイルランド(Lloyd Ireland)というレスリング専門のインストラクターがいたが、アイルランドもまた柔術を指導していた。詳細は下記を参照。Henderson, 1918, 391 - 392.

16. Samuel R. Linck, *Combat Jiu Jitsu for Offense and Defense*, (Portland: Stevens - Ness Law Publishing, 1943).

17. Ibid, 8.

18. Ibid, 9.

19. 北米武徳会については、以下を参照した。籾井一剣編著『北米剣道大鑑』(サンフランシスコ：北米武徳会, 1939)(復刻版, 上下巻, 東京：文生書院, 2001). 伊藤一男『桑港日本人列伝』(東京：PMC出版, 1990) 519 - 537. なお、FBIは真珠湾攻撃の直後に北米武徳会の関係者を一斉検挙している。

20. とりわけ黒龍会の主幹、内田良平(1874 - 1937)は自剛天真流の手練れだった。江戸期より福岡黒田藩で武名を馳せた内田家において、武術の達人である父の良五郎から武術一般を学んだ内田は、さらに玄洋社が運営する明道館で自剛天真流を学び、僅か16歳にして天真館という柔術道場を立ち上げている。その後、内田は1892年に上京して講道館に入門し、それ以降は柔道に心酔するようになった。玄洋社、黒龍会、内田良平と自剛天真流との関係については、以下を参照した。黒龍倶楽部編『国士内田良平伝』(東京：原書房, 1967). 日本古武道協会編『日本古武道総覧』(埼玉：島津書房, 1989). 財部一雄編『明道館史』(福岡：明道館, 1984). 内田良平『武道極意』(東京：黒龍会出版部, 1926). なお、山本義泰は、自剛天真流が講道館の乱取稽古の確立に影響を与えた可能性を指摘している。詳細は下記を参照。山本義泰「自剛天真流組討について」(『天理大学学報』第146輯, 1985) 102 - 118.

21 武道家で武道史研究家の山田實は、矢部がイギリスで出版した柔術教本に鑑み、技法の特徴や名称に一致がみられることから、矢部の柔術を自剛天真流とする仮説を立てている(山田實『YAWARA――知られざる日本柔術の世界』(東京：BABジャパン出版局, 1997, 37 - 47)。なお山田は、矢部の教本にみられる「明ノ間」は自剛天真流に独特の名称だというが、同じ急所名は本書59頁に挙げた人体図【14】にもみられる。また、矢部の教本の復刻を手掛けたブラッドフォード・タイレーによれば、長崎在住時にオブライエンは矢部の柔術教室に通い、また矢部

が1905年にニューヨークで柔術学校を開く際には警察官向けのクラスを開講するよう助言したという。詳細は下記を参照。Yaekichi Yabe, *25 Lessons in Official Jiu-Jitsu*, (New York: North China Publications, 1905), (enlarged and reformatted edition by Bradford Tyrey, U.S: www.Neijiabooks.com, 2007), 3-4. ただし、史料的裏付けは認められない。

22. 武道家で武道史研究家の大月諸葉によれば、上西貞一という柔術家も「テンシン流」に連なる可能性があるという（大月諸葉「バリツのカギを握る謎の柔術家・上西貞一」『月刊秘伝』第237号〈東京：BAB ジャパン出版局, 2007〉67-71）。上西は、バートン＝ライトに請われて1900年にイギリスに赴き、同年に渡英した不遷流の谷幸雄、1904年に日本を発った天神真楊流の小泉軍治とともにロンドンの柔術ブームを牽引した人物であり、1905年には柔術教本も出版している。また、本書第4章で扱うサフラジェットたちも少なからず上西の門人だった。なお、上西はイギリスを拠点にフランスやスペインで興行や公演を重ねたのち、1908年に帰国しており、残った谷と小泉は1918年にロンドン武道会という武道サークルを創設している。

第2章

1. 'Japanese Plan Big Coup in Liao-Tung Peninsula', *The New York Times*, May 12, 1904.
2. 'Midget Won by Jiu-Jitsu', *The New York Times*, Mar 5, 1905.
3. 'Actor Jiu-Jitsued Striker', *The New York Times*, Mar 14, 1905.
4. 'Jiu-Jitsu and The Police', *The New York Times*, Dec 24, 1904.
5. 'Policeman Beat Jiu-Jitsu', *The New York Times*, Jan 21,1905.
6. 'Mayor M'clellan Reviews and Forecasts', *The New York Times*, Jan 1, 1905.
7. 'Neutrality Must Be Observed', *The New York Times*, Apr 24, 1904.
8. 'Bronx Bears Fight', *The New York Times*, Jun 5, 1905.
9. 山中良正『アメリカスポーツ史』（東京：逍遥書院, 1960）154.
10. 同上書, 155頁.
11. 同上.
12. 'Here are Jiu-Jitsu Exercises', *The National Police Gazette*, Jun 11, 1904.
13. 'Something about Jiu=Jitsu', *The National Police Gazette*, May 28, 1904. 'Jiu-Jitsu Begins Next Week', *The National Police Gazette*, Jun 4, 1904.
14. 'How Japs Use the Hand', *The National Police Gazette*, Jul 31, 1904.
15. 'How the Japs Strike a Blow', *The National Police Gazette*, Aug 13, 1904.
16. 'The Protection of the Heart', *The National Police Gazette*, Aug 20, 1904.
17. 'Where are You Carrying Weight', *The National Police Gazette*, Sep 17, 1904.
18. 'Where the Weak Beat the Strong', *The National Police Gazette*, Sep 24, 1904.
19. 'Speed Necessary in Jiu-Jitsu', *The National Police Gazette*, Jun 3, 1905.

20. ‘How Japs Use the Hand’, *The National Police Gazette*, Jul 31, 1904.
21. ‘Here’s a Good Jiu-Jitsu Lesson’, *The National Police Gazette*, May 27, 1905.
22. ハンコックの経歴は、下記を参照した。Peter A. Soderbergh, “The Stratemeyer Strain: Educators and the Juvenile Series Book: 1900-1973”, in *Journal of Popular Culture*, (vol. 7, no.4, 1974), 864-872. Timothy D. Adams, “The Long Gray Lie: West Point in Children’s Fiction”, in *Children’s literature in Education*, (vol. 12, 1981), 151-159. Vicki Anderson, *The Dime Novel in Children’s Literature*, (North Carolina: McFarland & Company, 2004), 130.
23. H. Irving Hancock, *Japanese Physical Training*, (New York and London: G.P. Putnam’s Sons, 1903), vi (preface).
24. ダイムノヴェルの歴史については、下記より示唆を得た。山口ヨシ子『ダイムノヴェルのアメリカ——大衆小説の文化史』(東京：彩流社, 2013).
25. ハンコックは、西洋圏ではしばしば柔術の権威とみなされた。たとえば、英語の百科事典として国際的に高名な『ブリタニカ百科事典』の第11版に、「柔術」の項が追加された際には、参考文献として彼の著作が挙げられている。なお、1768年の創刊以来、19世紀を通じて高度な学術性と専門性を売り物にしていた『ブリタニカ百科事典』だが、1901年の第10版からはアメリカ人実業家のホーレス・フーパー（Horace E. Hooper）の管理のもとで編集方針をシフトし、より大衆の興味関心を引く項目を多く採用した。「柔術」もこうした新方針に沿って加えられたと推察できる。
26. パトナムと日本人との交友関係については、下記を参照した。George H. Putnam, *Memories of a publisher, 1865-1915*, (New York and London: G.P. Putnam’s Sons, 1923), 154-165.
27. *Bushido: The Soul of Japan*の最初の刊行元は、フィラデルフィアの小出版社Leeds & Biddle Co.である。また日本における初の翻訳書は1908年に刊行された。なお同書は、読者を西洋の知識人層に想定したうえで、騎士道に武士道を重ねることで西洋に伍する日本の普遍性を訴える一方、武士道に日本の固有性を仮託させることで西洋とは異なる日本の民族的固有性を強調する、という、ある意味で矛盾した主張が織り込まれていた。この点で同書が日本で積極的に受け入れられたのは、西洋と対等でありながら西洋とは異質であることを望む、という、ともすれば屈折した日本のナショナリズムと親和性が高かったからだろう。
28. Irving H. Hancock, *Jiu-Jitsu Combat Tricks*, (New York and London: G.P. Putnam’s Sons, 1904a).
29. Hancock, 1903.
30. ちなみに新渡戸の『武士道』や岡倉天心の『日本の目覚め』(*The Awakening of Japan*)といった日本論は、日本を過度に美化しようとする政治的意図が見透かされ、アメリカではそれほど売れ行きが伸びなかった。なお、日系アメリカ史研究者の水野真理子によれば、ウィリアム・グリフィスは、日本人の日本論の多くは、西洋からの承認欲求やプロパガンダとしての意図が過剰に盛り込まれている、

と辛らつな評価を下したという。詳細は下記を参照。水野真理子「ラフカディオ・ハーンはアメリカでどう読まれたか──『日本──一つの解明』を中心に」河原典史・木下昭編『移民が紡ぐ日本──交錯する文化のはざまで』(京都：文理閣, 2018) 16-36.

31. '"Jiu-Jitsu" for Women', *The New York Times*', Feb 20, 1904.
32. H. Irving Hancock, *Physical Training for Women by Japanese Methods*, (New York and London: G.P. Putnam's Sons), 1904b.
33. 'Jiu-Jitsu', *The New York Times*', Jun 18, 1904.
34. H. Irving Hancock, *Physical Training for Children by Japanese Methods*, (New York and London: G.P. Putnam's Sons), 1904c.
35. H. Irving Hancock, *Physical Culture Life*, (New York and London: G.P. Putnam's Sons), 1905.
36. Hancock, 1903, iii - iv (preface).
37. Hancock, 1904c, iii - iv (preface).
38. Ibid, iv-v(preface).
39. Hancock, 1904b, xi(preface).
40. 'Jiu-Jitsu', *The New York Times*, Jun 18, 1904.
41. サンドウの経歴については下記を参照した。David L. Chapman, *Sandow the Magnificent: Eugen Sandow And the Beginnings of Bodybuilding*, (Illinois: University of Illinois Press, 1994).
42. Michael A. Budd, *The Sculpture Machine: Physical Culture and Body Politics in the Age of Empire*, (London: Macmillan, 1997), 43.
43. 山下高行「グローバリゼーションとスポーツ──ノルベルト・エリアス、ジョセフ・マグワィアの描く像」有賀郁敏ほか『スポーツ(近代ヨーロッパの探究8)』(京都：ミネルヴァ書房, 2002) 379.
44. くしくもユージン・サンドウがスターダムに上る契機となった1893年のシカゴ万博で、初めて西洋世界の表舞台に現れたヨガは、すぐさま「身体文化」の一部に組み込まれただけでなく、英領インド国内ではヨガを「身体文化」とみなす風潮が高まった。双方の文化的連関については下記を参照。河原和枝「ハイブリッド文化としてのヨーガ」『甲南女子大学研究紀要』(人間科学編, 第54号, 2017) 155-166.
45. バンキアは谷幸雄と上西貞一のマネジャーでもあり、柔術興行のプロモーターでもあった。
46. マクファデンの経歴については下記を参照した。Mark Adams, *Mr. America: How Muscular Millionaire Bernarr Macfadden Transformed the Nation Through Sex, Salad, and the Ultimate Starvation Diet*, (New York: Harper Collins, 2009). Robert Ernst, *Weakness Is a Crime: The Life of Bernarr Macfadden*, (New York: Syracuse University Press, 1991).
47. マクファデンの食餌療法、および前世紀転換期アメリカにおける食餌と身体、健

康の関係については、下記を参照。宇沢美子「食べない技法——紳士と知識人とサムソンのための食餌法」鈴木晃仁・石塚久郎編『食餌の技法(身体医文化論Ⅳ)』(東京：慶應義塾大学出版会, 2005) 67-86.

48. Bernarr Macfadden, *The Virile Powers of Superb Manhood: How Developed, How Lost, How Regained*, (New York: Physical Culture Publishing Co., 1900).

49. マックス・ウェーバーは、1904年9月にニューヨークに到着後、セントルイスやシカゴ、ボストンなどの主要都市を来訪し、アメリカにおける資本主義の急速な高度化とその功罪をつぶさに観察した。ウェーバーの卓越したアメリカ観は妻のマリアンネによってまとめられている。Marianne Weber, *Max Weber: Ein Lebensbild*, (Heidelberg: Lambert Schneider, 1950) (大久保和郎訳『マックス・ウェーバー』東京：みすず書房 , 1987). 併せて下記も参照。Max Weber, "Die Protestantische Ethik und der Geist des Kapitalismus," in *Gesammelte Aufsätze zur Religionssoziologie I*, (Tübingen: J. C. B. Mohr, 1920)(大塚久雄訳『プロテスタンティズムの倫理と資本主義の精神』東京：岩波文庫 , 1989).

50. Hancock, 1905, 151-152.

補論2

1. たとえば、1920年代前後を画期とする嘉納による武術の再評価について考究した永木耕介「嘉納治五郎が求めた『武術としての柔道』——柔術との連続性と海外普及」『スポーツ人類学研究』(第10・11号〈合併号〉, 2009) 1-17. 嘉納の甥にあたる嘉納健治の柔拳興行などを事例としながら柔道と拳闘との関係を問いた、池本淳一『実録柔道対拳闘——投げるか、殴るか』(東京：BABジャパン出版局, 2018). 柔道を含めた武道一般の武術性について東アジアの武術との連関までを射程に収めて論じた、志々田文明・大保木輝雄編『日本武道の武術性とは何か ——サピエンスと生き抜く力』(東京：青弓社, 2020)、などがある。

2. 日本における「身体文化」の受容史については、下記を参考にした。谷内田浩正「ボディビルダーたちの帝国主義——明治と世紀転換期ヨーロッパの身体文化」『漱石研究』(東京：翰林書房, 第5号, 1995) 51-73. また、日本におけるサンドウ式の身体鍛錬の受容と展開については下記を参照した。佐々木浩雄「『サンドウ体力養成法』の受容にみる身体観の揺らぎ——西洋的身体への憧憬と東洋的身体への回帰」(『スポーツ史学会第22回大会発表抄録集』, 2008, 10-11). 拙稿も合わせて参照されたい。Kotaro Yabu, “Did the Japanese Dream of Muscular Body?: Western Style of Physical Training in the Meiji Era”, (*Bulletin of Sendai University*, vol.50, no.1, 2018), 1-9.

3. ただし嘉納は、1901年からは文部省参事官、さらに宮内省御用掛、文部大臣官房図書課長、文部省普通学務局長を歴任しており、官僚職も経験している。また、1922年からは貴族院議員でもあった。

4. 嘉納治五郎「柔道一班ならびにその教育上の価値」『大日本教育会雑誌』(第87巻, 1889) 480-481. (再録：講道館監修『嘉納治五郎大系』第2巻, 〈東京：本の友社, 1988〉134-135). なお、大日本教育会は、東京府下の学校教員を会員とする東京教育会と学習院の教員を中核とする東京教育協会とを合併して1882年に組織された東京教育学会を基盤として、1883年に規模を全国に拡大して結成された教育団体である。
5. 嘉納治五郎「少壮の士に告ぐ」『国士』(東京：造士会, 第1号, 1898) 4.
6. 嘉納は自ら実践してその効果を確かめたようで、「談サンダウの事に及びたれば、某氏［知人］はつとにその著書体育養成法を賞讃して止まず、予よりて之を繙閲するに、その法すこぶる簡易にして、しかしてその研窮すこぶる緻密なるを見、すなわち自らこれを行うこと一年、その結果すこぶる良好なるを覚にたり」(造士会編『サンダウ体力養成法』〈東京：造士会, 1900〉序文)と述べている。
7. 嘉納治五郎「我の及ばざるを知れ」『国士』(東京：造士会, 第6号, 1899) 2.
8. 同上.
9. 嘉納治五郎「サンダウの体力養成法に就て」『国士』(東京：造士会, 第1号, 1898) 28.
10. 同上書, 36.
11. 同上書, 30.
12. 修養主義については、特に下記の文献を参照した。修養研究会『人間形成と修養に関する総合的研究』野間教育研究所紀要第51集(東京：野間教育研究所, 2012). 竹内洋『立志・苦学・出世——受験生の社会史』(東京：講談社現代新書, 1991).
13. たとえば『講道館百三十年沿革史』では、「幼少のころに虚弱な身体であったので強くなりたくて柔術を学ぼうと決心した」(講道館『講道館百三十年沿革史』東京：講道館, 2012, 3)という根拠として、12歳の頃に嘉納が「自分は今こそ普通以上の強健な身体を持ってはいるが、その当時は、病身というのではなかったがきわめて虚弱なからだであって、肉体的には大抵の人に劣っていた」(嘉納治五郎口述・落合寅平筆録「柔道家としての嘉納治五郎一」〈『作興』第6巻第1号, 1927〉2-3)ことを挙げている。この回顧録が記された時期が1927年である点に注目したい。
14. 嘉納治五郎「虚弱なりし余は如何にして今日の健康を得たるか」『実業之日本』(東京：実業之日本社, 第13号, 1910) 48-50.
15. 同上.
16. 晴光館編輯部編『現代娯楽全集』(東京：晴光館, 1911) 631.
17. 擬働体操については下記を参照した。石井浩一・高島実「嘉納治五郎の『擬働体操』に関する研究」(『日本体育大学紀要』第16巻第1号, 1986) 13-21. Andreas Niehaus, “Attaining useful abilities is by nature the highest goal of education: Kanō Jigorō's concept of seiryoku zen'yō jita kyōei as applied moral principles”, in Christopher Craig, Enrico Fongaro, and Akihiro Ozaki (eds.), *Knowledge and arts on the move : transformation of the self-aware image through East-West encounters*,

(Milan: Mimesis, 2018), 59 - 76.

第3章

1. ‘What was Expected and What Happened When Jiu - Jitsu was Pitted against “Wrastling” in St. Louis Friday Night’, *St. Louis Post - Dispatch*, Mar 18, 1905.
2. 前世紀転換期を通じてアメリカは、連邦政府の強大化とともに、建国以来続いてきた独立州の連合体としての国家ではなく、ひとつの統一体としての国家を目指すようになっていく。その要因として、国際的にはアメリカの国家的影響力の増大、国内的には州をまたいだ経済活動の活発化や寡占企業のトラストバインディング、あるいはアジアやヨーロッパからの移民の増大、さらには東西をつなぐ交通網の整備などが挙げられる。またこの時期におけるアメリカのナショナリズムの急激な高まりは、愛国の象徴を求める動きと連動し、その過程で星条旗が特別の意味を持つようになっていく。擬人化された国家たるアンクル・サムの創出もこの時代の出来事である。建国者を連想させる風貌に燕尾服とシルクハット姿のアンクル・サムは連邦政府の象徴であり、ズボンの紅白のストライプとハットにちりばめられた星模様は星条旗を表していた。ちなみに柔術(日本)に蹂躙されるアンクル・サム(アメリカ)というイメージもしばしば日露戦争期のメディアをにぎわせた。サンフランシスコを拠点に活動していた歴史家で詩人、著名な新聞記者だったトム・グレゴリー (Tom Gregory)が1905年4月に発表した詩「アンクル・サムへの柔術」(‘Will Jiu Jitsu Uncle Sam’, *The San Francisco Call*, Apr 1, 1905.)はその代表例である。
3. Katsukuma Higashi, “A Japanese Autobiography”, in *The Independent*, (New York: S.W. Benedict, no. 2913, Sep 29, 1904), 722 - 728.
4. 『カノウ柔術(柔道)大全』中の記述に従えば、東勝熊は四天流柔術の星野九門と関係があったようだ。また、『コスモポリタン』での談話によれば、「熊本に星野がおり、鹿児島には堤がいて」(Hugh F. Leonard and Katsukuma Higashi, “American Wrestling vs. Jiu - Jitsu”, in *The Cosmopolitan*, 〈New York: Cosmopolitan Publishing, vol.39, May 1905〉, 36)とある。引用文中の堤とは堤宝山流柔術を指す可能性もある。
5. ‘Concerning Jiu - Jitsu’, *The National Police Gazette*, Jan 14, 1905.
6. Ibid.
7. ‘Jiu - Jitsu too much for M’adoo’s Athletes’, *The New York Times*, Dec 23, 1904.
8. Ibid.
9. Ibid.
10. なお、警察署長はこのエキシビションには立ち会えなかったが、東とボスナーの試合には足を運んでいる。また試合後には次のようなコメントを残した。「警察官にキモノを着せる必要があるようならば、[柔術を市警の警察官に学ばせると

いう]柔術のアイデアは放棄しなければならない」('Higashi Did All the Work, but Bothner Won', *The Evening World*, Apr 7, 1905)。結果的にニューヨーク市警で本格的に柔術が導入されることはなかった。

11. 'Little jap and Sharkey in Jiu Jitsu Trials', *The Evening World*, Dec 24, 1904.
12. 'Jiu-Jitsu in Public at N.Y.U.' *New York Tribune*, Jan 4, 1905.
13. 他にも東は、たとえば2月18日にはスポーツマン同士の親睦を深める交換会の場で柔術を披露し('Athletes at The Strollers', *The New York Times*, Feb 19, 1905)、また3月4日は、ヴァッサー・カレッジと日本女子大学校(現:日本女子大学)との交流会でも演武をしている('Real Yellow Peril in Japanese College', *The New York Times*, Mar 5, 1905)。
14. Katsukuma Higashi, 'Wonderful Jiu-Jitsu', in *The Independent*, (New York: S.W. Benedict, no. 2932, Feb 9, 1905), 319-322.
15. Ibid.
16. Ibid, 319.
17. Ibid.
18. Ibid.
19. Ibid, 320.
20. Ibid.
21. Ibid.
22. Ibid.
23. Ibid, 321.
24. Ibid.
25. Ibid, 322.
26. Ibid.
27. Ibid, 319.
28. 'Policeman Beat Jiu-Jitsu', *The New York Times*, Jan 21, 1905.
29. 'A Victory without Meaning', *The New York Times*, Jan 23, 1905.
30. Ibid.
31. 'Cadet Downs the "Jap"', *The New York Times*, Feb 21, 1905.
32. 'American Wrestler Beat Jiu-Jitsu', *The New York Times*, Mar 1, 1905.
33. 'Naething Downs Jap on Mat', *The New York Times*, Mar 9, 1905.
34. 'Jiu-Jitsu kills Athlete', *The New York Times*, Mar 5, 1905.
35. 'Jiu-Jitsu', *The New York Times*, Mar 12, 1905.
36. Ibid.
37. Ibid.
38. ボスナーの経歴は下記を参照した。George Bothner, *Scientific Wrestling*, (New York: Richard K. Fox Publishing, 1903). George Bothner, *The Science of Body-Building*, (New York: Adams & Grace Company, 1928). 'Bothner Ends his Wrestling Career', *The New York Times*, Dec 16, 1914. 'George Bothner, Wrestler, Dead', *The New York Times*,

Nov 21, 1954.

39. 'Sports of Times', *The New York Times*, Jun 9, 1952.

40. アメリカのレスリングの歴史については、下記を参考にした。Michael R. Ball, *Professional Wrestling as Ritual Drama in American Popular Culture*, (Lewiston: Edwin Mellen Press, 1990)（江夏健一監訳)『プロレス社会学——アメリカの大衆文化と儀礼ドラマ』(東京：同文館出版, 1993). Mark S. Hewitt, *Catch Wrestling: A Wild and Wooly Look at the Early Days of Pro Wrestling in America*, (Colorado: Paladin Press, 2005).

41. 'After Jiu-Jitsu Experts', *The Baltimore Sun*, Jan 30, 1905.

42. 'Ready for Jiu Jitsu', *The Baltimore Sun*, Mar 20, 1905.

43. 'Jiu-Jitsu vs. Wrestling', *The New York Times*, Mar 26, 1905.

44. アメリカン・フットボールの歴史については、下記を参考にした。Mark Vancil (ed.), *ABC Sports College Football All-Time All-America Team*, (New York: Hyperion Books, 2000). Murray Greenberg, *Passing Game: Benny Friedman and the Transformation of Football*, (New York: Public Affairs, 2008).

45. くしくも1905年にアメリカン・フットボールの年間の死傷者数がメディアで公表されたことで、世論は大きく中止や廃止を求める方向に傾き、それを受けてアメリカン・フットボール界は安全性を高めるための抜本的なルール改正や防具の改良に乗り出していく。結果、1905年から1910年にかけて、前方へのパスを認めたり、フライング・タックルを禁止したりする、現行のアメリカン・フットボールのベースとなるルールが出来上がった。この事例をもってアメリカにおけるスポーツ界の流れを全て説明できるわけではないが、ナショナル・ゲームとしてベースボールと人気を二分するアメリカン・フットボールにおいて、暴力の抑止を図るための規制がこの時期に導入されたことは、19世紀的なスポーツでは許されていた暴力がもはや許されなくなってきたこと、つまり暴力の許容限度の閾値の下降を意味するだろう。またこの変遷は、ピュジリズムからボクシングへの移行や、「ラスリング」からレスリングへの移行ともパラレルである。

46. スポーツにおける暴力の抑制と脱抑制の二重性については、下記を参照のこと。Norbert Elias and Eric Dunning, *Quest for Excitement: sport and leisure in the civilizing process,* (Oxford: Blackwell, 1986)（大平章訳『スポーツと文明化——興奮の探求』東京：法政大学出版局, 1995).

47. 'Jiu-Jitsu Gets First Public Test To-Night', *The Evening World*, Apr 6, 1905.

48. 'A Great New Building', *The New York Times*, Feb 27, 1893.

49. 'Exhibition Held Annually in Grand Central Palace Off for First Time Since 1904', *The New York Times*, Sep 28, 1941.

50. 'Jiu-Jitsu Beaten by Yankee Wrestler', *The New York Times*, Apr 7, 1905.

51. 'Japanese Self-Defense Exhibited', *The New York Times*, Oct 31, 1900.

52. ハーストのキャリアについては、下記を参照した。'Slate Picker Who Became Most

Colorful Major League Baseball Umpire', *Republican Herald*, May 1, 1954.

53. 'Higashi did all the Work, but Bothner Won', *The Evening World*, Apr 7, 1905.
54. Ibid.
55. 観戦記において、エドグレンは、東が投げた際にめくれたボスナーの道着が審判の視線を瞬間的に妨げたのではないかと推測している。'Edgren's Column', *The Evening World*, Apr 7, 1905.
56. Ibid.
57. 'Jiu-Jitsu vs. Wrestling', *The National Police Gazette*, Apr 22, 1905.
58. 'Higashi did all the Work, but Bothner Won', *The Evening World*, Apr 7, 1905.
59. Ibid.
60. 'Edgren's Column', *The Evening World*, Apr 7, 1905.
61. 'Dr. Higashi Dissatisfied with Recent Match', *Times Leader*, Apr 13, 1905.
62. 'Jiu-Jitsu Beaten by Yankee Wrestler', *The New York Times*, Apr 7, 1905.
63. 'Jiu-Jitsu is not so Marvelous', *The New York Times*, Apr 8, 1905.
64. 'Jiu-Jitsu Defended', *The New York Times*, Apr 8, 1905.
65. Ibid.
66. この点に関連して、「レスラーと賭け試合の選手との差異」('Wrestlers Different from Prize Fighters', *The Buffalo Times*, May 12, 1905)と題された興味深い記事がある。以下、要約的に紹介したい。この記事によれば、賭け試合としてのピュジリズムが法的に禁じられて以降、レスリングが「ラフ&タンブル」を代替するようになった。しかしレスリングと「ラフ&タンブル」は全く同一ではないという。なぜならピュジリストとは異なりレスラーは、「高額の賞金や賭けによって正直さが損なわれることもなく」「新聞で自分の腕っ節を自慢することもなければ」「不正試合をするわけでもない」「温厚で行儀が良く、節度のある話し方をする人たち」だからである。しかもこうしたレスラーの好印象は「柔術側の奇矯な言動によって高められ」、特に東vs.ボスナーは「[レスラーおよびアメリカ社会に] 有害な結果よりもむしろ有益な結果をもたらした」という。この文脈において柔術は、レスリングの文化的地位、あるいはレスラーの社会的地位を高めるための引き立て役を担ったことになる。
67. 'Dr. Higashi Dissatisfied with Recent Match', *Times Leader*, Apr 13, 1905.
68. 'The Foul Blow in Japan', *The New York Times*, May 21, 1904.
69. 'Jiu-Jitsu', *The New York Times*, Mar 12, 1905.
70. 'Jiu-Jitsu is not so Marvelous', *The New York Times*, Apr 8, 1905.
71. 'Jiu-Jitsu Dissected', *The New York Times*, Apr 17, 1905.
72. 'Graybeard Dancers Laugh at Dr. Osler', *The New York Times*, Apr 20, 1905.
73. アメリカ留学時代の岡部の動向については下記を参考にした。高嶋航『国家とスポーツ――岡部平太と満洲の夢』(東京：KADOKAWA, 2020) 60-77.
74. Leonard and Higashi, "American Wrestling vs. Jiu - Jitsu", in *The Cosmopolitan*, (New York: Cosmopolitan Publishing, vol.39, May 1905),33-42.

75. ‘Swanson Throws Higashi’, *The New York Times*, Oct 14, 1905.
76. Higashi, 1904, 722.
77. ベルリン時代および帰国後における東の動向については下記を参照した。山本一生『水を石油に変える人――山本五十六、不覚の一瞬』(東京：文藝春秋，2017) 58-73.
78. ラーンの経歴については下記を参照した。市場俊之「ドイツの柔術・柔道」坂上康博編『海を渡った柔術と柔道――日本武道のダイナミズム』(東京：青弓社, 2010) 145-167.
79. たとえば、ジョージ・ハッケンシュミットやフランク・ゴッチといった、当時の著名なレスラーによる下記の教本にも、柔術由来のテクニックが紹介されている。George Hackenschmidt, *Complete Science of Wrestling*, (London: Health and Strength Publishing, 1909). Frank Gotch, *Wrestling and How to Train*, (New York: Richard K. Fox Publishing, 1908). 彼らが柔術を学んだ経緯は定かではないが、柔術はレスリングのテクニックの一部として吸収されていた。
80. ビンハムの経歴については、下記を参照した。‘Student Spectators at Jiu-Jitsu Tumble’, *The Harvard Crimson*, Nov 24, 1937. ‘Classes in Jiu-Jitsu Await Indication of More Interest’, *The Harvard Crimson*, Oct 27, 1937. ‘Will Bingham 92 is Dead’, *The New York Times*, Aug 14, 1967. なお、ランカシャー州出身のビンハムがアメリカに移住したのは1909年のことだが、それ以前に日本で柔術を学んでいたという記述もある。それを裏付ける史料は不足しているが、もしもこの記述が正しいとするならば、ボスナーとビンハムは単純な師弟関係ではなく、互いに柔術の技を研鑽し合う仲間だったのかもしれない。
81. ‘Bothner Throws Japanese’, *The New York Times*, Dec 15, 1914.
82. サンフランシスコの日本語新聞『新世界』によれば、「興武館柔道3段岡山県人」(「顎が千切れても構わぬ」『新世界』1908年12月6日付)とあり、横山は柔道家だった可能性もある。
83. ‘Jiu-Jitsu Expert Will Meet American’, *Los Angeles Herald*, May 30, 1909. なお、横山とフクダはともにジョージ・サンテルというレスラーと戦っているが、このレスラーとアド・サンテルが同一人物か否かは現時点で定かではない。‘Jiu-Jitsu Wrestlers’, *The Los Angeles Times* May 23, 1909. ‘Santel is Defeated’, *The Los Angeles Times*, May 31, 1909. および‘Jiu-jitsu Champion too much for Kerr’, *Los Angeles herald*, June 5, 1910. も併せて参照。
84. 来日に至るサンテルの経歴および講道館への挑戦の顚末については下記を参照した。丸島隆雄『講道館柔道対プロレス初対決――大正十年サンテル事件・異種格闘技の原点』(埼玉：島津書房，2006).
85. サンテルとの一戦を巡る岡部の動向については下記を参照した。高嶋, 2020, 92-97.
86. ‘Continued Story Championship Bound the Wily Oriental’, *The New York Times*, Jul 5, 1945.

87. 'Sports of Times', *The New York Times*, Jun 9, 1952.
88. 'Will Bingham 92 is Dead', *The New York Times*, Aug 14, 1967.

補論3

1. Gaston Maquis (composed.), *La JiuJitsu Somanie!* , 1906. なお、歌詞の翻訳に際しては、フランス柔道史研究者の星野映氏の助力を得た。ただし訳責は筆者にある。
2. ただし、作中ではルパンの脱獄は1900年に設定されている。
3. 20世紀初頭のフランス柔術史については、下記の文献を活用した。Michel Brousse, *Le Judo, son Histoire, ses Succès, /Pref. de Guy Drut*,(Genève: Liber, 1996)（細川伸二訳「フランスにおける柔術と柔道の起源(1)」『天理大学学報』(第54巻第3号), 2002, 79-89.
4. フランスの決闘史については下記を参照した。Martin Monestier, *Duels les Combats Singuliers des Origines à nos Jours*, (Paris: Tchou Menges, 1991)（大塚宏子訳『図説決闘全書』東京：原書房, 1999).
5. ブルッスによると、レ＝ニエと決別したデボネは新たに数人の弟子を迎え、柔術に工夫を凝らすとともに、体操クラブやスポーツサークルでの指導を開始するなど、当初のショー路線から一般向けの地道な普及へと方向性を切り替え、それにより柔術は次第に大衆化していったという(細川訳, 2002, 87)。
6. Anonymous, "Un Sport a la Mode le Jiu-Jitsu", *Le Sport Universel Illustré*, (Paris: Le Sport Universel Illustré, no.495, Jan 14, 1906) , 29.
7. 福岡庄太郎の生涯については下記を合わせて参照のこと。拙稿「柔術、南米にいたる！──ある柔術家の生涯をたどって」(坂上康博編『海を渡った柔術と柔道──日本武道のダイナミズム』東京：青弓社, 2010) 206-243.
8. 2005年9月に筆者が実施したライモンド・タケシ・フクオカ氏へのインタヴュー調査に基づく。なお、ライモンド氏は福岡の長男である。
9. 山岡光太郎『南米と中米の日本人』(東京：南米研究会, 1922) 155.
10. 'Les Théâtres', *L'Humanité*, Feb 15, 1906.
11. ヨーロッパにおけるジャポニズムの変容については、下記を参照した。宮崎克己『ジャポニスム──流行としての日本』(東京：講談社現代新書, 2018) 243-262.
12. 'Les Théâtres', *L'Humanité*, Feb 15, 1906.
13. 'Spectacles et Concerts', *L'Aurore*, Feb 17, 1906.
14. 'Higashi Did All the Work, But Bothner Won', *The Evening World*, Apr 7, 1905.
15. 'Spectacles et Concerts', *L'Aurore*, Feb 17, 1906.
16. 'Courrie des Théâtres' *L'Aurore*, Feb 18, 1906.
17. 'Spectacles & Concerts', *Le Matin*, Feb 20, 1906.
18. 'Théâtres et Concerts', *Le Journal*, Feb 25, 1906.
19. Ibid.

20. 'Les Théâtres', *La Liberté*, Feb 21, 1906.

第４章

1. メリウェル物の特徴等については、下記の文献を参照した。小鷹信光『アメリカン・ヒーロー伝説』(東京：ちくま文庫, 2000) 78-100.
2. Burt L. Standish, "Dick Merriwell in Japan: Judo Art Against Jiu-Jitsu", *Tip Top Weekly*, (New York: Street & Smith, No.482, Jul, 1905). バート・スタンディッシュはギルバート・パットンのペンネームである。
3. Ibid, 6.
4. Ibid, 7.
5. Ibid, 13.
6. 嘉納治五郎「永訣の辞」『柔道』(東京：講道館文化会, 第6巻第12号, 1935) 2-3.
7. 山下の経歴については、下記の文献を参照した。丸山三造編『大日本柔道史』(東京：講道館, 1939)(復刻版, 東京：第一書房, 1984) 857-869.
8. 古屋の経歴については、下記の文献を参照した。Quintard Taylor, "Blacks and Asians in a White City: Japanese Americans and African Americans in Seattle, 1890-1940", in Gordon M. Bakken and Brenda G. Farrington (eds.), *Racial Encounters in the Multi-Cultured West: The American West*, (London: Routledge, 2001), 187-216.
9. 柴田一能「本塾柔道部の今昔」三田柔友会編『慶應義塾柔道部史』(東京：三田柔友会, 1933) 22-23.
10. 横山健堂『嘉納先生伝』(東京：講道館, 1941) 323-24. なお、この手紙は1905年5月19日に認められたものであり、この時点で山下は海軍士官学校での柔道指導など、既に一定の成果を収めていた。
11. 'Study Oriental Athletes Amaze Mr. Hill's Guest', *The Washington Times*, dec 3, 1903.
12. 'Jiu-Jitsu at Harvard', *New York Tribune*, Mar 16, 1904.
13. 19世紀末を通じて、講道館は帝国大学や慶應義塾、学習院のほか、旧制高等学校への柔道普及を積極的に展開していたが、その一方で普通教育の一環として柔道を学校体育の正課に編入させることについて嘉納治五郎は慎重だった。なお、撃剣と柔術が中学校の課外体育として認められるのは1898年であり、正課での実施が認められたのは1911年に至ってのことである。その後、1913年には中学校および男子師範学校の体操科教材となり、1926年には撃剣が剣道、柔術は柔道と改称され、さらに1931年に必修化された。
14. Untitled, *Ironwood News Record*, Aug 20, 1904.
15. 黒川勝利「20世紀初頭の合衆国北西部における日本人労働運動」『岡山大学経済学会雑誌』(第34巻第4号, 2003) 25-33.
16. 森杲「アメリカ独占資本形成期の移民労働力」『北海道大学経済学研究』(第18巻第4号, 1969) 149-218.

17. ‘Jiu - Jitsu for Midshipmen’, *The Boston Globe*, Dec 8, 1904.
18. ‘Fails to Obtain Jiu - Jitsu Instructor’, *The Washington Times*, Dec 27, 1904.
19. 渡米中の竹下の動向に関しては下記を参照した。『竹下勇関係文書』(東京：国立国会図書館憲政資料室，資料番号：382 - 386, 443 - 454).
20. ‘Jap Pigmy Yamashita Plays with Giant’, *The Washington Times*, Jan 1, 1904.
21. 前世紀転換期イギリスにおける柔術と女性の結びつきについては下記を参照した。岡田桂「十九世紀末－二十世紀初頭のイギリスにおける柔術ブーム——社会ダーウィニズム、身体文化メディアの隆盛と帝国的身体」『スポーツ人類学研究』(第6号，2004) 27 - 43. 同「女もすなるJiu - jitsu——二十世紀初頭のイギリスにおける女性参政権運動と柔術」『スポーツ科学研究』(第10巻，2013) 183 - 197.
22. アメリカにおける女性の権利獲得運動の歴史については下記を参照した。Smith K. Manners, *New Paths to Power: American Women, 1890 - 1920*, (New York and Oxford: Oxford University Press, 1994). Eleanor Flexner and Ellen Fitzpatrick, *Century of Struggle: The Woman's Rights Movement in the United States*, (Cambridge: The Belknap Press of Harvard University Press, 1996).
23. 講道館初の女性の門人は1893年に入門した芦谷スエ子である。しかし1920年代に至るまで女性の門人は例外的であり、良家の子女に限られていた。また、女性は形稽古しかできないなど、様々な点で男性との差別化が図られていた。なお、アメリカの女子柔道は1950年代から70年代にかけて人口を拡大し、1992年に女子柔道がオリンピック正式種目に採用される際にも同国が主導的な役割を果たした。この点で、50 - 70年代における女子柔道の普及過程は、「アメリカ女子柔道の母」たるリーナ・カノコギ(Rena Kanokogi)が柔道界にはびこる性差別と闘ったように、同時期における女性解放運動ともパラレルである。以上の詳細は下記を参照。溝口紀子『性と柔——女子柔道史から問う』(東京：河出書房新社，2013). 山口香『女子柔道の歴史と課題』(東京：ベースボール・マガジン社，2012). 小倉孝保『柔の恩人——「女子柔道の母」ラスティ・カノコギが夢見た世界』(東京：小学館，2012).
24. ‘To Learn Japanese Way’, *The Sun*, Dec 22, 1904.
25. 富田の経歴については、下記を参照した。村田直樹「講道館柔道の海外普及に関する史的研究:富田常次郎の米国行」『講道館柔道科学研究会紀要』(第16輯, 2017) 1 - 18. 工藤雷介『秘録日本柔道』(東京：東京スポーツ社，1972) 41 - 48.
26. 前田光世の経歴については、下記を参照した。神山典士『ライオンの夢——コンデ・コマ＝前田光世伝』(東京：小学館，1997). 丸島隆雄『前田光世——世界柔道武者修業』(埼玉：島津書房，1997). 三戸建次『コンデ・コマ物語——「柔道世界制覇」と「アマゾン開拓」』(青森：路上社，2013).
27. ‘Jiu - Jitsu for Our Cadets’, *The New York Times*, Jan 28, 1905.
28. Ibid.
29. Ibid.
30. Ibid.

31. ‘After Jiu - Jitsu comes Judo’, *The New York Times*, Jan 4, 1905.
32. ‘Midis to Learn Judo’, *The New York Times*, Jan 2, 1905.
33. ‘Gentle Art of Judo’, *The New York Times*, Apr 6, 1905.
34. ‘Jiu - Jitsu as Imported from Japan’, *The Sun Francisco Call*, Feb 23, 1905.
35. ‘Judo, A Bone Breaking Game’, *The National Police Gazette*, May 6, 1905.
36. Irving H. Hancock and Katsukuma Higashi, *The Complete Kano Jiu - Jitsu*, (New York and London: G. P. Putnam's Sons, 1905), vii (preface).
37. Ibid.
38. ‘Army and Navy News’, *New York Tribune*, Jan 29, 1905.
39. ‘Jiu - Jitsu at Harlem Y.M.C.A.’, *New York Tribune*, Feb 3, 1905.
40. ‘Japanese Wrestler Throws a Princeton Football Man’, *The San Francisco Call*, Feb 17, 1905.
41. ‘Jiu - Jitsu for Our Cadets’, *The New York Times*, Jan 28, 1905.
42. ‘Cadet Downs the “Jap”’. *The New York Times*, Feb 21, 1905.
43. Ibid.
44. ‘Jiu - Jitsu Art of Self - Defense’, *The Richmond Times Dispatch* Apr 2, 1905. なお、前田光世の手記をもとに書籍化された『世界横行柔道武者修業』にも、矢部の主張とほぼ同じ展開で試合の顚末が記されている（前田光世通信（薄田斬雲編）『世界横行柔道武者修業』（東京：博文館, 1912） 19 - 27.
45. ‘Jiu - Jitsu Didn't Worry our Future Generals’, *Democrat and Chronicle*, Feb 22, 1905.
46. ‘Footballers too much for Jiu - Jitsu Men’, *Berkeley Daily Gazette*, Feb 23, 1905.
47. ‘Jiu - Jitsu easy to West Pointers’, *Los Angeles Herald*, Feb 21, 1905.
48. ‘No Faith in Jiu - Jitsu’, *The Times Dispatch*, Mar 2, 1905.
49. ‘Jiu - Jitsu’, *The New York Times*, Mar 12, 1905.
50. 1866年創立のニューヨーク・アスレティック・クラブ（NYAC）は、1879年のアメリカ・アマチュア競技者全国協会の設立に際して主導的な役割を演じるなど、アメリカスポーツ界に歴然とした影響力を有していた。競技スポーツの推進にあたっては、1876年にアメリカ初のアマチュア陸上競技会を主催したほか、1895年にはロンドン・アスレティック・クラブとの国際対抗試合を開催し、2000人もの観客を動員している。同時に19世紀末になるとNYACは貴族主義化し、スポーツ界から優秀な選手を引き抜き、アスリートに現金や物品を授与するようにもなった。詳細は下記を参照。小田切毅一『アメリカスポーツの文化史——現代スポーツの底流』（東京：不昧堂出版, 1982） 149 - 152, 213 - 215.
51. ‘Naething Downs Jap on Mat’, *The New York Times*, Mar 9, 1905.
52. Ibid.
53. Ibid.
54. たとえば『サン』は、1905年3月24日にコロンビア大学で開催された公演の盛況を伝えている。同紙によれば、「柔術とは二親等くらい離れた関係にあると説明された、紳士の技たる柔道」（‘The Gentle Art of Jiu - Do’, *The Sun* , Mar 26, 1905）の

実演が行われ、とりわけ受身は「本公演の中でも決定的に目新しいもので、見物人はそれを大いに評価した」(同上)という。また富田と前田による剣劇の余興もあり、刀を振り回す前田を富田が扇子一本でいなし、最後には刀をたたき落とす、というパフォーマンスが披露された。なお、この公演では、同大学の生理学教授のバシュフォード・ディーン(Bashford Dean)による柔道の解説もあったが、ディーンは来日経験があるばかりでなく、親日家として日本の甲冑や武具の熱心な収集家でもあった。

55. 'Jiu-Jitsu as in Japan', *The New York Times*, Feb 4, 1906. および 'Judo for Self Defense', *New York Tribune*, Feb 8, 1906.

56. 富田と前田は、シカゴ市内で柔道教室を開いていた(Ad, *The Chicago Sunday Tribune*, Apr 8, 1906)。ただし、活動の詳細は不明。

57. 'President Sees Jiu-Jitsu', *The Boston Globe*, Mar 2, 1905.

58. 'Art of Judo Shown by Japanese Experts', *The Washington Times*, Jul 1, 1905.

59. 'Exemplified Art of Judo', *The Boston Globe*, Aug 25, 1905.

60. 'Army and Navy News', *New York Tribune*, Feb,11 1906.

61. 'Jiu-Jitsu Prove Dismal Failure', *The Sun Francisco Call*, Apr. 3, 1906. なお、山下が帰国した後も川口三郎は現地に留まり、当時アメリカで新たな療法として注目され始めていたカイロプラクティックを学んだのち、1916年に帰国して日本に同療法を紹介した。詳細は以下を参照のこと。「JCA ジャーナル」(東京：日本カイロプラクティック連合会，第181号，2000) 15.

62. 柔術は黄禍の象徴でもあり、特に日本人移民の大量移入とそれに伴う日本人排斥運動が盛んだった西海岸地域の新聞にそのイメージは頻繁に登場する。たとえば「警察は黄禍を目の当たりにした」('Now the Police See the Brown Peril', *The San Francisco Examiner*, Jul 2, 1905)では、日本人移民がカリフォルニア州アラメダで起こした諍いを「柔術で大暴れ」と報じた。なお、西海岸以外に目を向けても同様の記事は無数に見つかる。柔術の「反則」と黄禍を重ね合わせて論じた「柔術と反則技——その最も恐るべき形態としての「黄禍」」('Jiu-Jitsu and Foul Blow: "The Yellow Peril" in Its Most Menacing Form', *The Lancaster Semi-Weekly Intelligencer*, Jan 7, 1905.)など、その典型例といえよう。なお、同紙はペンシルベニア州の小新聞である。

63. オレンジ計画については下記を参照した。Edward S. Miller, *War Plan Orange: The U.S. strategy to defeat Japan, 1897-1945*, (Annapolis: United States Naval Institute, 1991) (沢田博訳『オレンジ計画——アメリカの対日侵攻50年戦略』東京：新潮社，1994).

補論4

1. 起倒流はしばしば柔術ではなく柔道を名乗り、他に直信流も柔道の名称を用い

ていた。詳細は下記を参照。中嶋哲也「起倒流における名辞『柔道』の出現とその背景——直信流との関係に着目して」『講道館柔道科学研究会紀要』(第18輯, 2021) 13-30.

2. スポーツ人類学者の寒川恒夫は、近代武道の概念形成の過程で、武道を日本の伝統あるいは固有の文化とする概念は、江戸時代についてはほとんど見出し得ないとし、「それまでの同じ漢字文化圏東アジア諸国とはまるで異質な欧米諸国との人的・物的・文化的な広範かつ頻繁な交流の結果、…（中略）…、そこから逆に日本を意識せざるを得なくなった明治以降に発生した」(寒川恒夫「近代語としての武道の概念形成」『現代スポーツ評論』〈東京：創文企画, 第21号, 2009〉, 42)という。なお、柔術の陳元贇始祖説は現在では懐疑的にみられている。たとえば下記を参照。高橋賢「"日本柔術史" 新研究」『月刊秘伝』(東京：BAB ジャパン, 第381号, 2019) 110-115.

3. Thomas Lindsay and Jigoro Kano, "Jiujutsu: The Old Samurai Art of Fighting Without Weapons", *Transactions of the Asiatic Society of Japan*, (vol.16, no.2, 1888), 192-206. 本文中の引用は、下記の訳に倣った。小野勝敏訳「『柔術』——武器を使わないさむらいの武術」『岐阜経済大学論集』第16巻第3号, 1982, 243-257. さらに以下も合わせて参照した。小野勝敏「明治中期の柔術論——作品『柔術』をめぐって」『岐阜経済大学論集』(第17巻第2号, 1983) 131-155. なおトーマス・リンゼイの役割について、論文の骨子は嘉納が作成し、リンゼイはその英文校閲を担当したと山田實は推測している(山田實『YAWARA——知られざる日本柔術の世界』〈東京：BAB ジャパン出版局, 1997〉, 300-302)。

4. 小野訳, 1982, 248.

5. 同上.

6. 同上. なお、嘉納が依拠した「我が国の恥である」という意見は『天神真楊流大意録』中の記述が元とされている。

7. Tetsujiro Shidachi, "Ju-Jitsu: The Ancient Art of Self-Defence by Sleight of Body", *Transactions and Proceedings of the Japan Society*, (vol. 1, 1892), 4-21. なお引用に際しては下記の訳文に倣った。小野勝敏訳「柔術——からだの早業による古来の護身術」『岐阜経済大学論集』(第29巻第4号, 1996), 171-192.

8. 志立の経歴およびロンドン日本協会については、下記を参照した。小野勝敏「19世紀末のイギリスにおける邦人の柔術講演——志立鉄次郎の柔術論」『岐阜経済大学論集』(第36巻第1号, 2002) 185-200.

9. 小野訳, 1996, 173.

10. Irving H. Hancock and Katsukuma Higashi, (trans. Anonymous), *Das Kano jiu-jitsu (Judo)* , (Stuttgart: Julius Hoffmann, 1906). なお、同書中のベルツの序文については、下記の文献の全訳に倣った。丸山三造『日本柔道史』(東京：大東出版社, 1942) 216-229.

11. 丸山三造『柔道世界をゆく』(東京：日本柔道研究会, 1950) 57.

12. Gertrud Pfister, "The fascination of the exotic? On the development of jujitsu and judo

in Germany", in G. Pfister and L. Yueye(eds.), *Sports, the East and the West*, (Sankt Augustin: Academia, 1999), 19-24. なお、日本文化史家のアンドレアス・ニーハウス(Andreas Niehaus)は誤読を指摘したうえで、『カノウ柔術(柔道)大全』の序文がドイツ人読者に与えた影響を次のように論じた。「彼［ベルツ］が柔術を再発見し、再活性化し、実際に彼こそが嘉納に柔術を勉強するよう吹き込んだ張本人である、というような印象を読者に与えている。…中略…。［かくして教本の内容が］柔術と柔道についての常識として受け入れられ始めた」(アンドレアス・ニーハウス〈阿部生雄訳〉「見失われた嘉納治五郎――ドイツにおける柔道の同化の観点から」『体育史研究』〈第22号，2005〉，43).

13. ベルツの日本理解を知る参考文献として下記を上げておく。エルヴィン・ベルツ(若林操子編訳、山口静一ほか訳)『ベルツ日本文化論集』(東京：東海大学出版会，2001).

14. ベルツと三浦とのつながり、またベルツの柔術理解については下記を参照した。頼住一昭「E.ベルツの剣術・柔術理解に関する一考察――榊原鍵吉および三浦謹之助との出会いを中心として」『スポーツ史研究』(第15号，2002) 1-10. 大道等・頼住一昭編『近代武道の系譜』(東京：杏林書院，2003) 15-26，31-33，106-127.

15. なお、この公演内容に基づくとおぼしき和文の論稿がある。三浦謹之助「柔術一名やわらニ就テ」『中外医事新報』(第463号，1899) 1-8. 内容はやはり柔術の中国由来説を説くもので、陳元贇から福野七郎右衛門、三浦與次右衛門、寺田平左衛門の3名に柔術の基礎が伝授されたことが記されている。この点で、中国由来説を含むベルツの柔術解釈には三浦の影響が大きかったと考えることもできよう。また、三浦と嘉納が同じ天神真楊流の門人だったことに鑑みれば、嘉納が依拠した『天神真楊流大意録』とは異なる歴史理解が三浦にはあったことになろう。註6を合わせて参照のこと。

16. 体操伝習所による調査結果の史的研究としては下記を参照。頼住一昭「三宅秀の柔術観」『スポーツ健康科学研究』(第41巻，2019) 15-21. なお、『カノウ柔術(柔道)大全』の序文でベルツは、戸塚派楊心流が柔術を指導していた千葉県警が高い検挙率を誇っていたことに、自らの柔術への関心の発端を認めている。この点のみ着目すれば、ベルツにとって柔術の価値は体育よりむしろ護身術や逮捕術にあったのかもしれない。

17. 丸山，1942，220.

18. 同上書，223頁.

19. 同上書，225頁.

20. 同上.

21. 同上書，216-217頁.

22. 同上書，220頁.

23. Eric Hobsbawm and Terence Ranger (eds), *The Invention of Tradition*, (Cambridge : Cambridge University Press, 1983)（前川啓治ほか訳『創られた伝統』東京：紀伊

國屋書店，1992）．「創られた伝統」としての柔道あるいはそれを含む武道については、下記を合わせて参照。井上俊『武道の誕生』（東京：吉川弘文館，2004）118-120.

24. この点で池上は、「『伝統』そのものが『純粋培養』の産物どころか、世界的な文脈の中で多様な影響を受けて生成したとみるところにベルツの真骨頂がある」（池上純一「『純粋培養』を超えて——複眼の人間学者ベルツ」〈若林操子編訳，2001〉623）と指摘する。なお、ベルツは近代に「復活」した武士道の「伝統」も厳しく批判している（エルヴィン・ベルツ〈池上純一訳〉「日本人の闘争心と死を軽んずる心について」〈同上書，289-327〉）。
25. 丸山，1942，229.

第5章

1. 'Edgren's Column', *The Evening World*, Apr 10, 1905.
2. 日本児童文学学会編『児童文学事典』（東京：東京書籍，1988）678.
3. 薄田による加工の程度は不明だが、薄田は「前田光世が編者に送れる私信を修正したもので、事実の確かなるは柔道家が見たらすぐ首肯かれるだろう」（前田光世通信〈薄田斬雲編〉『世界横行柔道武者修業』〈東京：博文館，1912a〉461）と弁明している。本論では史料の確度もさることながら、史料自体の希少性を重視して活用した。というのも、当時海外で活動していた柔術家や柔道家の動向を当事者の視点からうかがう史料は極めて僅少だからである。なお、前田と『冒険世界』の執筆陣との関わりについては下記が詳しい。横田順彌『明治バンカラ快人伝』（東京：ちくま文庫，1996）99-108.
4. 広告，『日米』1913年11月8日付.
5. 前田，1912a，10.
6. 同上書，27.
7. 同上書，6.
8. 同上書，7．なお、同書中には「真楊流」（同上）の友人が『カノウ柔術（柔道）大全』の制作に関わった旨が示唆されている。この点で、真楊流が天神真楊流を指すのかは不明だが、第4章で紹介した一本背負投の形など、実際に『カノウ柔術（柔道）大全』には同流を彷彿させる技法が扱われている。
9. 同上書，8.
10. 勧善懲悪を旨とする『武者修業』の物語性は、「豪胆、勇侠、磊落精神を鼓吹し、柔弱、奸佞、堕落の鼠輩を撲滅せんがために出現せしなり」（押川春浪「創刊の辞」『冒険世界』〈東京：博文館，創刊号，1908〉巻頭頁）という『冒険世界』の世界観をほぼ完全に投影している。敷衍すれば、架空の冒険譚が多くを占める同誌において、「実話」としての『武者修業』はそれらのフィクションに仮そめのリアリティを与えたのだろう。なお、『冒険世界』に絡む研究として以下を挙げて

おく。鈴木康史「明治書生の閉じられた冒険――押川春浪の豪傑譚と『バンカラ』なる身体の行方」『武庫川女子大学生活美学研究所紀要』(第22号, 2012) 69-82. 同「押川春浪の『武侠六部作』の構造と読者共同体 ――『冒険世界』に参加する読者たちと媒介者としての春浪」『奈良女子大学文学部研究教育年報』(第9号, 2012) 19-34.

11. 前田, 1912a, 9.
12. 同上書, 53.
13. アナポリスにおける大野の活動を示す記事は少ないが、1905年6月1日付の現地報道によれば、山下義韶および官僚の北垣国道の三男で当時アナポリスに留学していた北垣旭とともに海軍士官学校のアスレティック大会で柔道のエキシビションをしたという('Pleased with Exhibition', *Evening Capital*, Jun 1, 1905.)。また、大野の渡米の理由は不明だが、富田に前田という組み合わせと同じように、嘉納は山下の補佐役として大野を選んだのかもしれない。なお、富田と前田の段位が合わせて十段であるように、山下と大野も合わせて十段となる。
14. 「柔道家大野氏」『やまと新聞』1905年4月14日付.
15. 'Ono's pathetic Tales', *The Washington Post*, Sep 23, 1905.
16. 報道に臨むと、小泉の他に、セザワ某(M. I. Sezawa)、ヒラノ某(I. Hirano)、ミナクチ某(Y. Minakuchi)の名前がみえる('Japanese Wrestlers Issue to Challenge to All Ashevillian', *Asheville Citizen Times*, Jul 13, 1905)。ただし彼らの詳細は不明。
17. 'Prof. Ono, the World's Challenger, Explains Principles Underlying the Art of Jiu-Jitsu', *Asheville Citizen Times*, Jul 16, 1905.
18. 'Frisbee No Match for Jap', *The Greensboro Patriot*, Aug 9, 1905.
19. 'Japanese Wins Victory', *The Messenger and Intelligencer*, Aug 10, 1905.
20. 'Frisbee No Match for Jap', *The Greensboro Patriot*, Aug 9, 1905.
21. 'Ono Will Abandon Jiu-jitsu', *The Morning Post*, Oct 1, 1905. なお、同記事は、オルソン戦で負傷した大野が療養を兼ねてニューヨークに戻り、同地でオルソンと再戦するためにレスリングを習得する、とも伝えている。
22. Ad, *Asheville Citizen Times*, Aug 12, 1905.
23. 大野とオルソンの試合の模様と顚末は『武者修業』にも載っている。前田, 1912a, 90-102.
24. 'Won Against Jiu-Jitsu', *The New York Times*, Sep 16, 1905.
25. 'Ono Gave up The Bout', *The Morning Post*, Sep 16, 1905.
26. 'Ono's Pathetic Tales', *The Washington Post*, Sep 23, 1905.
27. 'Untitled', *Statesville Record and Landmark*, Sep, 26, 1905.
28. 'Wrestler will Claim Damages', *The Atlanta Constitution*, Sep 24, 1905.
29. Ibid.
30. Ibid.
31. 'No Respects Is Shown Jiu-Jitsu by Chicagoan', *Chicago Tribune*, Sep 26, 1905.
32. 「商売人試合は数々ござる。岡部氏の見解は狭小過ぎる。破門は仕方ない。嘉納

館長の弁明」『読売新聞』1921年3月1日付.

33. 嘉納治五郎講述(落合寅平筆録)「柔道家としての嘉納治五郎(三)」『作興』(東京:講道館文化会, 第6巻第3号, 1927)(再録:講道館監修『嘉納治五郎大系』第10巻, 東京:本の友社, 1989) 27.
34. 嘉納治五郎講述「講道館柔道講義(第二号の続き)」『国士』(東京:造士会, 第3号, 1898) 15-16.
35. 磯や福田のほかに柔術の興行に参加した著名な柔術家としては、戸塚派楊心流の大竹森吉や、天神真楊流の市川大八、起倒流の奥田松五郎などが挙げられる。彼らはときに流派を超え、連合して興行を組むこともあった。詳細は下記を参照。山田實『YAWARA——知られざる日本柔術の世界』(東京:BABジャパン出版局, 1997) 136-138.
36. 修養主義の許容する実益と結びつく限りで嘉納が柔道の娯楽的価値を認め、それを『慰心法』と命名したのは1913年である。下記を合わせて参照。桐生習作「柔道『慰心法』の導入と嘉納治五郎の思想」『武道学研究』(第43巻第1号, 2010) 27-38.
37. なお、1909年に一部の講道館の柔道家が横浜で柔道対拳闘の興行試合を挙行した際には、「外人と興行的試合をなしたるは吾が神聖なる講道館の精神を忘却したるものなれば今後一切斯る所業は慎むべく」(無題『東京朝日新聞』1909年5月25日付)との嘉納の訓告が新聞に掲載された。この訓告は出場者への厳しい処罰を伴うものではなかったが、見世物試合に柔道家が参戦することで講道館の神聖性が穢されることを嘉納が危惧していた様子がうかがえる。
38. Maxim Gorky,"Boredom", in *The Independent*, (New York: S.W. Benedict, no. 3062, Aug 8, 1907), 309-317.
39. 翻訳は次の文献に倣った。高橋晩成訳『ゴーリキイ全集』第14巻(東京:改造社, 1930) 148-149.
40. 前田, 1912a, 72.
41. 'Jap Press Agent Gets Busy', *The Brooklyn Daily Eagle*, Aug 18, 1905.
42. Ibid.
43. Ibid.
44. 『武者修業』によると、8月末に前田はマイヤーというレスラー兼ボクサーと賭け試合を行い、勝利を収めたようだ(前田, 1912a, 80-87)。ただしこの一戦を扱う現地報道は見受けられない。おそらく話題にすら上らない一戦だったのだろう。
45. 前田, 1912a, 71.
46. 同上書, 79.
47. 'Wrestler Olsen is Doing Better', *Asheville Citizen Times*, Oct 14, 1905.
48. 'Wrestlers for Matches Selected', *Asheville Citizen Times*, Oct 20, 1905.
49. 'Ono and Maeda Ask for Trial', *The Atlanta Constitution*, Nov 16, 1905. なお、別の報道によると、このとき既に大野はニューヨークに戻っている('Report that Ono Has

Become a Waiter is Devoid of Truth', *Asheville Citizen Times*, Nov 16, 1905)。

50. 'Club Evening Great Success', *The Atlanta Constitution*, Dec 6, 1905.
51. Ibid.
52. Ibid.
53. 'Sam Marburger to Meet Maeda', *The Atlanta Constitution*, Dec 10, 1905.
54. 'Olsen Offers to Throw Any Man in Atlanta in Fifteen Minutes', *Asheville Citizen Times*, Dec 13, 1905.
55. 'Jap Will Meet American', *The Atlanta Constitution*, Dec 16, 1905.
56. 'Wrestling Match', *The Atlanta Constitution*, Dec 17, 1905.
57. Ibid.
58. 'You Needn't Know Jiu-Jitsu to Beat off A Highwayman', *The Evening World*, Dec 23, 1905.
59. 『武者修業』には、この試合の顚末を含めて、アッシュビルおよびアトランタにおける前田の動向が掲載されている(前田, 1912a, 102-115)。なお、アメリカ滞在中の動向を記した箇所において、現地史料と突き合わせて明らかな齟齬がある箇所は見当たらない。読み物としての性格上、一定の潤色や偏った解釈がある向きは否めないものの、同書中に記載された出来事や経緯自体は概ね事実に基づくものと筆者は理解している。註3も併せて参照。
60. 'Sam Marburger Lost to Maeda', *The Atlanta Constitution*, Dec 19, 1905.
61. Ibid.
62. Ibid.
63. Ibid.
64. 『米国日系人100年史』に記載された国勢調査によると、1900年時点でジョージア州在住の日本人は1名、ノースカロライナ州では0名である(加藤新一編『米国日系人百年史——在米日系人発展人士録』〈ロサンジェルス:新日米新聞社, 1961〉1416, 1410)。あくまで推測だが、西海岸を中心に日露戦争を通じて排日の機運が高まる時世にあって、南東部における日本人不在の状況が、ステレオタイプな柔術・柔道イメージとは一風異なる像を同地域に生み出したのかもしれない。
65. 'The Jiu-Jitsu Bubble', *Marshall County News*, Dec 14, 1906.
66. 前田, 1912a, 242.
67. 前田光世「余が経験せる西洋角力と拳闘」前田光世通信(薄田斬雲編)『新柔道武者修業——世界横行第二』(東京:博文館, 1912b), 262-263, 293.
68. 前田光世「西洋力士と吾輩の試合」前田, 1912a, 454-455. なお、『武者修業』は『冒険世界』誌上での連載を元に書籍化されたが、『冒険世界』にこの手記が掲載された時点では、本文中の引用の「…逃げられては困る」の後に、続けて「嘉納師範閣下にも前もってご通知申し上げておくつもりだ」(前田光世「西洋力士と吾輩の試合」『冒険世界』〈東京:博文館, 第3巻第9号, 1910〉20-21)という一文が大きな見出しフォントで挿入されていた。
69. 前田, 1912b, 257.

70. 同上書，261.
71. 同上.
72. エルサルバドルにおける前田の一連の行動については、下記を参照した。Madelín A. Rodríguez, *Proceso de Desentrenamiento Deportivo en Atletas Salvadoreños de Alto Rendimiento que Abandonan la Alta Competencia, durante el Año 2017*, (Ph. D. dissertation: El Salvador University, 2017), 20.
73. Conde Koma (trans. Alberto G. Dechent), *Defensa Personal ó El Jiu-Jiutsu: Al Alcance de Todos*, (San Salvador: Callao, 1913), prefacio.
74. 岡野修平(中嶋哲也再構成)「海を渡ったサムライ――ブラジル柔道の先駆者たち」『月刊秘伝』(東京：BAB ジャパン，第391巻，2020) 44.
75. 柔道の歴史を過度に嘉納治五郎の理念や思想に引き寄せて読み解く試みは、しばしば嘉納還元主義あるいは嘉納中心主義というべき陥穽を招き、ときに嘉納を神格化すらしてしまう。同様に、しばしば前田が祖とされるブラジリアン柔術の成立展開の歴史についても十分な留意が必要であり、少なくとも前田を過剰にまつり上げる弊は避けねばならない。本論でも述べたように、前田は嘉納とは異なる柔道を構想し、晩年に至るまでその可能性を追い求めたが、だからといって「コンデ・コマ流柔道」とブラジリアン柔術とは必ずしも直結しない。なお、ブラジリアン柔術の歴史に関する最も信頼の高い論文として下記を上げておく。Jose Cairus, *The Gracie Clan and the Making of Brazilian Jiu-Jitsu: National Identity, Culture and Performance, 1905 - 2003*, (Ph. D. dissertation: York University, 2012).
76. 前田は、アメリカを転戦していた時期から、柔術と柔道の差異を説いて回っている。たとえばアッシュビルでは、自身の経歴を誤って紹介した地元紙に訂正を求めた('Not a Wrestler', *Asheville Citizen Times*, Oct 20, 1905)。この記事には「前田師範によれば、柔道は柔術とは異なり、柔術を大幅に改良したものである」という談話も載っている。また同紙には、前田による長文の柔道の解説記事も掲載されたが、それは当時における柔道の説明として抜きんでて精度が高い('Prof. Maeda, Explains Some Features of Art of Judo', *Asheville Citizen Times*, Nov 7, 1905)。
77. 前田，1912a，403.

補論5

1. 大庭柯公『南北四万哩』(東京：政教社，1911) 99. 引用文中の工藤某の詳細は不明。ブラジルにいた柔道家とは、リオ・デ・ジャネイロのブラジル海兵団の柔道教師だった三浦鑿と、サンパウロ州警察で柔道を指導していた馬見塚竹蔵だと考えられる。詳細は下記を参照。日本移民80年史編纂委員会編『ブラジル日本移民八十年史』(サンパウロ：移民80年祭祭典委員会・ブラジル日本文化協会，1991) 407.
2. 賀集九平『アルゼンチン同胞八十年史』(東京：六興出版，1981) 181.

3. ‘Politeama’, *La Capital*, Oct 16, 1906.
4. ‘Academias para las Policías’, *La Capital*, Aug 3, 1906.
5. ‘El Jiu Jitsu y La Policia de Paris’, *La Capital*, Aug 9, 1906.
6. ‘Academias para las Policías’, *La Capital*, Aug 3, 1906.
7. Ibid.
8. Ibid.
9. ‘El Jiujitsu y La Polica de Paris’, *La Capital*, Aug 9, 1906.
10. フランスとアルゼンチンの身体教育史の比較研究として、下記を参照した。Angela Aisenstein and Jacques Gleyse, “Recontextualization of Nomad theories in the development of Physical Education in France and Argentina, 1880-1940”, *The Open Sports Sciences Journal*, (vol.9, 2016), 114-134.
11. バタロン・エスコラーレの歴史およびアロスピデガライの経歴について、下記を参照した。Alejo Levoratti and Diego Roldán, “Los Batallones Escolares de la Patria: Estudio Comparado de las Representaciones sobre el Cuerpo y el Entrenamiento de los Maestros de Esgrima del Centenario en la República Argentina”, *Revista História da Educação*, (vol.23, 2019), http://dx.doi.org/10.1590/2236-3459/88977 (accessed Mar 27, 2021).
12. 1920年代以降にアルゼンチンでスポーツの民主化が図られていく過程でもアロスピデガライは中心的役割を担った。詳細は下記を参照。Diego Roldán, “Una agencia en la cultura física urbana de entreguerras: La trayectoria de Juan Bautista Arrospidegaray en Rosario”, in *10mo Congreso Argentino de Educación Física y Ciencias*, (Sep 13, 2013), http://www.memoria.fahce.unlp.edu.ar/trab_eventos/ev.3291/ev.3291.pdf (accessed Mar 27, 2021).
13. Juan B. Arrospidegaray, *La Gimnasia al Alcance de Todos para Todos: Rosario Deportivo a Traves de 35años*, (Rosario: La Sportiva Rosarina, 1943), 75.
14. Ibid.
15. Ibid.
16. Ibid. なお、柔術の狡猾さを評価する論調は下記の新聞記事にもみられる。‘El Jiu Jitsu y La Policia de Paris’, *La Capital*, Aug 9, 1906.
17. 村上は、ビベサについて「少数の白人有力者を頂点とする厳格で閉鎖的な階層社会において、社会的地位の向上を志向した人々が編み出した考え方や行動」(村上勇介「クリオーリョ文化」ラテンアメリカ文化事典編集委員会編『ラテンアメリカ文化事典』東京：丸善出版，2021，580）と定義する。
18. 山岡光太郎『南米と中米の日本人』(東京：南米研究会，1922）107-108.
19. 緒方義雄の経歴に関しては下記を参照した。Juan C. Uequín, *Historia del Judo: Tomo 1*, (Buenos Aires: Kier, 2005), 57-88. 賀集九平『アルゼンチン同胞八十年史』(東京：六興出版，1981）181-182.
20. 半田義麿「柔道憶ひ出話（六）」『柔道』(東京：講道館文化會，第5巻第5号，1934）21.

21. 緒方が柔道を教えていたのは横浜市戸塚区にあった萩原道場とされる。同地には直心影流の剣術家、萩原行篤の道場があり、緒方はこの一角を間借りしていた可能性が高い。
22. 1898年に日亜修好通商航海条約が締結されて以来、日本とアルゼンチンの両海軍の関係は極めて良好だった。さらに1903年に日本がイギリスの仲介で装甲巡洋艦2隻をアルゼンチンから購入すると両海軍はいっそう緊密になり、日露戦争中にはアルゼンチン海軍の観戦武官を受け入れている。なお、2隻の軍艦は「春日」と「日進」と命名され、日本海海戦などで活躍した。
23. 北山朝徳「日本・アルゼンチンのスポーツ交流」日本アルゼンチン交流史編集委員会編『日本アルゼンチン交流史——はるかな友と100年』(東京：日本アルゼンチン修好100周年記念事業組織委員会, 1998) 311-312.
24. 南米におけるスポーツと政治の関係については、下記を参照した。松尾俊輔「アルゼンチン、ウルグアイ、チリ——スポーツからみる南米の政治史」坂上康博ほか編『スポーツの世界史』(東京：一色出版, 2018) 329-348. 合わせてラテンアメリカにおける政治的クライアンティリズム、特に地区の政治ボス的な存在を介した政治家と市民の接合については下記を参考とした。井岡直也「クライアンティリズム」(ラテンアメリカ文化事典編集委員会編, 2021) 566-567.
25. Alan Watson, *The Making of the Civil Law*, Massachusetts: Harvard University Press, 1981, 125.
26. アルゼンチンの決闘史については、下記を参照した。Alberto Dalla Vía, “Sangre y Honor: Los Duelos en La Argentina”, *Anales de La Academia Nacional de Ciencias Morales y Políticas*, (May 8, 2019), 5-22.
27. 大庭, 1911, 99-100.
28. 柔道の第1回世界選手権を巡る動向に関しては、丸山三造編『世界柔道史』(東京：恒友社, 1967) 604-615. を参照した。
29. 併せて、アルゼンチンの柔道史を論じるうえで見逃してはならないのは、1930年代の動向である。とりわけ1929年に来亜し、コルドバを中心として普及に尽力した熊澤太十郎、および1939年を通じてアルゼンチンを含む南米各国を行脚し、柔道を指導して回った小谷澄之、佐藤忠吾の活動の影響は大きい。なお、南米における小谷の活動については下記を合わせて参照のこと。小谷澄之『柔道一路——海外普及につくした五十年』(東京：ベースボール・マガジン社, 1984) 45-71.

史料・文献

史料

1．柔術・柔道・レスリング・「身体文化」の教本

American College of Physical Culture (ed.). *The American College of Physical Culture and JiuJitsu*, (Boston: American College of Physical Culture, 1905).

American Sports Publishing (ed.). *Jiu Jitsu*, (New York: American Sports Publishing, 1905).

Apollo. *Ju-jitsu: What it really is: The First Complete and Authentic Description of the Japanese Method of Self-Defence Written out of Japan*, (London: Apollo's Magazine Publishing, 1905).

Arima, Sumitomo. *Jūdō, Japanese physical culture: being a further exposition of jujitsu and similar arts*, (Tokyo: Mitsumura Company & co., 1908).

Biddle, Anthony J. D. *Do or Die: A Supplemental Manual on Individual Combat*, (Arlington: U.S. Marine Corps, 1937).

Bothner, George. <1> *Scientific Wrestling*, (New York: Richard K. Fox Publishing, 1903).

——. <2> *The Science of Body-Building*, (New York: Adams & Grace Company, 1928).

Conde Koma (trans. Alberto G. Dechent), *Defensa Personal ó El Jiu-Jiutsu: Al Alcance de Todos*, (San Salvador: Callao, 1913).

Fairbairn. William E. *Defendu*, (Shanghai: North China Daily News & Herald, 1926).

——. and Sykes. Eric A. *Shooting to Live, with the one-hand Gun*, (Edinburgh: Oliver and Boyd, 1942).

Gotch, Frank. *Wrestling and How to Train*, (New York: Richard K. Fox Publishing, 1908).

Hackenshmidt, George. *Complete Science of Wrestling*, (London: Health and Strength Publishing, 1909).

Hancock, H. Irving. <1> *Japanese Physical Training*, (New York and London: G.P. Putnam's Sons, 1903).

——. <2> *Physical Training for Women by Japanese Methods*, (New York and London: G.P. Putnam's Sons, 1904).

——. <3> *Physical Training for Children by Japanese Methods*, (New York and London: G.P. Putnam's Sons, 1904).

——. <4> *Jiu-Jitsu Combat Tricks*, (New York and London: G.P. Putnam's Sons, 1904).

——. <5> *Physical Culture Life*, (New York and London: G.P. Putnam's Sons), 1905.

——. and Higashi Katsukuma. <1> *The Complete Kano Jiu-Jitsu*, (New York and London: G. P. Putnam's Sons, 1905).

——. (trans. Anonymous). <2> *Das Kano jiu-jitsu (Judo)* , (Stuttgart: Julius Hoffmann, 1906).

Linck, Samuel R. *Combat Jiu Jitsu for Offense and Defense*, (Portland: Stevens-Ness Law

Publishing, 1943).
Macfadden, Bernarr. <1>*The Virile Powers of Superb Manhood: How Developed, How Lost, How Regained*, (New York: Physical Culture Publishing Co., 1900).
——. <2>*Vitality Supreme*, (New York: Physical Culture Publishing Co., 1915).
Marriott, Arthur E. *Hand-to-Hand Fighting: A System of Personal Defense for The Soldier*, (New York: Macmillan, 1918).
Mrs. Watts, Roger. *The Fine Art of Jujutsu*, (London: William Heinemann, 1906).
O'Brien, John, J. *Jiu-Jitsu. The Japanese Secret Science Demonstrated by the Ex. Supt. of Police at Nagasaki, Japan and Instructor of Pres. Roosevelt*, (Boston: The American College of Physical Culture, 1905).
Ohashi, M. *Scientific Jiu-Jitsu: The Japanese System of Physical Culture, Showing Defensive and Offensive Movements*, (New York: Richard K. Fox Publishing, 1912).
Ré-Nié, Ernst. *Les Secrets du Jiu-Jitsu*, (Paris: Librairie Paul Pacot, 1905).
Saito, K. *Jiu Jitsu Tricks*, (New York: Richard K. Fox Publishing, 1905).
Sandow, Eugen. *Life is Movement: The Physical Reconstruction and Regeneration of the People (a Diseaseless World)* , (London: The Family Encyclopædia of Health, 1917).
Shanghai Municipal Police (ed.), *SMP Manual of Self Defense*, (Shanghai: China Publishing & Printing, 1915).
Smith, Allan C. *The Secret of Jujitsu: A Complete Course in Self Defense*, (Columbus: Stahara Publishing Company, vol.1-7,1920).
Thornberry, Risher, W. 『志゛ゅ志゛ゅつ』(Yokohama: Box of Curious, 1905).
Yabe Yaekichi, *25 Lessons in Official Jiu-Jitsu*, (New York: North China Publications, 1905), (enlarged and reformatted edition by Bradford Tyrey, U.S: www.Neijiabooks.com, 2007).
パウル・ベークマン『強肺術——最新式体力養成法』(東京：文明堂，1903).
北村安太郎編『サンダー氏体力養成法』(東京：小川尚栄堂，1903).
小畠幾次郎『体力増進論』(東京：国光社，1905).
鈴木篤三郎『サンダウ式体育法詳解』(東京：快進社，1905).
津田房之介・高見澤宗蔵『ウィーンブルウ氏簡易体力養成法』(東京：大学館，1903).
内田良平『武道極意』(東京：黒龍会出版部，1926).
造士会編『最新サンダウ体力養成法』(東京：同文館，1911).
造士会編『サンダウ体力養成法』(東京：造士会，1900).

2．雑誌・機関誌(誌名のみ)

Associated Sunday Magazine.
Caras y Caretas.
Golden Hours.

La Culture Physique.
La Vie au Grand Air.
Le Sport Universel Illustré.
Maclean's Magazine.
Macmillan's Magazine.
Physical Culture.
Recreation.
The Asian Review.
The Cosmopolitan.
The Independent.
Tip Top Weekly.
Transaction of The Asiatic Society of Japan.
『冒険世界』
『中外医事新報』
『大日本教育会雑誌』
『実業之日本』
『柔道』
『国士』
『作興』

３．新聞（紙名のみ）

Asheville Citizen Times.
Berkeley Daily Gazette.
Brooklyn Times Union.
Buffalo Courier.
Buffalo Evening News.
Buffalo Morning Express.
Chicago Tribune.
Daily Capital Journal.
Daily Inter Mountain.
Democrat and Chronicle.
Deseret Evening News.
El Rosario.
Evening Capital.
Evening Journal.
Evening Star.
Harrisburg Telegraph.

Hartford Courant.
Ironwood News Record.
L'Aurore.
L'Humanité.
La Capital.
La Liberté.
Le Journal.
Le Matin.
Leader - Telegram.
Los Angeles Herald.
Marshall County News.
New Britain herald.
New York Tribune.
Pittsburgh Dispatch.
Press - Republican.
Republican Herald.
Salt Lake Herald.
San Francisco Chronicle.
Spokane Chronicle.
Sporting News.
St. Louis Globe Democrat.
St. Louis Post Dispatch.
St. Paul Daily Globe.
Star Tribune.
Statesville Record and Landmark.
The Atlanta Constitution.
The Baltimore Sun.
The Birmingham Age - Herald.
The Boston Globe.
The Bristol Mercury and Daily Post, Western Countries and South Wales Advertiser.
The Brooklyn Citizen.
The Brooklyn Daily Eagle.
The Brooklyn Daily Times.
The Buffalo Sunday Morning News.
The Buffalo Times.
The Butte Daily Post.
The Chicago Sunday Tribune.
The Citizen Advertiser.
The Daily Herald.

The Decatur Herald.
The Evening Bee.
The Evening World.
The Fort Wayne Evening Sentinel.
The Galveston Daily News.
The Gazette.
The Greensboro Patriot.
The Harvard Crimson.
The Houston Post.
The Indianapolis News.
The Lancaster Semi - Weekly Intelligencer.
The Lexington Herald.
The Los Angeles Times.
The Messenger and Intelligencer.
The Minneapolis Journal.
The Morning Post.
The Nashville American Sun.
The National Police Gazette.
The New York Times.
The Ogden Standard.
The Oklahoma City Times.
The Pittsburgh Press.
The Salt Lake Tribune.
The San Francisco Call.
The San Francisco Examiner.
The Savannah Morning News.
The Selma Times.
The Spokane Press.
The St. Louis Republic.
The Sun.
The Times and Democrat.
The Times Dispatch.
The Richmond Times Dispatch.
The Washington Post.
The Washington Times.
The Wichita Daily Eagle.
The World.
The York Dispatch.
Times Leader.

Toledo Union Journal.
Wood County Reporter.
『日米』
『新世界』
『東京朝日新聞』
『やまと新聞』
『読売新聞』

4．その他

Arrospidegaray, Juan B. *La Gimnasia al Alcance de Todos para Todos: Rosario Deportivo a Traves de 35años*, (Rosario: La Sportiva Rosarina, 1943).

Biddle, Cordelia, D. *My Philadelphia Father*, (New York: Doubleday & Company, 1955).

Buffum, Herbert, E. and others, (eds.). *The Household Physician, A 20th Century Medica*, (Boston: Physician's Publishing Company, 1905).

Hancock, Irving, H. *The High School Pitcher*, (Philadelphia: Henry Altemus Company, 1910).

Henderson, Alice, P. *The Ninety-First: The first at Camp Lewis*, (Tacoma: J. C. Barr, 1918).

Loison, E. (composed.). *Polka-Marche Jiu-Jitsu*, 1906.

Maquis, Gaston (composed.), *La JiuJitsu Somanie!* , 1906.

Putnam, George, H. *Memories of a publisher, 1865-1915*, (New York and London: G.P. Putnam's Sons, 1923).

Theodore Roosevelt Papers, Library of Congress, Mar 19, 1902.

91st Division Publication Committee, (ed.), *The Story of the 91st Division*, (San Mateo: 91st Division Publication Committee, 1919).

勅令第169号「巡査俸給令」, 1891年8月24日付.

葉川義太郎「在長崎米国人『シーメンス、ホーム』支配人同国人リシャーダブリュー、ソルンバリ氏家宅」『日露戦役ノ際在邦外国人家宅ヲ日本兵宿舎ニ充用セラレタキ旨申出雑件』(外務省, 1905).

前田光世通信(薄田斬雲編) <1>『世界横行柔道武者修業』(東京：博文館, 1912).

──<2>『新柔道武者修業──世界横行第二』(東京：博文館, 1912).

籾井一剣編著『北米剣道大鑑』(サンフランシスコ：北米武徳会, 1939)(復刻版, 東京：文生書院, 上下巻, 2001).

小川一真編『東京帝国大学』(東京：小川写真製版所, 1900).

大庭柯公『南北四万哩』(東京：政教社, 1911).

晴光館編輯部編『現代娯楽全集』(東京：晴光館, 1911).

柴田一能「本塾柔道部の今昔」三田柔友会編『慶應義塾柔道部史』(東京：三田柔友会, 1933), 20-23.

住友銀行編『住友銀行三十年史』(大阪：住友銀行，1926)
『竹下勇関係文書』(東京：国立国会図書館憲政資料室，資料番号：382-386, 443-454).
山岡光太郎『南米と中米の日本人』(東京：南米研究会，1922)
在米日本人会事蹟保存部編『在米日本人史』(サンフランシスコ：在米日本人会, 1940)

5．デジタルアーカイブス

Biblioteca National de España
Digital Public Library of America
Gallica
Internet Archives
Library of Congress
National Archives Catalog
Newspaper.com
邦字新聞デジタルコレクション(ジャパニーズ・ディアスポラ・イニシアチブ)
国立国会図書館デジタルコレクション

文献

1．外国語文献

Adams, Mark. *Mr. America: How Muscular Millionaire Bernarr Macfadden Transformed the Nation Through Sex, Salad, and the Ultimate Starvation Diet*, (New York: Harper Collins, 2009).

Adams, Timothy D. "The Long Gray Lie: West Point in Children's Fiction", *Children's literature in Education*, (vol. 12, 1981), 152-159.

Aisenstein, Angela and Jacques Gleyse. "Recontextualization of Nomad theories in the development of Physical Education in France and Argentina, 1880-1940", *The Open Sports Sciences Journal*, (vol.9, 2016), 114-134.

Anderson, Vicki. *The Dime Novel in Children's Literature*, (North Carolina: McFarland & Company, 2004).

Brian, Dennis. *Pulitzer: A life*, (Hoboken: Wiley, 2001).

Brousse, Michel and Matsumoto David (eds.). *Judo in the U.S.: A Century of Dedication*, (California: North Atlantic Books, 2005).

Budd, Michael A. *The Sculpture Machine: Physical Culture and Body Politics in the Age of Empire*, (London: Macmillan, 1997).

Cairus, Jose. *The Gracie Clan and the Making of Brazilian Jiu-Jitsu: National Identity, Culture and Performance, 1905 – 2003*, (Ph. D. dissertation: York University, 2012).

Chapman, David, L. *Sandow the Magnificent: Eugen Sandow and the Beginnings of Bodybuilding*, (Illinois: University of Illinois Press, 1994).

Dalla, Alberto, V. "Sangre y Honor: Los Duelos en La Argentina", *Anales de La Academia Nacional de Ciencias Morales y Políticas*, (May 8, 2019), 5 - 22.

Emery, Michael, Edwin Emery and Nancy L., Roberts *The Press and America: An Interpretive History of the Mass Media*, 9th ed., (Boston: Allyn & Bacon, 2000).

Ernst, Robert. *Weakness Is a Crime: The Life of Bernarr Macfadden*, (New York: Syracuse University Press, 1991).

Flexner, Eleanor and Elle Fitzpatrick. *Century of Struggle: The Woman's Rights Movement in the United States*. (Cambridge: The Belknap Press of Harvard University Press, 1996).

Greenberg, Murray. *Passing Game: Benny Friedman and the Transformation of Football*, (New York: Public Affairs, 2008).

Griffis, William E. *The Mikado: Institution and Person, a Study of the Political Forces of Japan*, (Princeton: Princeton University Press, 1915).

Hewitt, Mark S. *Catch Wrestling: A Wild and Wooly Look at the Early Days of Pro Wrestling in America*, (Colorado: Paladin Press, 2005).

Hilaire, Russ S. *Pioneers of American JuJitsu* (Connecticut: Kobukai, 2004).

Levoratti, Alejo and Diego Roldán. "Los Batallones Escolares de la Patria: Estudio Comparado de las Representaciones sobre el Cuerpo y el Entrenamiento de los Maestros de Esgrima del Centenario en la República Argentina", in *Revista História da Educação*, (vol.23, 2019).

Murakata, Akiko. "Theodore Roosevelt and William Sturgis Bigelow: The Story of Friendship", *Harvard Library Bulletin*, (Jan, 1975), 90 - 108.

Niehaus, Andreas. "Attaining useful abilities is by nature the highest goal of education: Kanō Jigorō's concept of seiryoku zen'yō jita kyōei as applied moral principles", in Christopher Craig, Enrico Fongaro and Akihiro Ozaki (eds.), *Knowledge and arts on the move: transformation of the self - aware image through East - West encounters*, (Milan: Mimesis, 2018), 59 - 76.

Niiya, Brian (ed.). *More Than a Game: Sport in the Japanese American Community*, (Los Angeles: Japanese American National Museum, 2000).

Pope, Steven W. "An Army of Athletes: Playing Fields, Battlefields, and the American Military Sporting Experience, 1890 - 1920", *The Journal of Military History*, (vol. 59, no.3, 1995), 435 - 456.

Pfister, Gertrud. "The fascination of the exotic? On the development of jujitsu and judo in Germany", in G. Pfister and L. Yueye (eds.), *Sports, the East and the West*, (Sankt Augustin: Academia, 1999) 19 - 24.

Rodríguez, Madelín A. *Proceso de Desentrenamiento Deportivo en Atletas Salvadoreños de Alto Rendimiento que Abandonan la Alta Competencia, durante el Año 2017*, (Ph. D dissertation: El Salvador University, 2017), 20.

Roldán, Diego. "Una agencia en la cultura física urbana de entreguerras: La trayectoria de Juan Bautista Arrospidegaray en Rosario", in *10mo Congreso Argentino de Educación Física y Ciencias*, (Sep 13, 2013).

Smith, K. Manners. *New Paths to Power: American Women, 1890-1920*. (New York and Oxford: Oxford University Press, 1994).

Soderbergh, Peter A. "The Stratemeyer Strain: Educators and the Juvenile Series Book: 1900-1973", in *Journal of Popular Culture*, (vol. 7, no. 4, 1974), 864-872.

Taylor, Quintard. "Blacks and Asians in a White City: Japanese Americans and African Americans in Seattle, 1890-1940", in Gordon M. Bakken and Brenda G. Farrington (eds.). *Racial Encounters in the Multi-Cultured West: The American West*, (London: Routledge, 2001), 187-216.

Uequín, Juan C. *Historia del Judo: Tomo 1*, (Buenos Aires: Kier, 2005).

Vancil, Mark(ed.). *ABC Sports College Football All-Time All-America Team*, (New York: Hyperion Books, 2000).

Watson, Alan. *The Making of the Civil Law*, (Massachusetts: Harvard University Press, 1981).

Yabu, Kotaro. <1> "Diffusion of Judo in the United States during the Russo-Japanese War: Aiming to overcome the 'match-based historical view'", *Martial Arts Studies*, (vol.6, 2018), 41-51.

——. <2> "Did the Japanese Dream of Muscular Body?: Western Style of Physical Training in the Meiji Era", *Bulletin of Sendai University*, (vol.50, no.1, 2018), 1-9.

2．日本語文献

Ball, Michael, R. *Professional Wrestling as Ritual Drama in American Popular Culture*, (Lewiston: Edwin Mellen Press, 1990)（江夏健一監訳『プロレス社会学——アメリカの大衆文化と儀礼ドラマ』東京：同文館出版，1993）.

エルヴィン・ベルツ（若林操子編訳、山口静一ほか訳）『ベルツ日本文化論集』（東京：東海大学出版会，2001）.

Benfey, Christopher. *The Great Wave: Gilded age misfits, Japanese Eccentrics, and the Opening of Old Japan*, (New York: Random House, 2003)（大橋悦子訳『グレイト・ウェイブ——日本とアメリカの求めたもの』東京：小学館，2007）.

Boddy, Kasia. *Boxing: A Cultural History*, (London: Reaktion Books, 2008)（稲垣正浩監訳『ボクシングの文化史』東京：東洋書林，2011）.

Brousse, Michel, *Le Judo: son Histoire, ses Succès, /Pref. de Guy Drut*, (Genève: Liber, 1996)（細川伸二訳「フランスにおける柔術と柔道の起源(1)」『天理大学学報』（第54巻第3号，2002）79-89.

レイン・アーンズ（福多文子監訳『長崎居留地の西洋人——幕末・明治・大正・昭和』長崎：長崎文献社，2002）.

Elias, Norbert and Eric Dunning. *Quest for Excitement: sport and leisure in the civilizing process*, (Oxford: Blackwell, 1986)（大平章訳『スポーツと文明化――興奮の探求』東京：法政大学出版局，1995）.
賀集九平『アルゼンチン同胞八十年史』(東京：六興出版，1981).
Gorky, Maxim.（高橋晩成訳)『ゴーリキイ全集』(東京：改造社，第14巻，1930).
Griffis, William E. *The Mikado's Empire*, (New York: Harper & Brothers, 1976)（山下英一訳『明治日本体験記』〈東京：平凡社東洋文庫，1984〉).
浜崎国男『長崎異人街誌(新装版)』(福岡：葦書房，1994).
菱谷武平『長崎外国人居留地の研究』(福岡：九州大学出版会，1988).
Hobsbawm, Eric and Terence Ranger (eds.). *The Invention of Tradition*, (Cambridge : Cambridge University Press, 1983)（前川啓治ほか訳『創られた伝統』東京：紀伊國屋書店，1992).
市場俊之「ドイツの柔術・柔道」坂上康博編『海を渡った柔術と柔道――日本武道のダイナミズム』(東京：青弓社，2010）145-167.
池上純一「『純粋培養』を超えて――複眼の人間学者ベルツ」(若林操子編訳、山口静一ほか訳)『ベルツ日本文化論集』(神奈川：東海大学出版会，2001）595-626.
池本淳一『実録柔道対拳闘――投げるか、殴るか』(東京:BABジャパン出版局，2018).
井上俊『武道の誕生』(東京：吉川弘文館，2004).
石井浩一・高島実「嘉納治五郎の『擬働体操』に関する研究」『日本体育大学紀要』(第16巻第1号，1986）13-21.
伊藤一男『桑港日本人列伝』(東京：PMC出版，1990）519-537.
「JCAジャーナル」(東京：日本カイロプラクティック連合会，第181号，2000).
開国百年記念文化事業会編『日米文化交渉史』(東京：原書房，第5巻，1981).
嘉納先生伝記編纂会編『嘉納治五郎』(東京：講道館，1964).
加藤新一編『米国日系人百年史――在米日系人発展人士録』(ロサンジェルス：新日米新聞社，1961).
河原和枝「ハイブリッド文化としてのヨーガ」『甲南女子大学研究紀要』(人間科学編，第54号，2017）155-166.
桐生習作「柔道『慰心法』の導入と嘉納治五郎の思想」『武道学研究』(第43巻第1号，2010）27-38.
北山朝徳「日本・アルゼンチンのスポーツ交流」日本アルゼンチン交流史編集委員会編『日本アルゼンチン交流史――はるかな友と100年』(東京：日本アルゼンチン修好100周年記念事業組織委員会，1998）311-312.
小鷹信光『アメリカン・ヒーロー伝説』(東京：ちくま文庫，2000).
児玉実英『アメリカのジャポニズム――美術・工芸を超えた日本志向』(東京：中公新書，1995).
黒龍倶楽部編『国士内田良平伝』(東京：原書房，1967).
小谷澄之『柔道一路――海外普及につくした五十年』(東京：ベースボール・マガジン社，1984).

講道館編『講道館百三十年沿革史』(東京：講道館，2012).
神山典士『ライオンの夢――コンデ・コマ＝前田光世伝』(東京：小学館，1997).
工藤雷介『秘録日本柔道』(東京：東京スポーツ社，1972).
黒川勝利「20世紀初頭の合衆国北西部における日本人労働運動」『岡山大学経済学会雑誌』(第34巻第4号，2003) 25-33.
ラテンアメリカ文化事典編集委員会編『ラテンアメリカ文化事典』(東京：丸善出版，2021).
Lindsay, Tomas. and Jigoro Kano. "Jiujutsu: The Old Samurai Art of Fighting Without Weapons", *Transactions of the Asiatic Society of Japan*, (vol.16, no.2, 1888), 192-206 (小野勝敏訳「『柔術』――武器を使わないさむらいの武術」『岐阜経済大学論集』〈第16巻第3号，1982〉243-257).
牧野登『史伝西郷四郎――姿三四郎の実像』(埼玉：島津書房，1983).
丸島隆雄<1>『前田光世――世界柔道武者修業』(埼玉：島津書房，1997).
――<2>『講道館柔道対プロレス初対決――大正十年サンテル事件・異種格闘技の原点』(埼玉：島津書房，2006).
丸山三造<1>『柔道世界をゆく』(東京：日本柔道研究会，1950).
――<2>『日本柔道史』(東京：大東出版社，1942).
丸山三造編 <1>『大日本柔道史』(東京：講道館，1939)(復刻版，東京：第一書房，1984).
――<2>『世界柔道史』(東京：恒友社，1967).
松本芳三ほか編『柔道百年の歴史』(東京：講談社，1970).
松尾俊輔「アルゼンチン、ウルグアイ、チリ――スポーツからみる南米の政治史」坂上康博ほか編『スポーツの世界史』(東京：一色出版，2018) 329-348.
Miller, Edward S. *War Plan Orange: The U.S. strategy to defeat Japan, 1897-1945*, (Annapolis: United States Naval Institute, 1991) (沢田博訳『オレンジ計画――アメリカの対日侵攻50年戦略』東京：新潮社，1994).
宮崎克己『ジャポニスム――流行としての日本』(東京：講談社現代新書，2018).
溝口紀子『性と柔――女子柔道史から問う』(東京：河出書房新社，2013).
水野真理子「ラフカディオ・ハーンはアメリカでどう読まれたか――『日本――一つの解明』を中心に」(河原典史・木下昭編『移民が紡ぐ日本――交錯する文化のはざまで』京都：文理閣，2018) 16-36.
Monestier, Martin. *Duels les Combats Singuliers des Origines à nos Jours*, (Paris: Tchou Menges, 1991) (大塚宏子訳『図説決闘全書』東京：原書房，1999).
森杲「アメリカ独占資本形成期の移民労働力」『北海道大学経済学研究』(第18巻第4号，1969) 149-218.
村田直樹「講道館柔道の海外普及に関する史的研究：富田常次郎の米国行」『講道館柔道科学研究会紀要』(第16輯，2017) 1-18.
永木耕介「嘉納治五郎が求めた『武術としての柔道』――柔術との連続性と海外普及」『スポーツ人類学研究』(第10・11号〈合併号〉，2008) 1-17.

長崎県警察史編集委員会編『長崎県警察史』上巻(長崎：長崎県警察本部，1976).
長崎県立長崎図書館編『幕末・明治期における長崎居留地外国人名簿Ⅲ』(長崎：長崎県立図書館，2004).
中嶋哲也「起倒流における名辞『柔道』の出現とその背景——直信流との関係に着目して」『講道館柔道科学研究会紀要』(第18輯，2021) 13-30.
Niehaus, Andreas.(阿部生雄訳)「見失われた嘉納治五郎——ドイツにおける柔道の同化の観点から」『体育史研究』(第22号，2005)，41-46.
日本移民80年史編纂委員会編『ブラジル日本移民八十年史』(サンパウロ：移民80年祭祭典委員会・ブラジル日本文化協会，1991).
日本児童文学学会編『児童文学事典』(東京：東京書籍，1988).
日本古武道協会編『日本古武道総覧』(埼玉：島津書房，1989).
小田切毅一『アメリカスポーツの文化史——現代スポーツの底流』(東京：不昧堂出版，1982).
小倉孝保『柔の恩人——「女子柔道の母」ラスティ・カノコギが夢見た世界』(東京：小学館，2012).
岡田桂 <1>「十九世紀末 - 二十世紀初頭のイギリスにおける柔術ブーム——社会ダーウィニズム、身体文化メディアの隆盛と帝国的身体」『スポーツ人類学研究』(第6号，2004) 27-43.
——<2>「女もすなるJiu-jitsu——二十世紀初頭のイギリスにおける女性参政権運動と柔術」『スポーツ科学研究』(第10巻，2013) 183-197.
岡野修平(中嶋哲也再構成)「海を渡ったサムライ——ブラジル柔道の先駆者たち」『月刊秘伝』(東京：BABジャパン，第391巻，2020) 40-44.
小野勝敏<1>「明治中期の柔術論——作品『柔術』をめぐって」『岐阜経済大学論集』(第17巻第2号，1983) 131-155.
——<2>「19世紀末のイギリスにおける邦人の柔術講演——志立鉄次郎の柔術論」『岐阜経済大学論集』(第36巻第1・2号，2002) 185-200.
大道等・頼住一昭編『近代武道の系譜』(東京：杏林書院，2003) 15-26，31-33，106-127.
大月諸葉「バリツのカギを握る謎の柔術家・上西貞一」『月刊秘伝』(東京：BABジャパン，第237号，2007) 67-71.
三戸建次『コンデ・コマ物語——「柔道世界制覇」と「アマゾン開拓」』(青森：路上社，2013).
佐々木浩雄「『サンドウ体力養成法』の受容にみる身体観の揺らぎ——西洋的身体への憧憬と東洋的身体への回帰」(『スポーツ史学会第22回大会発表抄録集』，2008) 10-11.
Shidachi, Tetsujiro. “Ju-Jitsu; The Ancient Art of Self-Defence by Sleight of Body”, *Transactions and Proceedings of the Japan Society*, (vol. 1, 1892, 4-21) (小野勝敏訳「柔術——からだの早業による古来の護身術」『岐阜経済大学論集』第29巻第4号, 1996, 171-192.

塩崎智 <1>「日露戦争中、米国で読まれた『日本』——米国公共図書館で請求された日本及び日本文化関連書物に関する考察(上)」(『敬愛大学国際研究』第14号, 2004) 93-107.

——<2>「日露戦争中、米国で読まれた『日本』——米国公共図書館で請求された日本及び日本文化関連書物に関する考察(下)」(『敬愛大学国際研究』第6号, 2005) 65-79.

志々田文明・大保木輝雄編『日本武道の武術性とは何か——サピエンスと生き抜く力』(東京：青弓社, 2020).

修養研究会『人間形成と修養に関する総合的研究』野間教育研究所紀要第51集(東京：野間教育研究所, 2012).

寒川恒夫「近代語としての武道の概念形成」『現代スポーツ評論』(東京:創文企画, 第21号, 2009) 21-51.

鈴木康史 <1>「明治書生の閉じられた冒険——押川春浪の豪傑譚と『バンカラ』なる身体の行方」『武庫川女子大学生活美学研究所紀要』(第22号, 2012) 69-82.

——<2>「押川春浪の『武俠六部作』の構造と読者共同体——『冒険世界』に参加する読者たちと媒介者としての春浪」『奈良女子大学文学部研究教育年報』(第9号, 2012) 19-34.

高橋賢「"日本柔術史" 新研究」『月刊秘伝』(東京：BAB ジャパン, 第381号, 2019) 110-115.

財部一雄編『明道館史』(福岡：明道館, 1984).

高嶋航『国家とスポーツ——岡部平太と満洲の夢』(東京：KADOKAWA, 2020).

竹内洋『立志・苦学・出世——受験生の社会史』(東京：講談社現代新書, 1991).

宇沢美子「食べない技法——紳士と知識人とサムソンのための食餌法」鈴木晃仁・石塚久郎編『食餌の技法——身体医文化論Ⅳ』(東京：慶應義塾大学出版会, 2005) 67-86.

ヘルマン・ウェーベル(大西直三郎摘訳)『早老の予防法』(東京：楽山堂, 1910)附録.

Weber, Marianne. *Max Weber: Ein Lebensbild*, (Heidelberg: Lambert Schneider, 1950) (大久保和郎訳『マックス・ウェーバー』東京:みすず書房, 1987).

Weber, Max. "Die protestantische Ethik und der Geist des Kapitalismus," *Gesammelte Aufsätze zur Religionssoziologie I*, (Tübingen: J.C.B. Mohr, 1920) (大塚久雄訳『プロテスタンティズムの倫理と資本主義の精神』東京：岩波文庫, 1989).

藪耕太郎 <1>「武道の海外普及に関する一考察——福岡庄太郎によるアルゼンチンへの柔術の普及」『立命館産業社会論集』(第41巻第4号, 2006) 107-127.

——<2>「武道の海外普及に関する一考察——1910年代のパラグアイにおける受容側からの視点に着目して」『体育学研究』(第53巻第1号, 2008) 123-135.

——<3>「20世紀初頭のアメリカにおける柔術の受容とH. I. ハンコックの柔術観——ハンコックの柔術教本と "The New York Times" を手がかりに」『体育史研究』(第26号, 2009) 13-26.

——<4>「柔術 vs. レスリング——変容する柔術と継承される "Jiu-Jitsu"」坂上康博

編『海を渡った柔術と柔道――日本武道のダイナミズム』東京：青弓社，2010）12-60.
――<5>「柔術、南米にいたる！――ある柔術家の生涯をたどって」(坂上康博編『海を渡った柔術と柔道――日本武道のダイナミズム』東京：青弓社，2010）206-243.
――<6>「武道の海外への伝播に関する社会史的研究――前世紀転換期の南北アメリカにおける柔術の普及／受容過程を中心に」(博士学位論文，立命館大学，2010).
――<7>「柔術の起源論を巡る言説上の相克――自文化創出に際する西洋・東洋の役割関係を中心に」有賀郁敏ほか編『現代スポーツ論の射程――歴史・理論・科学』(京都：文理閣：2011）116-137.
――<8>「前世紀転換期から1930年代における柔術のアメリカへの伝播回路――2名のアメリカ人による柔術の変容と継承に着目して」『スポーツ史研究』(第25号，2012）43-56.
――<9>「柔道の伝播を巡る文化変容」ラテンアメリカ文化事典編集委員会編『ラテンアメリカ文化事典』(東京：丸善出版，2021）648-649.
――<10>「柔術教本にみえる消費と啓蒙の二重性とフィジカル・カルチャーとしてのその受容――前世紀転換期の米国で出版された柔術教本の検討を通じて」(『体育史研究』第38号，2021）25-40.
谷内田浩正「ボディビルダーたちの帝国主義――明治と世紀転換期ヨーロッパの身体文化―」『漱石研究』(東京：翰林書房，第5号，1995）51-73.
山田實『YAWARA――知られざる日本柔術の世界』(東京：BABジャパン出版局，1997).
山口香『女子柔道の歴史と課題』(東京：ベースボール・マガジン社，2012).
山口ヨシ子『ダイムノヴェルのアメリカ――大衆小説の文化史』(東京:彩流社, 2013).
山本一生『水を石油に変える人――山本五十六、不覚の一瞬』(東京:文藝春秋, 2017).
山本義泰「自剛天真流組討について」(『天理大学学報』第146輯，1985）102-118.
山室信一『日露戦争の世紀――連鎖視点から見る日本と世界』(東京:岩波新書, 2005).
山中良正『アメリカスポーツ史』(東京：逍遥書院，1960).
山下高行「グローバリゼーションとスポーツ――ノルベルト・エリアス、ジョセフ・マグワィアの描く像」有賀郁敏ほか『スポーツ(近代ヨーロッパの探究8)』(京都：ミネルヴァ書房，2002）366-387.
横田順彌『明治バンカラ快人伝』(東京：ちくま文庫，1996).
横山健堂『嘉納先生伝』(東京：講道館，1941).
頼住一昭 <1>「E.ベルツの剣術・柔術理解に関する一考察――榊原鍵吉および三浦謹之助との出会いを中心として」『スポーツ史研究』(第15号，2002）1-10.
――<2>「三宅秀の柔術観」『スポーツ健康科学研究』(第41巻，2019）15-21.

図版出典一覧

序論

1. Hancock, H. Irving and Higashi Katsukuma. *The Complete Kano Jiu-Jitsu*, (New York and London: G. P. Putnam's Sons, 1905), front cover.
2. Ibid, middle cover.
3. ㊧ Ad, *Hartford Courant*, Nov 28, 1907.
   ㊨ Ad, *The Boston Globe*, Oct 21, 1905.

第1章

1. O'Brien, John J. *Jiu-Jitsu. The Japanese Secret Science Demonstrated by the Ex. Supt. of Police at Nagasaki, Japan and Instructor of Pres. Roosevelt*, (Boston: The American College of Physical Culture, 1905), middle cover.
2. Thornberry, Risher W.『志゛ゅ志゛ゅつ』(Yokohama: Box of Curious, 1905), front cover.
3. Ibid, 40-43.
4. Ibid, 10-11.
5. Ibid, middle cover.
6. 'Fitz Starts Training and Says He will Make a Splurge in the Ring', *The Evening World*, Mar 18, 1904.
7. ㊧ 'Jiu-Jitsu Lesson Ⅰ', *The Evening World*, Jan 7, 1901.
   ㊨ 'Jiu-Jitsu Lesson Ⅲ', *The Evening World*, Jan 9, 1901.
   ㊦ 'Jiu-Jitsu Lesson Ⅴ', *The Evening World*, Jan 11, 1901.
8. 'How the President is Taught Jiu Jitsu', *The Evening World*, Mar 20, 1902.
9. O'Brien, 1905, middle cover.
10. Ibid, 10-11.
11. Buffum, Herbert E. and others (eds.).*The Household Physician: A 20th Century Medica*, (Boston: Physician's Publishing Company, 1905), 1188, 1193, 1196.
12. Ibid, 1146-1148.
13. ㊧㊥ American College of Physical Culture (ed.). *The American College of Physical Culture and JiuJitsu*, (Boston: American College of Physical Culture, 1905), 10-11.
    ㊨ O'Brien, 1905, 112.
14. American College of Physical Culture (ed.), 1905, middle cover.
15. Ibid, 54-55.

16. ㊧'Gentleman Jim Who will Try Six Rounds with O'Brien', *Deseret Evening News*, Aug 13, 1904.
㊨'Journal Newsies Guests at Bijou', *The Minneapolis Journal*, Dec 29, 1904.
17. ㊤'Sullivan and kilrain in the Ring', *Pittsburgh Dispatch*, Jul 9, 1889.
㊨'Untitled', *Evening Star*, Jun 10, 1956.
18. 'Wants the Terrible Turk', *Daily Inter Mountain*, May 27, 1899.
19. ㊤Ad, *The Evening World*, Sep 5, 1892.
㊥'Greatest Heavyweight of All Time', *Evening Star*, Jun 5, 1932.
㊦'Corbett is Champion', *St. Paul Daily Globe*, Sep 8, 1892.
20. 'The Coming Pugilist of the Twentieth Century', *The Birmingham Age Herald*, Feb 13, 1898.
21. ㊧'Fame, Fortune, then Disappointment in the Pugilistic Game', *The Ogden Standard*, Oct 28, 1916.
㊨'Sullivan Brought Dawn of Golden Age to the Prize Ring', *The Ogden Standard*, Dec 08, 1917.
22. 'The Man who Failed to Come Back', *New York Tribune*, Jul 5, 1910.
23. ㊧'Jeff isn't Afraid of Jiu-Jitsu', *The Evening World*, Mar 27, 1905.
㊨'What may Happen Now that Jeff Has Taken to Jiu Jitsu', *The Evening World*, Mar 14, 1905.
24. '"Jim" Corbett a Banker', *The New York Times*, Nov 23, 1905.
25. 'Gentleman Jim', *Wood County Reporter*, Nov 24, 1898.
26. 'Fighters would Have Poor Chance with Japanese Jiu Jitsu Artists', *The Oklahoma City Times*, May 1, 1922.
27. ㊧'Wrestling to Be used Against Jiu Jitsu', *Salt Lake Herald*, Feb 19, 1905.
㊨'Baptiste-Suzuki Match Shows that Wrestling is Superior to Jiu-Jitsu', *The St. Louis Republic*, Mar 19, 1905.

補論 1

1. Henderson, Alice P. *The Ninety-First*: *The First at Camp Lewis*, (Tacoma: J. C. Barr, 1918), 382.
2. Ibid, 311.
3. Smith, Allan C. *The Secret of Jujitsu: A Complete Course in Self Defense*, vol.1, (Columbus: Stahara Publishing Company, 1920), front cover.
4. Ibid, 20-23.
5. National Archives Catalog, File.RG165-WW-468B-13, 26-28, Apr 28, 1919.
6. Ibid, File. RG165-WW-468B-4, 22-23, Jun 19, 1919.
7. Ibid, File.RG165-WW-341A-54, 62-63, 67, Date and Year unknown.

8. Henderson, 1918, 206, 382, 392, 397.
9. National Archives Catalog, File. RG165 - WW - 468B - 12, 24, Date unknown, 1918.
10. 'Jiu - Jitsu Champion Shows How', *The Citizen Advertiser*, Dec 21, 1931.
11. Linck, Samuel R. *Combat Jiu Jitsu for Offense and Defense*, (Portland: Stevens - Ness Law Publishing, 1943), middle cover.
12. ㊧ Ad, *Press - Republican*, Aug 12, 1943.
㊨ 'Boxer vs. Jiu Jitsu Expert', *Toledo Union Journal*, Oct 8, 1943.
13. Linck, 1943, 9.
14. Ibid, 10 - 11.
15. Ibid, 121, 125.
16. ㊤ Ad, *The Galveston Daily News*, Oct 23, 1904.
㊦ Ad, *Recreation*, (New York: G.O. Shields, vol.22, 1905), 420.

第2章

1. ㊧ Saito, K. *Jiu Jitsu Tricks*, (New York: Richard K. Fox Publishing, 1905), middle cover.
㊥㊧ *The National Police Gazette*, Feb 18, 1892, front page.
㊥㊨ *The National Police Gazette*, Aug 6, 1904, front page.
㊨ *The National Police Gazette*, May 6, 1905, back page.
2. *The National Police Gazette*, Oct 20, 1894, front page.
3. American Sports Publishing (ed.). *Jiu Jitsu*, (New York: American Sports Publishing, 1905), cover.
4. ㊧ Ohashi, M. *Scientific Jiu - Jitsu: The Japanese System of Physical Culture, Showing Defensive and Offensive Movements* (New York: Richard K. Fox Publishing, 1912), front cover.
㊥ Saito, K. *Jiu - Jitsu Tricks*, (New York: Richard K. Publishing, 1915), front cover.
㊨ Saito. K, 1905, middle cover.
5. 'Jack Munroe, The Butte Miner Beats Tom Sharkey, The Sailor', *The Salt Lake Tribune*, Feb 28, 1904.
6. Ad, *The Sun*, Jan 7, 1906.
7. 'Jiu Jitsu Makes Japs Dangerous', *Evening Journal*, Feb 24, 1905.
8. ㊧ 'How the Japs Strikes a Blow', *The National Police Gazette*, Aug 13, 1904.
㊦ Hancock, H. Irving. *Jiu - Jitsu: Combat Tricks*, (New York & London, G.P. Putnam's Sons, 1904), center pages.
9. *Golden Hours*, (New York: Munro's Publishing House, no. 440, Apr 18, 1896), front cover.
10. Hancock, H. Irving. *The High School Pitcher*, (Philadelphia : Henry Altemus Company,

1910), front cover.

11. ㊧ 'Major George Haven Putnam, 85, Father of International Copy Light Law and Famous Publisher, Dies', *Leader-Telegram*, Feb 28, 1930.
㊨ 'Mr. George Haven Putnam', *The Sun*, Apr 5, 1914.
12. ㊧ Hancock, H. Irving. *Jiu-Jitsu Combat Tricks*, (New York and London: G.P. Putnam's Sons, 1904), front cover.
㊨ 'More Self-Taught Combat Tricks', *The Evening Bee*, Apr 8, 1905.
13. Hancock, H. Irving. *Japanese Physical Training*, (New York and London: G.P. Putnam's Sons, 1903), 41, 45, 103, 113, 116, 119.
14. 'If Jeff Should Land that "Swing to the Jaw" on the Jiu Jitsu Man', *The Boston Globe*, Mar 28, 1905.
15. Hancock, H. Irving. *Physical Training for Children by Japanese Methods*, (New York and London: G.P. Putnam's Sons, 1904), 19, 71, 135.
16. Hancock, H. Irving. *Physical Training for Women by Japanese Methods*, (New York and London: G. P. Putnam's Sons, 1904), 41, 86, 91, 101, 120.
17. ㊧ 'The Dietary of the Jiu Jitsu Girl', *The Houston Post*, Apr 9, 1905.
㊨ 'How to be a Strong as your Husband or your Brother', *The San Francisco Examiner*, Mar 27, 1904.
18. Ad, *The Brooklyn Citizen*, Nov 8, 1904.
19. 'Eugen Sandow, the Strong Man Whom Dennis Gallagher Has Challenged', *Buffalo Morning Express*, Nov 24, 1889.
20. ㊧ Ad, *The York Dispatch*, Feb 3, 1898.
㊨ Ad, *The Gazette*, Feb 15, 1896.
㊦ 'Eugen Sandow's Chart to Teach Men How to Become Strong', *The World*, Oct 31, 1897.
21. Sandow, Eugen. *Life is Movement : The Physical Reconstruction and Regeneration of the People (a Diseaseless World)*, (London: The Family Encyclopædia of Health, 1917), 14, 36.
22. Ibid, 28, 79, 306.
23. ㊧ Apollo. *Ju-jitsu: What it really is : The First Complete and Authentic Description of the Japanese Method of Self-Defence Written out of Japan*, (London: Apollo's Magazine Publishing, 1905), middle cover.
㊨ Ré-Nié, Ernst. *Les Secrets du Jiu-Jitsu*, (Paris: Librairie Paul Pacot, 1905), middle cover.
24. ㊧ *Physical Culture*, (New York; Physical Culture Publishing Co, vol.1, 1899), front cover.
㊥ Macfadden, Bernarr. *Vitality Supreme*, (New York: Physical Culture Publishing Co, 1915), front cover.
㊨ Ad, *The Sun*, Apr 28, 1907.

25. ㊧ Ad, *The Boston Globe*, Jan 2, 1908.
㊥ Ad, *The Daily Herald*, Nov 11, 1908.
㊨ Ad, *Chicago, Tribune*, Sep 13, 1909.
26. ㊨ Ad, *The Times and Democrat*, Mar 22, 1903.
㊧ Ad, *The Times and Democrat*, Mar 8, 1903.
27. Hancock, 1903, middle cover.
28. ㊧ Sandow, 1917, 484.
㊥ Macfadden, Bernarr, 1915, middle cover.
㊨ Hancock, 1903, middle cover.

補論２

1. 嘉納治五郎「虚弱なりし余は如何にして今日の健康を得たるか」『実業之日本』(東京：実業之日本社，第13号，1910) 48-50.
2. Sandow, Eugen. *Life is Movement : The Physical Reconstruction and Regeneration of the People (a Diseaseless World)*, (London: The Family Encyclopædia of Health, 1917), 482.
3. 造士会編『最新サンダウ体力養成法』(東京：同文館，1911) 表紙.
4. ㊤㊧北村安太郎編『サンダー氏体力養成法』(東京：小川尚栄堂，1903) 表紙.
㊤㊥鈴木篤三郎『サンダウ式体育法詳解』(東京：快進社，1905) 表紙.
㊤㊨津田房之介・高見澤宗蔵『ウィーンブルウ氏簡易体力養成法』(東京：大学館，1903) 表紙.
㊦㊧パウル・ベークマン『強肺術』(東京：文明堂，1903) 表紙.
㊦㊨小畠幾次郎『体力増進論』(東京：国光社，1905) 表紙.
5. Arima, Sumitomo. *Jūdō, Japanese physical culture: being a further exposition of jujitsu and similar arts*, (Tokyo: Mitsumura Company & co., 1908), front cover.

第３章

1. ㊧ 'Jiu Jitsu Expert Expects to Defeat Iron Man Baptiste', *St. Louis Globe Democrat*, Mar 12, 1905.
㊨ 'George Baptiste Shows the "Post Dispatch" Readers How He will Break Jiu-Jitsu Holds Tonight', *St Louis Post Dispatch*, Mar 17, 1905.
2. 'What was Expected and What Happened When Jiu-Jitsu was Pitted against "Wrestling" in St. Louis Friday Night', *St. Louis Post Dispatch*, Mar 18, 1905.
3. Higashi, Katsukuma. "A Japanese Autobiography", *The Independent*, (New York: S.W. Benedict, no. 2913, Sep 29, 1904), 725.

4. ‘“Ajax” Whitman, Some of His Feats of Strength and How He was Injured To-day’, *The Evening World*, Jan 3, 1906.
5. ㊧‘New York Policemen to be Taught Jiu-Jitsu’, *The Savannah Morning News*, Dec 31, 1904.
㊨‘Little Jap Exponent of Jiu-Jitsu and Powerful Tom Sharkey Illustrate the Art of Self-Defense Helpful to Everyone’, *The Evening World*, Dec 24, 1904.
6. Ad, *New York Tribune*, Jan 29, 1905.
7. Higashi, Katsukuma. ‘Wonderful Jiu-Jitsu’, *The Independent*, (New York: S.W. Benedict, no. 2932, Feb 9, 1905), 319-322.
8. ㊤Bothner, George. *Scientific Wrestling*, (New York: Richard K. Fox Publishing, 1903), front cover.
㊦Ibid, 10.
9. ㊧‘Wrestlers are Now Ready for the Fray’, *The Evening World*, Jan 11, 1906.
㊨‘George Bothner World’s Champion Wrestler Executing the “Flying Mare”’, *The Wichita Daily Eagle*, Oct 18, 1903.
10. ‘Ready for Jiu Jitsu’, *The Baltimore Sun*, Mar 20, 1905.
11. ㊤‘How Higashi Might Kill a Man’, *The Evening World*, Mar 28, 1905.
㊦‘Some Jiu-Jitsu Tricks of Higashi, Who is Matched with Bothner’, *The Evening World*, Mar 28, 1905.
12. ㊧‘The Deadly Flying Tackle in Football’, *Brooklyn Times Union*, Dec 1, 1909.
㊨‘Seasons Football Fatalities Total an Appalling Number’, *The Spokane Press*, Nov 30, 1905.
13. ‘Is Jiu-Jitsu the Wonderful Art the Jap Say it is, or is it mere HumBug?’, *The Brooklyn Daily Eagle*, Mar 19, 1905.
14. ‘Jiu-Jitsu Gets First Public Test To-Night’, *The Evening World*, Apr 6, 1905.
15. ㊧Untitled, *New York Tribune*, Dec 17, 1904.
㊨Untitled, *New York Tribune*, Sep 13, 1901.
16. ‘The Shoulder Twist, A Jiu Jitsu Trick’, *The Decatur Herald*, Jan 8, 1905.
17. ㊥‘Tim Hurst, Referee for Hackenschmidt-Zbyzsko Match in New York Tonight’, *Hartford Courant*, Feb 9, 1911.
㊨Untitled, *Sporting News*, May 9, 1896.
18. ‘Bothner Won, but Higashi Had a Few Odd Tricks up His Sleeve’, *The Evening World*, Apr 7, 1905.
19. ㊤‘Higashi Wants Jap to Referee’, *The Evening World*, Mar 30, 1905.
㊦‘Wrestlers Fail to Agree’, *The Butte Daily Post*, Mar 16, 1905.
20. ‘Subduing the Most Dangerous Criminals with a Twist of the Wrist’, *The Ogden Standard*, Nov 8, 1913.
21. ‘Japanese Grid Player’, *Chicago Tribune*, Sep 29, 1917.
22. Leonard, Hugh F. and Higashi Katsukuma. “American Wrestling vs. Jiu-Jitsu”, in *The*

Cosmopolitan, (New York: Cosmopolitan Publishing, vol.39, May 1905), 33 - 36.

23. ㊧'Alex Swanson', *The Nashville American Sun*, Apr 14, 1907.
㊨'Training to Resist the Strangle Hold', *The Evening World*, Sep 23, 1905.
24. ㊧'Taro Miyake will Try to Throw Bothner Three Times in an Hour', *Daily Capital Journal*, Dec 11, 1914.
㊨'Bingham and Miyake will Wrestle Jiujitsu Style', *New Britain Herald*, Jan 28, 1915.
25. ㊨'Jiu - Jitsu Expert will Meet American', *Los Angeles Herald*, May 30, 1909.
㊧'Premier Jiu Jitsu Artist who will Wrestle Here', *Los Angeles Herald*, Dec 23, 1909.
26. 'Santel to Sail for Japan Tuesday', *San Francisco Chronicle*, Feb 6, 1921.
27. Ad, *The New York Times*, Jul 21, 1911.

補論3

1. ㊧Maquis, Gaston (composed.). *La JiuJitsu Somanie!*, 1906, front pages.
㊨Loison, E. (composed.). *Polka - Marche Jiu - Jitsu*, 1906, front pages.
2. Ad, *La Culture Physique*, (Paris: La Culture Physique, no.71, Jan 1, 1907).
3. Anonymous. "L'entraînement Physique chez les Japonais", *La Vie au Grand Air*, (Paris: La Vie au Grand Air, no. 284, Feb 18, 1904), 127 - 128.
4. ㊧Owned by Gallica.bnf.fr/Bibliothéque nationale de Frances.
㊨Ré - Nié, Ernst. *Les Secrets du Jiu - Jitsu*, (Paris: Librairie Paul Pacot, 1905), front cover.
5. ㊧*La Vie au Grand Air*, (Paris: La Vie au Grand Air, no. 373, Nov 3, 1905), frontpage.
㊥Anonymous. "Le Jiu=Jitsu contre la méthode Française", *La Vie au Grand Air*, (Paris: La Vie au Grand Air, no. 373, Nov 3, 1905),photo page.
㊨Anonymous. "Jiu=Jitsu contre Boxe Française", *Le Sport Universel Illustré*, (Paris: Le Sport Universel Illustré, no.485, Nov 5, 1905), 717.
6. Anonymous. "Pini Renoncé au Duel", *La Vie au Grand Air*, (Paris: La Vie au Grand Air, no. 381, Nov 24, 1905), 988.
7. Owned by Gallica.bnf.fr/Bibliothèque nationale de Frances.
8. ㊧Anonymous. "Pourquoi de Jiu=jitsu n'a pas Réussi", *La Vie au Grand Air*, (Paris: La Vie au Grand Air, no. 381, Dec 29, 1905), 1098.
㊥Anonymous. "Igashi, le Champion Japonais", *La Vie au Grand Air*, (Paris: La Vie au Grand Air, no. 381, Nov 24, 1905), 988.
㊨*La Vie au Grand Air*, (Paris: La Vie au Grand Air, no. 378, Dec 8, 1905), frontpage.
9. Anonymous. "Un Sport a la Mode le Jiu - Jitsu", *Le Sport Universel Illustré*, (Paris: Le Sport Universel Illustré, no.495, Jan 14, 1906), 29 - 30.
10. Owned by Gallica.bnf.fr/Bibliothèque nationale de Frances.
11. ㊧'La Foto que se Nego a Monir', *El Rosario*, Oct 4, 1981.

㊥㊨ライモンド・タケシ・フクオカ氏所蔵史料.

第4章

1. Standish, Burt L. "Dick Merriwell in Japan: Judo Art Against Jiu-Jitsu", *Tip Top Weekly*, (New York: Street & Smith, no.482, Jul, 1905), front cover.
2. 'Clever Exponent of Japanese Art Shows Trick or Two', *The Washington Times*, Jun 29, 1905.
3. ㊧ Untitled, *Evening Star*, Jul 16, 1904.
㊨ 'Jap Pigmy, Yamashita, Plays with a Giant', *The Washington Times*, Jan 2, 1905.
4. ㊧ 'A Japanese Women Teaching American Girls', *San Francisco Chronicle*, Jun 5, 1904.
㊨ 'President's Daughter will Join Jiu-Jitsu Class at Capital', *The San Francisco Call*, Jan 23, 1905.
5. ㊧ 'The Jiu Jitsu Girl's Day Rules for Being Pretty', *The Pittsburgh Press*, Apr 16, 1905.
㊨ 'The Jiu Jitsu Girl', *The Buffalo Sunday Morning News*, Mar 26, 1905.
㊦ 'The Healthy Jiu-Jitsu Girl', *The Buffalo Sunday Morning News*, Apr 2, 1905.
6. Mrs. Watts, Roger. *The Fine Art of Jujutsu*, (London: William Heinemann, 1906), front cover, 30-31.
7. ㊧ 'Newest Queer Antics of the London Suffragettes', *The San Francisco Examiner*, Mar 21, 1909.
㊥ 'Suffragettes Take up Jiu-Jitsu Prepare for Fights with Police', *The San Francisco Examiner*, May 2, 1909.
㊨ 'She Teaches Jiu Jitsu to the Suffragettes', *Harrisburg Telegraph*, Jul 13, 1909.
8. ㊧ 'How Jiu Jitsu Helps Actress to Dance without Weariness', *The Minneapolis Journal*, Nov 23, 1905.
㊥ 'Jiu Jitsu and Food in "The Title Mart"', *The Lexington Herald*, Mar 9, 1906.
㊨㊤ Ad, *The Brooklyn Citizen*, Feb 5, 1905.
㊨㊦ Ad, *Brooklyn Times Union*, Jan 9, 1905.
9. Hancock, H. Irving and Higashi Katsukuma. *The Complete Kano Jiu-Jitsu*, (New York and London: G. P. Putnam's Sons, 1905), middle cover.
10. 'Bringing the Dead Back to Life', *The San Francisco Examiner*, Jul 23, 1905.
11. ㊤ Hancock and Higashi, 1905, 513, 518, 523.
㊦ Ibid, 12-14.
12. Ibid, 387.
13. ㊧ 'Jiu Jitsu easy to West Pointers', *Los Angeles Herald*, Feb 21, 1905.
㊨㊤ 'No Faith in Jiu Jitsu', *The Times Dispatch*, Mar 2, 1905.
㊨㊦ 'Jiu Jitsu Fails to Work at West Point', *Spokane Chronicle*, Feb 21, 1905.

14. 'West Pointers Beat Jiu Jitsu', *The Evening World*, Feb 21, 1905.
15. A Third Grand Old Hand. "Judō A System of Physical and Mental Training", *The Asian Review* (Tokyo: Kokuryukai, vol.1, no.4, 1920), 396 - 397.
16. ㊧ Ad, *Evening Star*, Jun 25, 1905.
㊨ 'Exhibition of Judo', *Evening Star*, Jun 25, 1905.

補論4

1. 栗原信充画「肖像集4」(国立国会図書館デジタルコレクション).
2. Lindsay, Thomas and Kano Jigoro, "Jiujutsu: The Old Samurai Art of Fighting Without Weapons", *Transaction of the Asiatic Society of Japan*, (vol. 16, no. 2, 1888), 192.
3. 住友銀行編『住友銀行三十年史』(大阪：住友銀行, 1926) 巻頭写真.
4. Hancock, H. Irving and Higashi Katsukuma (trans. Anonymous). *Das Kano jiu - jitsu (Judo)*, (Stuttgart: Julius Hoffmann, 1906), front cover.
5. Anonymous. "Cómo se Preparan Agentes de Policia en Alemania", *Caras y caretas*, (Buenos Aires: Caras y Caretas, no.1666, Mar 1, 1913), 52.
6. Hancock and Higashi, 1906, middle cover.
7. ヘルマン・ウェーベル(大西直三郎摘訳)『早老の予防法』(東京：楽山堂, 1910) 巻頭写真.
8. 小川一真編『東京帝国大学』(東京：小川写真製版所, 1900) 頁記載無.

第5章

1. 広告, 『日米』1913年11月8日付.
2. 'Jiu Jitsu Expert to Instruct U.S. Cadets', *The Pittsburgh Press*, May 17, 1905.
3. 'Prof. Ono, the World's Challenger, Explains Principles Underlying the Art of Jiu Jitsu', *Asheville Citizen Times*, Jul 16, 1905.
4. ㊧ Ad, *Asheville Citizen Times*, Aug 3, 1905.
㊨ Ad, *Asheville Citizen Times*, Aug 4, 1905.
5. 'Speedy Swedish - American Wrestler', *Star Tribune*, Feb 28, 1909.
6. Ad, *Asheville Citizen Times*, Sep 5, 1905.
7. Gorky, Maxim. "Boredom", *The Independent*, (New York: S.W. Benedict, no. 3062, Aug 8, 1907), 309.
8. ㊤, ㊥㊧, ㊦ 'It's a Greater Coney Island than ever', *The Brooklyn Daily Times*, Jun 8, 1907.
㊥㊥, ㊥㊨ Gorky, Maxim. "Boredom", *The Independent*, (New York: S.W. Benedict, no. 3062, Aug 8, 1907), 312, 315.

9. 前田光世通信(薄田斬雲編)『新柔道武者修業——世界横行第二』(東京：博文館, 1912)巻頭頁.
10. 'Sam Marburger to Meet Maeda', *The Atlanta Constitution*, Dec 10, 1905.
11. Ad, *The Atlanta Constitution*, Dec 14, 1905.
12. 'One of Principals in Wrestling Match Expected to Revive Game', *The Indianapolis News*, Feb 14, 1906.
13. 'Maeda: Judo Master, Who Meets Marburger Tonight', *The Atlanta Constitution*, Dec 18, 1905.
14. Ad, *The Selma Times*, Dec 27, 1905.
15. ㊤ Ad, *The Boston Globe*, Jun 30, 1906.
㊦ Ad, *The Brooklyn Daily Eagle*, Oct 27, 1906.
16. 前田光世通信, 1912, 巻頭頁.
17. Conde Koma (trans. Alberto G. Dechent). *Defensa Personal ó El Jiu - Jiutsu: Al Alcance de Todos*, (San Salvador: Callao, 1913), middle page.
18. Ibid, 16, 18, 20.
19. Ibid, 30, 86, 96.
20. Ibid, 114, 124, 142.

補論5

1. Ad, *Caras y Caretas*, (Buenos Aires: Caras y Caretas, no. 815, May 16, 1914), 8.
2. Anonymous. "El Jiu - Jitsu: Medios de Dominar la Fuerza Brutal", *Caras y Caretas*, (Buenos Aires: Caras y Caretas, no. 382, Jan 27, 1906), 24, 26.
3. ㊧ 'Academias para las Policías', *La Capital*, Aug 3, 1906.
㊨ 'El Jiu Jitsu y La Policia de Paris', *La Capital*, Aug 9, 1906.
4. 'La Foto que se Nego a Monir', *El Rosario*, Oct 4, 1981.
5. ウーゴ・フェルナンデス氏所蔵.
6. 同上.
7. 同上.
8. ㊧ 'En la Sportiva Rosarina', *El Rosario*, Aug 6, 1911.
㊦ Anonymous. "En el Club del Progresso", *Caras y Caretas*, (Buenos Aires: Caras y Caretas, no. 448, May 4, 1907), 55.
9. Anonymous."Sociedad Sportiva Rosarina", *Caras y Caretas*,(Buenos Aires: Caras y Caretas, no. 723, Aug 10, 1912), 101.
10. Untitled, *Caras y Caretas*, (Buenos Aires: Caras y Caretas, no. 1167, Feb 12, 1921), 60.
11. Anonymous. "El Duelo de la Semana", *Caras y Caretas*, (Buenos Aires: Caras y Caretas, no. 480, Dec 14, 1907), 46.
12. Anonymous. "La Semana Sportiva", *Caras y Caretas*, (Buenos Aires: Caras y Caretas,

no. 409, Aug 4, 1906), 54.

13. Anonymous, “Los Doctores Fresco y Miñones se Batieron a espada”, *Caras y Caretas*, (Buenos Aires: Caras y Caretas, no. 1937, Nov 16, 1935), 90.
14. Anonymous. “Campeonato de Lucha en el Prince George’s Hall”, *Caras y Caretas*, (Buenos Aires: Caras y Caretas, no. 180, Mar 15, 1902), 21.

薮 耕太郎（やぶ・こうたろう）
1979年兵庫県生まれ。仙台大学体育学部准教授。2002年、立命館大学文学部文学科（英米文学専攻）卒業。2011年、立命館大学大学院社会学研究科（応用社会学専攻）博士後期課程修了。博士（社会学）。専門は体育・スポーツ史。編著に*Challenging Olympic Narratives: Japan, the Olympic Games and Tokyo 2020/21*（Andreas Niehausとの共編著、Ergon）、共著に『海を渡った柔術と柔道——日本武道のダイナミズム』（坂上康博編、青弓社）ほか。

朝日選書 1027

柔術狂時代《じゅうじゅつきょうじだい》
20世紀初頭《せいきしょとう》アメリカにおける柔術《じゅうじゅつ》ブームとその周辺《しゅうへん》

2021年12月25日　第1刷発行

著者　薮 耕太郎

発行者　三宮博信

発行所　朝日新聞出版
〒104-8011　東京都中央区築地5-3-2
電話　03-5541-8832（編集）
03-5540-7793（販売）

印刷所　大日本印刷株式会社

Published in Japan by Asahi Shimbun Publications Inc.
ISBN978-4-02-263115-2
定価はカバーに表示してあります。